Für Irene Kappeler
mit freudigen Erinnerungen
an unsere Begegnung
in Riehen.
In Liebe

Gunther

Aus Liebe zum verlorenen Sohn

Der Weg des Menschen aus christlich-esoterischer Sicht

Günther Schumacher

AUS LIEBE ZUM VERLORENEN SOHN

IMPRESSUM

1. Auflage, 3000 Exemplare
© Copyright by Magnum Opus, Verlag, Druck, Schattdorf, und Günther Schumacher, Ennetbaden
Alle Rechte der Verbreitung, auch durch Film, Funk und Fernsehen, fotomechanische Wiedergabe, Tonträger jeder Art und auszugsweiser Nachdruck oder Einspeicherung und Rückgewinnung in Datenverarbeitungsanlagen aller Art sind vorbehalten und bedürfen der schriftlichen Genehmigung. Zuwiderhandlungen werden strafrechtlich verfolgt.
Umschlag- und Buchgestaltung: Henri Faas, Schattdorf
Textbearbeitung: Erna Gast, Gerolfingen
Druck: Druckerei Schürch AG, Huttwil
Bindung: Buchbinderei Schlatter AG, Bern
Papier: Z-Opak W, Papierfabrik Ziegler, Grellingen
Gedruckt in der Schweiz

ISBN 3-9521452-0-3

*Für Gerlinde, Hanna und Christine -
die mir am nächsten stehen
und mich am meisten lehren,
zu lieben und Liebe anzunehmen.*

Ich möchte Erna Gast-Eschenmoser und Urs Thoenen für die Durchsicht des Manuskripts herzlich danken. Sie haben Fehler korrigiert und wichtige Anregungen gegeben. Vor allem Erna Gast hat mir mit ihrem unermüdlichen Einsatz bei der Bearbeitung des Materials einen unschätzbaren Dienst geleistet. Ich danke Valerie Wolfangel: sie hat mich zu meinem Verleger, Henri Faas, geführt.

Danken möchte ich auch all den Menschen, die mir in der therapeutischen Arbeit Beispiele geliefert haben, mit denen ich dieses Buch illustrieren konnte.

Mein besonderer Dank gilt Daskalos, meinem geliebten Lehrer. Er hat mein Leben verändert. Er inspiriert mich täglich und hilft mir, auf dem Weg der Wahrheitssuche weiterzukommen.

Einleitung des Herausgebers

Das Buch »Aus Liebe zum verlorenen Sohn« hat viel mehr zu sagen, als es der Titel vermuten lässt. Hinter diesen paar Worten verbirgt sich ein tiefes Wissen um die Zusammenhänge zwischen dem Menschen als Persönlichkeit und als spirituelles Wesen. Es ist keine romantische Träumerei über eine Geschichte aus der Bibel. Der Leser erfährt auf leicht verständliche Art, sich selber und damit den Menschen als Ganzes zu lieben, was Vorbedingung ist, um überhaupt von anderen richtig geliebt zu werden. Nur wer sich selber akzeptieren und lieben lernt, kann wieder die grosse Einheit finden, aus der er als »verlorener Sohn« ausgebrochen ist. Gerade in unserer Zeit, wo die Unsicherheit und die Angst immer groteskere Formen annehmen, ist dieses Buch von unschätzbarem Wert. Es war noch nie wichtiger als jetzt zu lernen, von innen heraus zu leben. Ordnung aus dem Chaos ensteht nur, wenn innere Ordnung und Sicherheit erreicht wird. Der Autor Günther Schumacher ist geprägt von Daskalos, dem grossen Heiler und Weisheitslehrer. Er hat die Notwendigkeit der Weitergabe dieses Wissens begriffen und es mit grosser Liebe zu Papier gebracht. Mögen viele Tausende dieses Buch lesen und weiterempfehlen, damit sich dieses Wissen sehr schnell verbreitet, zum Nutzen von uns allen.

Der Herausgeber: Henri Faas

Inhaltsverzeichnis

Einstimmung	11
Am Anfang steht die Krise	13
Wer bin ich?	17
Die Projektion in Raum und Zeit	19
Hardware und Software	23
Das Gleichnis vom verlorenen Sohn (Lk 15:11–32)	29
GOTT – die Absolute Unbegrenzte Wirklichkeit	39
LOGOS und SPIRITUS SANCTUS	47
Leben, Leiden und Sterben von Joshua Immanuel, dem Christus	57
Ihr seid Licht für die Welt	63
Werde, was du bist!	73
Kinder erziehen – nicht fordern, sondern fördern	81
Mentaltherapie statt Psychotherapie	83
Strafvollzug – Chance statt Sühne	87
Das tägliche Sterben oder: Die Arbeit am Charakter	89
Die Hochzeit	97
Dein Schicksal liegt in deiner Hand	101
Die Dialektik des inneren Weges	113
Ihr sollt vollkommen sein – Perfektionismus und Vollkommenheit	117
Liebe als Ausdruck der Vollkommenheit	125
Liebe und Sexualität	135
Reinkarnation und Karma	141
Auferstehung und Weiterleben	151
Karma und Gnade	157
Der Sinn der Reinkarnationstherapie	161
Schicksal als Chance	169
Die innere Freiheit finden	175
Mitleiden als bewusstes Leiden	181
Organtransplantation im Licht spirituellen Bewusstseins	185
Vertrauen contra Angst	193
Im Wandel für die Welt von morgen	201

Einstimmung

Schon als kleines Kind hatte ich Freude daran, mit Bausteinen Kirchen zu bauen. Dabei interessierte mich nicht die äußere Form, sondern der Innenraum. Ich versuchte immer wieder nachzubilden, wie es »drinnen« aussieht. Meine Liebe galt damals wie heute der Orgel, der Königin der Instrumente. Mit meinem einfachen Steckbaukasten versuchte ich, einen Orgelprospekt hinzuzaubern, der eine harmonische Schwingung in meine Kirche bringen sollte. Wenn alles zusammenfiel, war ich enttäuscht und wütend – so wie Jahrzehnte später, wenn sich für mich das Gleiche in der Institution Kirche wiederholte. Ich wuchs in einer kirchentreuen Familie auf; meine Eltern gingen regelmäßig zum Gottesdienst. Darum war es für mich selbstverständlich, Gott im institutionalisierten Ritus zu suchen. Der Altarraum meiner Heimatkirche ist mit weißem Marmor ausgelegt, die Kirche selber ist ein Rundbau. Dadurch wurde der Altarraum während des Gottesdienstes zur strahlenden Mitte, die mich jahrelang faszinierte. Sie symbolisierte für mich das Licht, nach dem ich mich seit jeher sehne; sie repräsentierte das göttliche Licht, in dessen Dienst ich treten wollte.

Ich entschied mich, Theologie zu studieren und Pfarrer zu werden. Denn das war nach meiner damaligen Sicht der einzige Weg, Gott zu dienen. Ich war allerdings nie ein guter Pfarrer, ich spielte fünfundzwanzig Jahre lang »enfant terrible« in der Kirche. Denn ich liebte und liebe Ihn, nicht die Kirche, und mein Bestreben war nicht, Kirchenordnungen zu befolgen, sondern Menschen zu helfen, dem Numinosen, dem Göttlichen zu begegnen. Ich war nie bereit, überkommene Formen einfach hinzunehmen, weil man es »schon immer« so gemacht hatte. Ich nahm mir das Recht heraus, die Tradition auf ihren Sinn und Stellenwert für den heutigen Menschen zu prüfen. Denn der Mensch stand für mich im Vordergrund, nicht die Tradition und nicht die Ordnung. Der Mensch, der in unserer materialistisch geprägten Gesellschaft die Orientierung verloren hat. Der Mensch, der sich nach Geborgenheit sehnt, nach einem Halt sucht.

Ich war all die Jahre ständig auf der Suche nach neuen Formen, die heute »stimmen«; ich suchte nach Wegen, um dem Menschen des zwanzigsten Jahrhunderts das Wesentliche vermitteln zu können. So studierte ich – neben der Arbeit in der Kirche – noch Tiefenpsychologie. Das ermöglichte mir eine intensivere Form der Seelsorge und eröffnete mir neue Wege nach »innen«. Auf der Suche nach tieferen Erfahrungen war ich mit meiner Frau bei den Indianern, bei den Sufis und bei Sai Baba. Ich habe viel gelernt, ich war für jede neue Erkenntnis dankbar, aber ich habe mich nirgends »daheim« gefühlt.

1988 lernte ich Daskalos kennen, den bekannten zypriotischen Heiler und Weisheitslehrer. Er hat mich »heimgeführt«. Er hat mir die Augen geöffnet für die Schönheit des Lebens. Er hat mir die Tiefe und Weisheit der Botschaft Christi erschlossen, und vor allem: er ist mir mit *der* Liebe begegnet, die mich geheilt hat. Bis zum heutigen Tag schärft er meinen Geist, so dass ich lerne, für andere zu formulieren, was ich selber begriffen habe.

Inzwischen habe ich meine Arbeit in der Kirche endgültig aufgegeben und versuche als Psychotherapeut, meine Klienten auf einen »inneren Weg« der Bewusstwerdung und Heilung mitzunehmen.

Das Wichtigste von dem, was ich in den vergangenen zwanzig Jahren selbst erkannt und gelernt habe, werde ich in diesem Buch an Sie, liebe Leserin, lieber Leser, weitergeben. Das Wichtigste für mich ist, dass ich eine neue Sicht meiner Selbst* gewonnen habe. Ich habe erkannt und erfahre jeden Tag neu, wer ich Selbst bin.

Eine weitere faszinierende Entdeckung war für mich, dass die tiefsten Weisheiten und Erkenntnisse, die ich in anderen spirituellen Traditionen gewonnen habe, auch in den Lehren des Christus Jesus verborgen liegen. Jahrelang las ich diese Texte sehr einseitig mit einer wissenschaftlich geschärften Brille. Heute habe ich den Mut, den intellektuellen Universitätsmuff und den dogmatischen Staub der Kirche abzuwischen. Nun entdecke ich die Wahrheit hinter dem Buchstaben, und diese Wahrheit allein macht frei.
Ich muss Ihnen allerdings gestehen, dass ich mich nicht freiwillig auf den Weg nach innen gemacht habe: ich tat es aus einer Notlage heraus. Immer wieder kam ich in meinem Leben an einen Punkt, wo es nicht mehr weitergehen wollte und ich am Verzweifeln war. In solchen Augenblicken sucht der Mensch nach Hilfe und ist sogar bereit, an sich zu arbeiten. Wenn es also Zeit ist, dass sich in unserem Leben etwas verändert, rutschen wir meist unwillkürlich in eine Krise hinein.

---

* Siehe jeweils Worterklärungen im Anhang

Am Anfang steht die Krise

Wolfgang ist fünfundvierzig Jahre alt und eine stattliche Erscheinung. Er strotzt vor Kraft und Lebensenergie. Aber der Schein trügt: er steckt voller Probleme.
Als Junge hatte er einen Zugang zu anderen Ebenen, aber niemand half ihm, damit umzugehen. Darum nahm er die Phänomene, die er erlebte, mit der Zeit selber nicht mehr ernst. Er spürte eine gewaltige Energie, eine unbändige Kraft in sich, die er – allerdings immer im falschen Augenblick – in körperliche Gewalt umsetzte.
In seinem Elternhaus gab es viel Streit und Schlägereien, was ihn als Kind verständlicherweise sehr belastete. Wenn er schlichten wollte, waren sich seine Eltern plötzlich einig und fielen über ihn her. Zärtlichkeiten erlebte er bei ihnen nie, und er empfing auch keine Liebe von ihnen. Der Vater war ihm ein »Vorbild« im Jähzorn. So kam es immer öfter vor, dass Wolfgang schon als Junge planlos um sich schlug, wenn man ihn einengte, ihm Grenzen setzte. Als seine Gewalttätigkeiten ein gefährliches Ausmaß annahmen, wies man ihn in eine Jugendstrafanstalt ein. Natürlich verlor er dadurch seine gute Lehrstelle. Später wurde ihm eine Ausbildung aufgezwungen, die er als minderwertig empfand. Bis heute fühlt er sich im Beruf verkannt und ausgenützt. Inzwischen sind zwei Partnerschaften zerbrochen. In der dritten kriselt es bereits wieder. Wegen verschiedener Suizidversuche wurde er in eine psychiatrische Klinik eingewiesen, was ihm allerdings keine Hilfe brachte. Der jüngste Tiefschlag ist die Kündigung im Geschäft. Denn sein Job war das Einzige, was ihm noch ein wenig Selbstbestätigung gab. So sitzt er trotz seiner stattlichen äußeren Erscheinung als ein Häufchen Elend vor mir.

Nach einer Entspannung mache ich mit ihm folgende meditative Übung:

Sieh, wie die Wolkendecke am Himmel aufreißt und das Sonnenlicht durchbricht. Dieses strahlende warme Licht hüllt dich ein. Dann stell dir vor, dass du auf dem Kopf eine wunderschöne Rose hast, die sich ganz langsam öffnet. Je weiter sie sich öffnet, desto mehr Licht strömt in dich hinein. Du kannst das Licht in dir sehen, und du kannst spüren, wie du mehr und mehr von Licht erfüllt wirst, bis du von Kopf bis Fuß Licht bist. Du bist jetzt nur noch Licht, reines Licht. Gib dich ganz in das Licht hinein, das du in Wirklichkeit bist, und spüre die Kraft, die in dir Selbst liegt. Lass nichts mehr an dich herankommen, was deine Ruhe, deinen inneren Frieden stört. Es gibt jetzt nur noch das Licht, das du bist.

Ist das einfach Suggestion, oder ist es mehr? Die Erfahrung wird es zeigen. Wolfgang sagt mir nach der Meditation: »Etwas Eigenartiges ist mit mir geschehen. Ich bin innerlich ruhiger geworden, ich habe mehr Selbstvertrauen bekommen, und die Angst vor der Zukunft ist plötzlich verschwunden.«

Was ist geschehen? Durch diese Licht-Erfahrung findet Wolfgang wieder zu sich Selbst, und er beginnt, ein gesundes Selbstbewusstsein zu entfalten, das nicht abhängig ist von der äußeren Form und nicht vom äußeren Erfolg. Das Selbstbewusstsein bezieht sich nur auf das, was er Selbst ist, unabhängig von der momentanen Erscheinungsform, aber auch ungeachtet der Krise, die er gerade durchmacht. Ohne Krise wäre Wolfgang sicherlich nicht zu mir gekommen. Er war viel zu beschäftigt, als dass er sich den »Luxus« hätte leisten können, über sich und das Leben nachzudenken. Als Junge hatten ihn solche Fragen sehr stark beschäftigt: Woher komme ich eigentlich? Welchen Sinn hat all das, was ich an Leid, Unrecht und Schicksalsschlägen in meinem Leben und um mich herum erfahre? Er suchte nach Antworten, aber niemand gab sie ihm. Er rief um Hilfe, aber niemand verstand ihn.
Irgendwann fand er sich mit seinen ungelösten Fragen ab und hörte auf zu suchen. Er verriegelte die Türen zu den Geheimnissen, die er gerne lüften wollte, und »stürzte sich ins Leben«. In Wirklichkeit stürzte er sich einfach in den Alltagstrott, und das ist nur der kleinste, ja sogar der armseligste Teil dessen, was Leben wirklich ist.
Wie oft nimmt uns der Alltag gefangen. Wir machen uns vor, zufrieden, erfüllt und glücklich zu sein, bis eine Krise kommt und die ganze Scheinwelt wie ein Kartenhaus über Nacht in sich zusammenfällt.

Mit achtundzwanzig Jahren übernahm ich in Deutschland als junger Pfarrer meine erste Gemeinde, zu der 4500 Menschen gehörten. Nicht genug damit, dass diese Aufgabe meine ganze Kraft beanspruchte; ich bekam zwei Jahre später noch das Jugendpfarramt für den ganzen Kirchenbezirk anvertraut. Dass ich frisch verheiratet und inzwischen auch Vater geworden war, lief so nebenher. Ich war auf dem besten Weg, zum »Betriebs-Macher« zu werden. Da rutschten wir in eine massive Ehekrise hinein. Wir wechselten den Wohnort, und ich übernahm in Mannheim eine Gemeinde, zu der das seinerzeit grösste Notstandsgebiet der Bundesrepublik gehörte. Nun kam die Krise auch von außen her. Ich wurde mit Situationen konfrontiert, die ich mit der theologischen Ausbildung allein nicht mehr bewältigen konnte. In meiner Verzweiflung entschied ich mich, noch zusätzlich Tiefenpsychologie zu studieren, wozu auch eine Lehranalyse gehört. Damit begann für mich ein Prozess der Bewusstwerdung und Entwicklung. Im Rückblick kann ich sagen, dass ich dankbar bin für die Krise und für die Veränderung, die sie mir gebracht hat.

Leider verstehen die wenigsten Menschen, dass die Krise eine Chance bietet. Krise kommt vom griechischen Wort *krisis*, das eine bedenkliche Lage bedeutet, die eine Entscheidung fordert. Wenn wir also in eine Krise hineinschlittern, entscheidet es sich, ob wir bereit sind, aufzuhorchen, aufzuwachen und wieder nach dem zu suchen, was uns im Tiefsten beschäftigt und erfüllt, oder ob wir versuchen, so schnell wie möglich die Krise zu beseitigen, damit der Alltag wieder reibungslos abläuft. In diesem Fall würden wir allerdings eine Chance verpassen. Vielleicht sogar *die* Chance. Meistens aber wird uns wieder eine neue Gelegenheit geboten. Denn es ist, als wären liebevolle Helfer im Hintergrund ständig damit beschäftigt, uns wachzurütteln aus unserem Alltagsschlaf, um uns klarzumachen, dass es im Leben um ganz andere Dinge geht als um die, mit denen wir uns tagaus, tagein beschäftigen.

Es geht nicht um all das, was wir tun, was wir aufbauen und leisten im Leben, sondern um *uns Selbst*. Wie kann man uns vielbeschäftigte Menschen anders wachrütteln als mit einem Knüppel, der uns zwischen die Beine geworfen wird, damit wir stolpern? Diese Aufgabe erfüllt die Krise.

Ob Sie nun gerade in einer Krise stecken oder nicht, ich möchte Sie zu einer abenteuerlichen Entdeckungsreise einladen, auf der Sie wieder Ihren Kindheitsträumen nachgehen und den Fragen und Sehnsüchten einer längst vergangenen Zeit begegnen. Beginnen wir mit der scheinbar einfachen und doch so vielschichtigen Frage:

Wer bin ich?

Seit Jahren fange ich jeden Kurs mit einer Vorstellungsrunde an. Immer wieder höre ich die gleiche Formulierung: »Ich bin Hans Müller.« – »Ich bin Lisa Stark.« Selten sagt jemand: »Ich heiße Hans Müller.« – »Ich heiße Lisa Stark.« Stellen Sie sich vor, Sie treffen nach einem Theaterbesuch auf der Straße einen der Künstler, und er stellt sich Ihnen vor: »Ich bin Hamlet.« oder »Ich bin Woyzek.« Sie werden lachen und sagen: »Ich weiß, Sie haben den Hamlet oder den Woyzek gespielt. Sie haben die Rolle großartig dargestellt, aber – wer sind denn *Sie*?« Auf der Bühne zeigt sich der große Künstler darin, dass er ganz in seiner Rolle aufgeht. Er identifiziert sich mit ihr. Aber draußen im Leben möchten wir ihn selbst, den Menschen, kennenlernen.

So ist das auch auf der großen Bühne des Lebens. Jedes Leben, das wir führen, ist ein Auftritt auf dieser Bühne. Wir spielen eine Rolle, meistens sogar mehrere: Mutter oder Vater, Ehefrau oder Ehemann, Geschäftsmann, Büroangestellter, Fabrikarbeiter, Lehrer, Arbeitgeber, Arbeitnehmer, Freund, Feind, Liebhaber, wir geben uns gastfreundlich oder zurückgezogen, liebenswürdig oder ablehnend. Zu jeder Rolle tragen wir bestimmte Masken, mit denen wir unsere Stimmung, unsere Haltung, unsere Lebenseinstellung ausdrücken. Wir wechseln oft von einem Augenblick zum andern die Maske: Wir lachen, grinsen, sind fröhlich oder schauen ernst, traurig, grimmig drein. Wir geben uns lässig, souverän oder neidisch, gierig, eifersüchtig. Wer aber sind wir wirklich – abgesehen vom momentanen Auftritt, losgelöst von der Rolle, die wir gerade spielen?

Eines Nachts wachte meine Frau aus einem Traum auf. Es war ein scheinbar harmloser Traum, und doch rüttelte er sie recht auf:

Sie steht am Strand des Meeres. Plötzlich fällt ein strahlender Stern vom Himmel herunter ins Meer bis auf den Grund. Sie spürt die Erschütterung so stark in ihrem Leib, dass sie mit einem Schlag hellwach ist.

Meine Frau war in dieser Zeit in Analyse, aber weder sie noch ihr Analytiker verstanden, was der Traum meinte. Nach einiger Zeit merkte sie, dass sie schwanger war, und neun Monate später wurde unsere zweite Tochter geboren. Nach den Berechnungen eines erfahrenen Gynäkologen kam unsere Tochter zwei Wochen zu früh. Doch vom Traum her gerechnet waren es exakt neun Monate. Jetzt erst begriffen wir, was der Traum uns ankündigen und klarmachen wollte: Unsere Tochter war der Stern, das Lichtwesen, das in jener Nacht des Traumes im Mutterleib Einzug hielt.

Nicht jeder kündigt sich so speziell an, wie es unsere Tochter tat, aber jeder ist etwas Besonderes, Großartiges, Einmaliges. Jeder *ist* ein Stern, ein Lichtwesen, und kommt jeweils für einen neuen Auftritt auf die Bühne dieses Planeten Erde.

Die Projektion in Raum und Zeit

Stellen Sie sich vor, Sie sitzen in einem Raum. Hinter Ihnen ist ein starkes Licht, das Sie anstrahlt. Wenn Sie an die gegenüberliegende Wand schauen, können Sie Ihren Schatten erkennen – das ist die Projektion Ihrer selbst. Genau so projizieren wir uns in Raum und Zeit hinein – das ist die momentane Existenz, die wir führen. Im Traum meiner Frau fällt ja der Stern vom Himmel herunter und trifft an einer bestimmten Stelle auf der Erde auf.

Der Schatten an der Wand repräsentiert also die momentane Erscheinung, das heißt den gegenwärtigen Auftritt auf der Bühne des Lebens. Für jeden Auftritt braucht es ein Regiebuch und einen Regisseur. Es braucht Kulissen und meistens Mitspieler. Es braucht viel Übung, und jeder Auftritt ist eine Gelegenheit, sich zu entwickeln und zu reifen. Davon wird später die Rede sein.

Zunächst geht es darum, dass wir bei jedem Auftritt verschiedene Rollen spielen und dafür Kostüme und Masken anlegen. Diese Präsentation fassen wir im Alltagsleben unter dem Begriff »Persönlichkeit« zusammen.

Die Persönlichkeit ist also die Art und Weise, wie wir uns unserer Umwelt präsentieren und mit ihr umgehen, aber auch wie wir uns vor ihr schützen. Darum gehören zur Persönlichkeit viele Schichten und Schalen, die wir uns im Laufe der Zeit zugelegt haben.

Dieser Prozess hat bereits im Elternhaus begonnen, wo wir gelernt haben, uns so zu geben, dass wir akzeptiert, gelobt und geliebt wurden. Ich zum Beispiel durfte als Kind nicht zornig sein; für jeden Zornausbruch wurde ich von meinen Eltern bestraft. So habe ich mir angewöhnt, ein »liebes« Kind zu sein, um akzeptiert zu werden. Über meine Emotionen habe ich damals eine dicke Schutzschicht gekleistert.
Später sind andere Umfelder dazugekommen, die Schule, der Freundeskreis, der Ausbildungsplatz, die Arbeitswelt, wo ich neue Verhaltensmuster gelernt habe. Ich habe neue Rollen übernommen und entsprechende Masken aufgesetzt, um in dieser neuen Umwelt bestehen und mich behaupten zu können. Das alles macht meine Persönlichkeit aus.
Aber hinter dieser schillernden Persönlichkeit, die wie ein Chamäleon von einem Augenblick zum andern die Farbe wechseln kann, ist das wahre Ich verborgen, ohne all das Getue und Gehabe, das ich auf der Bühne des täglichen Theaterspiels zur Schau trage.

Die meisten Menschen kennen ihr wahres Ich nicht, sie haben keinen Zugang zu sich Selbst. Sie starren wie gebannt auf den Schatten an der Wand. Sie sind fixiert auf die momentane Erscheinungsform, ja sie identifizieren sich geradezu mit diesem Schattenbild und vergessen, dass es nur eine Projektion ihrer Selbst ist. Die Projektion ist in dem Augenblick zu Ende, wo der Mensch sich umdreht und dem Licht entgegengeht – das ist der Augenblick des physischen Sterbens. Wer nur auf den Schatten fixiert ist, kann sich nicht vorstellen, dass es über den Tod hinaus ein Weiterleben gibt. Denn er sieht nur das Ende, eben das Ende des Schattendaseins, das Ende der Projektion in Raum und Zeit.

Was nicht zu Ende geht, bin ich. Ich bin immer noch da, auch wenn die Projektion zu Ende ist. Aber ich bin dann für physische Augen nicht mehr sichtbar. Für die physisch-materielle Betrachtungsweise ist dann alles ausgelöscht, alles zu Ende.

Das Bild, das ich eben gebraucht habe, will deutlich machen: Das Entscheidende ist nicht die Projektion, also der momentane Auftritt auf der Bühne des Lebens. Das Entscheidende bin ich Selbst. Denn ich *bin* eine lebendige Seele, nicht: ich habe eine Seele. Diese Seele projiziert sich immer wieder in Raum und Zeit hinein, denn – und nun muss ich das eben gebrauchte Bild sprengen – sie trägt die Kraft dazu, sie trägt das Licht in sich.

Falls Sie heute zum erstenmal mit dieser Thematik konfrontiert werden, kann ich es gut verstehen, wenn Ihnen das alles unwahrscheinlich vorkommt. Ich möchte Sie davor warnen, alles ungeprüft zu übernehmen, weil es hier geschrieben steht. Sie müssen sich darum bemühen, Ihre eigenen Erfahrungen zu machen, dann werden Sie es wissen. Was Sie selbst erlebt haben, kann Ihnen niemand ausreden; Skepsis und Zweifel richten nichts mehr aus. Wenn Sie vor Ihrem Radio sitzen, sehen Sie nur das Gehäuse. Sie sehen ihm äußerlich nicht an, was in ihm steckt. Sie müssen das Radio einschalten und die verschiedenen Frequenzbereiche anwählen, dann erst merken Sie, welcher Reichtum dieses Gehäuse in sich birgt.

Das gleiche gilt für uns selber: Wenn Sie in einen Spiegel schauen, sehen Sie nur das Gehäuse Ihrer Selbst, wie beim Radio. Sie haben aber die Möglichkeit, sich auf die verschiedenen Frequenzbereiche einzustellen, denn alles, der ganze Reichtum, ist in Ihnen da. Sie können sich auf höhere und höchste Frequenzbereiche einschwingen und dann Ihr innerstes Wesen entdecken. Sie können Licht in sich wahrnehmen, klarer und heller als das Tageslicht. Sie können eine Ruhe und Geborgenheit in sich erleben, die Ihnen kein Mensch und keine Institution vermitteln kann. Sie können Glück in sich finden, das durch nichts in der Außenwelt hervorgerufen werden kann.

Zum Einstieg empfehle ich Ihnen folgendes:
Wenn Sie sich am Abend ins Bett legen, löschen Sie die Lampe, damit es im Raum ganz dunkel wird. Schließen Sie Ihre Augen und richten Sie Ihren Blick bei geschlossenen Augenlidern auf die Stirnmitte. Sie werden, vielleicht nicht gleich beim ersten Mal, ein strahlendes, vielleicht sogar blendendes Licht erleben, das Sie in Erstaunen versetzt. Woher kommt dieses Licht? Im Raum ist es doch stockdunkel. Der Skeptiker in Ihnen wird argumentieren, dieses Licht sei in den Nerven als Eindruck von vorher gespeichert. Gespeichert werden kann jedoch nur, was vorher da war, und vorher war es nicht so hell im Raum. Aber in Ihnen ist es hell, denn in Ihnen ist dieses Licht da, ob Sie sich dessen bewusst sind oder nicht.

Je öfter Sie diese Übung machen, desto deutlicher wird Ihnen: Dieses innere Licht kommt aus einer andern Dimension, zu der Sie Zugang bekommen, wenn Sie es zulassen können. Aber darin liegt die Schwierigkeit: Sie können dieses Erlebnis nicht erzwingen, Sie können nur zulassen, dass es Ihnen geschenkt wird. Darum wird es vielleicht einige Anläufe brauchen, bis Sie das innere Licht erleben werden.

Hardware und Software

Wir haben erkannt, dass der Mensch ein Lichtwesen ist, das sich in Raum und Zeit hineinprojiziert. Ob es nun sichtbar wird oder nicht: das Lichtwesen ist immer da. Von Zeit zu Zeit hat es einen Auftritt auf der Bühne des Lebens, dann tritt es in Erscheinung und nimmt eine sichtbare Gestalt an. Die sichtbare Erscheinungsform ist der Körper, den wir haben. Er entspricht dem Kostüm, das der Künstler auf der Bühne anlegt, um seine Rolle so echt wie möglich verkörpern zu können. Es ist ein schwerer, aber entscheidender Schritt im Leben, wenn Sie begreifen: Ich bin nicht mein Körper, ich habe diesen Körper, ich lebe, ich wirke in diesem Körper.

Jeder, der in der Computer-Branche tätig ist, weiß zu unterscheiden zwischen Hardware und Software. Hardware ist nicht nur das Gehäuse, es ist die ganze Disposition, die wissenschaftlich-technische Voraussetzung dafür, dass der Computer arbeiten kann. Was aber letztlich arbeitet, also das »Leben« des Computers ausmacht, ist die Software. Kein Insider verwechselt das. Nur bei uns selber machen wir Menschen diesen folgenschweren Fehler: wir vergessen den Unterschied zwischen Hardware und Software.

Hardware ist unser Körper mit Fleisch und Blut, Knochen, Muskeln, Sehnen, Adern, Venen. Er ist ein phantastisches Gefüge mit seinen autonomen Systemen wie Blutkreislauf, Atmung, Verdauung, Zellerneuerung. Dazu gehört auch das großartige Instrument, das fast ständig auf Hochtouren läuft: unser Gehirn. Das alles ist die Hardware. Sie ist – wie beim wirklichen Computer – sehr anfällig für Störungen und vor allem: sie ist vergänglich. Nach einiger Zeit wird sie ausrangiert.

Die Software bin ich Selbst: konzentrierte, geballte Energie – Geist. Ein Hellsichtiger sieht Licht. Die Begriffe sind austauschbar, aber sie machen deutlich, dass es um etwas Feinstoffliches geht. Dieses feinstoffliche Etwas, das ich bin, setzt das ganze Gefüge, das man sieht, in Gang. Die Hardware ist ein großartiges System, aber sie ist grobstofflich, das heißt vergänglich.

Tatsächlich ist die Hardware im Fall des Menschen sogar komplizierter als es auf den ersten Blick erscheint. Man könnte sagen, das Programm ist so kompliziert, so vielfältig, dass es eine Hardware benötigt, die drei Dimensionen umfasst. Ohne technisches Bild gesagt: Wir haben nicht nur *einen* Körper, wir haben sogar drei – entsprechend den drei Bereichen, in denen wir uns bewegen, in denen wir Leben ausdrücken.

Wenn ich sage: »Ich habe Hunger«, betrifft das meinen physischen Leib. Mein Magen knurrt, der Körper verlangt Nahrung. Eigentlich ist die Formulierung »ich habe Hunger« nicht ganz korrekt. Tatsache ist, dass der Körper sein Bedürfnis anmeldet. Ich stelle mich hinter seine Forderung. Ich könnte sie auch zurückweisen und dann feststellen, dass *ich* nicht von dem abhängig bin, was mein Magen verlangt.

In diesem Sinn habe ich einmal dreiunddreißig Tage lang gefastet und dabei herausgefunden, dass nicht einmal mein physischer Leib feste Nahrung braucht, er benötigt nur Flüssigkeit, um nicht auszutrocknen. In dieser langen Fastenzeit ist mein Körper nicht etwa schwächer, sondern immer stärker geworden. Eine andere Kraft, eine andere Ebene konnte zur Wirkung kommen. Wenn wir also begreifen, dass wir diesen physischen Körper haben wie ein Gewand, das wir tragen, oder wie ein Haus, das wir bewohnen, können wir lernen, bewusst seine Bedürfnisse zu beherrschen. Unbewusst beeinflussen wir ihn ohnehin ständig. Nehmen Sie folgendes Beispiel: Sie kommen nach Hause und verspüren großen Hunger. Dann läutet das Telefon. Ein lieber Mensch ruft Sie an. Sie freuen sich riesig, Ihr Herz schlägt höher, und der Hunger ist vergessen. Nicht dass der Anruf Ihren Magen gefüllt hätte, aber Sie haben andere Nahrung bekommen. Sie haben die physisch-materielle Ebene verlassen und auf der emotionalen Ebene aufgetankt.

Die emotionale Ebene ist der physischen überlegen, sie beherrscht sie sogar. Diese Erfahrung machen wir im positiven, aber auch im negativen Sinn. Wenn Sie sich längere Zeit über etwas ärgern, spüren Sie mit der Zeit Schmerzen in der Magengegend oder im Herzbereich. Freude und Ärger – wie alle anderen emotionalen Regungen – beeinflussen das physische Wohlergehen. Diese Zusammenhänge aus der psychosomatischen Medizin werden immer bekannter. Weniger bekannt hingegen ist, dass wir nicht nur einen Emotional-Bereich, sondern einen ausgeformten Emotional-Körper haben.

Stellen Sie sich eine russische Puppe, eine Babuschka, vor. Wenn Sie diese öffnen, kommt eine zweite Puppe zum Vorschein. Entsprechend haben wir innerhalb des physischen Körpers den Emotionalkörper, den wir unter bestimmten Umständen zeitweilig aus dem physischen herauslösen können. Wenn Sie einen Menschen lieben, verträumt auf dem Bett liegen und mit Ihren Gefühlen bei dem geliebten Menschen sind, dann sind Sie in Wirklichkeit in Ihrem Emotionalkörper bei ihm, während der physische Körper ruhig auf dem Bett liegen bleibt. Je intensiver Ihre Gefühle und Emotionen sind, desto realer ist das Erlebnis. Sie werden den geliebten Menschen dann nicht nur in Ihrer Vorstellung erleben, Sie werden plötzlich hören, was er spricht. Dann wissen Sie, dass Sie wirklich dort sind, allerdings im psychischen Körper, wie wir ihn auch noch nennen können. Im Unterschied zum physischen ist der psychische oder Emotionalkörper unsichtbar, denn er ist feinstofflich. Darum wird der Freund, den Sie im Geheimen besuchen, Sie vielleicht spüren, aber nicht sehen, es sei denn, er ist hellsichtig.

Wenn wir nachts träumen sind wir ebenfalls im psychischen Leib unterwegs, können es aber zunächst nicht bewusst steuern. Was immer wir dann erleben, selbst wenn wir verunglücken oder getötet werden, wir tragen am physischen Leib keinen Schaden davon.

Im Traum können wir wünschen, an einem bestimmten, weit entfernten Ort zu sein und sind im nächsten Augenblick dort. Denn auf der psychischen Ebene als der vierten Dimension ist der Raum mit seiner Begrenzung aufgehoben. In der fünften Dimension, der mentalen oder noetischen Ebene, gibt es auch kein Zeit-Erlebnis mehr. Unsere nächtlichen Ausflüge wie auch die Tagträume führen uns oft bis in die fünfte Dimension. Hier sind beide Begrenzungen, die räumliche und die zeitliche, aufgehoben. Wir denken intensiv an einen geliebten Menschen, sehnen uns nach ihm und sind im nächsten Augenblick bei ihm. Der mentalen Ebene entspricht bei uns Menschen der Mentalkörper als Sitz der Gedanken und Vorstellungen.

Diese drei Körper liegen also wie bei einer russischen Puppe ineinander, und wie bei einer russischen Puppe sieht man dem äußeren – dem physischen – Körper nicht an, was noch alles in ihm steckt. Der Unterschied ist allerdings, dass bei uns Menschen die beiden inneren Körper nicht kleiner sind, sondern jeweils höheren Frequenzbereichen zugehören. Darum liegen sie praktisch übereinander, ohne sich zu behindern. Sie sind über ein geheimnisvolles Energiesystem miteinander verbunden. Aus diesem Grund beeinflussen unsere Gedanken den Emotionalhaushalt wie auch das physische Wohlbefinden. Umgekehrt prägen oft körperliche Beschwerden unsere Stimmungslage.

Zu allen Zeiten gab es Menschen, die von diesen drei Körpern wussten, ja sie sogar sehen konnten. Es waren Menschen, die einen tieferen Zugang zu den Geheimnissen des Lebens hatten, Menschen, die sozusagen hinter die Kulissen schauen konnten. Auch in der Bibel ist von diesen Zusammenhängen die Rede. Im Gleichnis vom Sauerteig (Mt 13:33) redet Christus davon, dass eine Frau Sauerteig mit drei Scheffeln Mehl vermischt. Die drei Scheffel Mehl stehen für unsere drei Körper. Der Sauerteig löst den Gärungsprozess aus, mit andern Worten, er bringt etwas in Bewegung und steht darum für die Energie, die zwischen den drei Körpern fließt. Mit der Frau ist unsere Persönlichkeit gemeint. Wie die Frau mit Sauerteig die drei Scheffel Mehl zum Gären bringt, so beeinflussen wir ständig mit Hilfe der Energie, die uns zur Verfügung gestellt wird, den Energiehaushalt unserer drei Körper. Christus fordert uns also auf, mit dieser Energie sinnvoll und verantwortungsbewusst umzugehen. Davon wird später ausführlicher die Rede sein.

In einem Brief an die Gemeinde in Korinth berichtet der Apostel Paulus von einer Begegnung mit Christus:

Ich weiß von einem Menschen in Christus, vor vierzehn Jahren war es, da wurde der Betreffende bis in den dritten Himmel entrückt. Ob er dabei in seinem Leibe war, weiß ich nicht; ob er außerhalb seines Leibes war, weiß ich nicht: Gott weiß es. Ja, ich weiß von dem betreffenden Menschen, dass er in das Paradies entrückt worden ist ... Dort hörte er unaussprechliche Worte, die auszusprechen keinem Menschen gestattet ist. (2. Kor 12:2–4)

Paulus redet davon, dass er aus seinem physischen Leib herausgehoben wurde, um Christus begegnen zu können. Diese Exosomatose* führte ihn in den dritten Himmel. Der erste Himmel ist die physische Ebene, der zweite die psychische, der dritte die noetische oder mentale Ebene. Paulus wird also in seinem noetischen Körper auf die Ebene des reinen Denkens, die noetische Ebene, geführt, die er als Paradies erlebt. Die Erfahrungen, die er dort macht, übersteigen menschliches Ausdrucksvermögen. Die Tatsache, dass er für diese Begegnung seinen physischen Körper verläßt, kommt deutlich zum Ausdruck.

Wir haben also erkannt, dass die Seele drei Körper braucht, um sich in der Welt der existenten Formen* auszudrücken: den physischen, den psychischen und den noetischen. Sie selber gehört der formlosen Ebene an. Das ist die Ebene des Lichts, in der es keine konkreten, erfahrbaren Formen gibt. Aber jedes Wesen hat seine Individualität, das heißt, es ist unverwechselbar, einmalig.

Einer meiner Klienten träumte eines Nachts, dass er mir auf einer höheren Ebene begegnete: Er sieht keine körperliche Gestalt mehr, aber er weiß genau, dass ich es bin. Das war eine Begegnung auf der Seelenebene, der Ebene des Lichts, jenseits aller Form.

Ich empfehle Ihnen jetzt, nicht lange theoretisch darüber nachzugrübeln, wie Sie sich das vorstellen sollen, denn das können Sie gar nicht. Erfahrungen dieser Ebene sprengen unser Vorstellungs- und unser Ausdrucksvermögen. Statt dessen empfehle ich Ihnen, folgende Übung zu machen:

(Diese und die folgenden Übungen und Meditationen habe ich in der Du-Form abgefasst, um Sie auf einer tieferen Ebene ansprechen zu können.)

Setz dich entspannt hin, schließ deine Augen und laß deinen Atem ruhig und gleichmäßig fließen. Mach dir klar, dass der physische Körper das Haus ist, in dem du im Augenblick lebst. Du kannst dieses Haus jederzeit für eine Weile verlassen. Versuch nun, im Rhythmus mit dem Ausatmen dich langsam auszudehnen, beim Einatmen nimmst du die nötige Energie dafür auf.
Fang klein an: Füll zuerst den Raum aus, in dem du sitzt. Dann dehn dich weiter aus, über das Haus hinaus, über das Dorf, die Stadt hinaus, über das Land hinaus, immer im Rhythmus mit dem Ausatmen. Mach dich frei von den Wünschen, Emotionen und Begierden, die sich jetzt erst recht in den Vordergrund schieben können. Lös dich von den Gedanken und Vorstellungen, die dich jetzt vielleicht gefangennehmen wollen.
Versuch zu erreichen, dass es in dir ganz ruhig wird, dass du nur noch da bist. Du kannst dich bis zu den Sternen ausdehnen. Irgendwann siehst du wahrscheinlich den Planeten Erde unter dir klein und kleiner werden.
Je weiter du dich ausdehnst, desto mehr gibt es nur noch Licht um dich herum, und du wirst eins mit dem Licht. Eine unendliche Ruhe und Weite erfüllt dich. Es gibt keine Form mehr, nur noch das Bewusstsein deiner Selbst. Du weißt nur noch, dass du bist – als das einmalige, unverwechselbare Wesen im unendlichen Ozean des SEINS.

Das Gleichnis vom verlorenen Sohn

Um die Frage »Wer bin ich?« in vollem Umfang beantworten zu können, möchte ich Ihr Augenmerk auf einen neutestamentlichen Text, das Gleichnis vom verlorenen Sohn, lenken. Ich kenne keinen andern Text, der mit so wenig Worten Größe und Tragik des Menschen umschreibt, wie dieses Gleichnis es tut.

> *Ein Mann hatte zwei Söhne. Der jüngere von ihnen sagte zu seinem Vater: »Gib mir den Anteil deines Vermögens, der mir (als Erbe) zusteht.« Da teilte er seinen Besitz unter sie. Nicht lange danach machte der jüngere Sohn seinen ganzen Anteil zu Geld und zog davon in ein fernes Land; und da verprasste er sein ganzes Vermögen in einem haltlosen Leben. Als er alles aufgebraucht hatte, kam eine schwere Hungersnot über jenes ganze Land, und er geriet in Not. Da ging er hin und hängte sich an einen Bürger jenes Landes; der schickte ihn auf seine Felder, die Säue zu hüten. Gern hätte er seinen leeren Magen mit den Schoten gefüllt, die die Schweine fraßen, doch niemand gab ihm davon. Da ging er in sich und sagte: Wie viele Tagelöhner meines Vaters haben Brot im Überfluss, und ich komme hier vor Hunger um. Ich will mich aufmachen und zu meinem Vater gehen und zu ihm sagen: Vater, ich habe gesündigt gegen den Himmel und vor dir. Ich bin nicht mehr wert, dein Sohn zu heißen. Stelle mich wie einen deiner Tagelöhner! Und er machte sich auf und kam heim zu seinem Vater. Als er noch weit weg war, erblickte ihn sein Vater, und Erbarmen ergriff ihn; er lief ihm entgegen, fiel ihm um den Hals und küsste ihn. Doch der Sohn sagte zu ihm: »Vater, ich habe gesündigt gegen den Himmel und vor dir – ich bin nicht mehr wert, dein Sohn zu heißen.« Aber der Vater sagte zu seinen Knechten: »Rasch, bringt das beste Gewand heraus und legt es ihm an! Steckt ihm einen Ring an seinen Finger und gebt ihm Schuhe an die Füße. Und holt das Mastkalb herbei und schlachtet es; dann wollen wir ein Freudenmahl feiern. Denn mein Sohn hier war tot und ist wieder zum Leben gekommen; er war verloren und ist wiedergefunden.« Und sie fingen an zu feiern.*
> *Als nun sein älterer Sohn, der auf dem Felde war, heimkehrte und sich dem Hause näherte, hörte er Musik und Tanz und rief einen der Knechte zu sich und fragte, was das sei. Der antwortete: »Dein Bruder ist gekommen; da hat dein Vater das Mastkalb geschlachtet, weil er ihn gesund wieder hat.« Da geriet er in Zorn und wollte nicht hereinkommen. Doch sein Vater ging zu ihm hinaus und bat*

ihn. Doch er antwortete seinem Vater: »*Sieh, so viele Jahre diene ich dir nun schon und habe dein Gebot nie übertreten. Doch mir hast du nie auch nur einen Ziegenbock gegeben, dass ich mit meinen Freunden hätte feiern können. Aber wie dein Sohn heimgekommen ist, der da, der dein Vermögen mit Huren verprasst hat, da hast du für ihn das Mastkalb geschlachtet.*«
Der Vater erwiderte: »*Kind, du bist doch allezeit bei mir, und alles, was mein ist, ist dein: Du hättest mitfeiern und dich darüber freuen sollen, dass dieser hier, dein Bruder, der tot war, wieder zum Leben gekommen ist, verloren war und wieder gefunden ist.*«
(Lk 15:11–32)

Der jüngere Sohn, der aus dem Vaterhaus wegläuft, ist der Mensch. Er ist nicht etwa davongejagt worden, er hat freiwillig, man könnte sogar sagen: eigenwillig, das Vaterhaus verlassen, und er kann letztlich auch nur freiwillig wieder zurückkehren. Mit dem Vater meint Christus niemand anderen als Gott, die *Absolute Unbegrenzte Wirklichkeit*.

Wenn der Mensch Sohn des Vaters ist, dann ist er nicht geringer als der Vater, das heißt, der Mensch ist in seinem Wesen göttlich. Als Sohn ist er vom Vater gezeugt, nicht geschaffen worden, das heißt, der Mensch ist in Wirklichkeit kein Geschöpf, er ist ein ewiges göttliches Wesen, das aus dem Absoluten Unendlichen SEIN* hervorgegangen ist. Seine irdische Existenz entspricht derjenigen anderer Lebewesen. Seine Körper und seine derzeitige Persönlichkeit* sind Schöpfung, aber sein Wesen hat teil am Ungeschaffenen. Sein Geist-Ich* wurde nicht geschaffen, es ist aus GOTT* hervorgegangen. Wir sprechen darum von Emanation im Unterschied zu Kreation.

> (Auch in späteren Kapiteln beziehen sich Begriffe in großen Buchstaben (SEIN, GOTT, LOGOS) auf die höchste Ebene der Wirklichkeit, während Begriffe, die nur einen großen Anfangsbuchstaben haben (Gott, Logos, Selbst) die Ebene der persönlichen Erfahrung meinen.)

Das will Joshua Immanuel, der Christus*, den aufgebrachten Juden, die ihn steinigen wollen, bewusst machen. Sie werfen ihm Gotteslästerung vor, weil er sich *Sohn Gottes* nennt (Joh 10:33–35). Da weist er sie auf ein altes Psalmwort hin: *Götter seid ihr, ihr alle seid Söhne des Höchsten* (Ps 82:6).

Der Mensch, dem wir tagtäglich begegnen, hat also einen »doppelten Ursprung«, wie es Karlfried Graf Dürckheim genannt hat. In seinem in-

nersten Wesen ist er ewig, göttlich, ohne Anfang und Ende; seine konkrete Erscheinungsform hingegen ist endlich, begrenzt, vergänglich. Vergleichen wir es noch einmal mit dem Künstler auf der Bühne, dann können wir formulieren: Der momentane Auftritt ist begrenzt, der Künstler lebt weiter und hat immer wieder einen Auftritt.
In seiner derzeitigen Erscheinung, in seiner Persönlichkeit, ist der Mensch geprägt von Vater und Mutter, in seinen Genen schlägt sich – zumindest teilweise – die Geschichte seiner Ahnen nieder. Sein Wesen aber ist von nichts und niemandem abhängig oder beeinflusst, es ruht im Absoluten Unendlichen SEIN als vollkommene göttliche Wesenheit. Der zypriotische Heiler und spirituelle Lehrer Daskalos nennt diese ewige Wesenheit »Heilige Monade« (*Esoterische Lehren* S.73 ff), und er hat uns gelehrt, dass die Gesamtheit aller göttlichen Wesenheiten das Absolute Unendliche SEIN ausmachen. Diese vollkommenen göttlichen Wesenheiten sind angesprochen, wenn es im biblischen Schöpfungsmythos heißt: *Gott sprach: Lasst uns Menschen machen nach unserem Bilde ...* (Gen 1:26). Was also erschaffen wird, ist die konkrete Erscheinungsform in Raum und Zeit, nicht aber die göttliche Wesenheit. Sie *ist* – immer schon, sonst wäre sie ja nicht vor Erschaffung der menschlichen Existenz ansprechbar. Sie ruht im Göttlichen SEIN, ohne Anfang und Ende.

Was ist damit gemeint, dass der Sohn das Vaterhaus verläßt? Wieder ist es Daskalos' Lehre, die uns einen Blick hinter die Kulissen werfen lässt. Die Heilige Monade ist wie eine vollkommene, reine Sonne. Sie sendet einen Strahl ihrer Selbst durch das Urbild des Menschen; dieser Strahl ist die Seele. Sie geht sozusagen durch den Archetyp Mensch, der alle nun folgenden Erscheinungsformen prägt.
Der Strahl der Sonne trägt die Kraft des Sonnenlichtes in sich. Er ist nur quantitativ, nicht aber qualitativ geringer als die Sonne. Das heißt, die Seele ist Licht, sie kommt aus dem Unendlichen Göttlichen SEIN und hat teil an Ihm. Sie steigt durch alle Dimensionen und Ebenen herunter, bis sie als derzeitige Persönlichkeit auf der Bühne dieser Welt erscheint. Das ist der *verlorene Sohn*.

Man kann fragen: Warum hat der Sohn das Vaterhaus verlassen, wenn er doch dort daheim ist? Die Antwort kann nur lauten: Um die Fremde kennenzulernen. Stellen Sie sich einen Menschen vor, der in einem Raum geboren wird, wo Tag und Nacht Licht brennt. Wenn er älter geworden ist, fragen Sie ihn, was Licht ist. Er wird es Ihnen nicht sagen können, weil er keine Vergleichsmöglichkeit hat. Um zu wissen, was Licht ist, muss er zuerst Dunkelheit erfahren.

Der Mensch verläßt als reines Lichtwesen die Welt des Vaters, um Dunkelheit kennenzulernen. Die Welt des Vaters ist Harmonie, Liebe und Frieden. Der Mensch gibt diese Welt der göttlichen Einheit auf, um die Welt der Dualität zu erfahren, in der es Licht und Dunkel, Liebe und Hass, Gut und Böse gibt. Man könnte zugespitzt sagen: Ein göttliches Spiel findet hier statt, auf das sich vollkommene Wesen aus reiner Freiheit einlassen. Aber auf der Ebene der Existenz angekommen, hat der Mensch den spielerischen Charakter seines irdischen Auftritts längst vergessen, und von Freiheit ist nichts mehr zu spüren. Denn der Mensch hat sich verbissen ins Formale. Er hat sich verloren in der Fremde, der Welt der Dualität. So ist der Begriff *verlorener Sohn* nicht im moralisch abwertenden Sinn zu verstehen; er ist vielmehr eine existentielle Aussage.

Der Sohn hat sein Erbteil mitgenommen und auf seiner Reise durch die Welt vergeudet und verprasst. Dabei geht es nicht um Geld, selbst wenn Christus gelegentlich das Bild von Talenten gebraucht und damit auf eine damals übliche römische Währung anspielt (Mt 25:14–30). Talente steht hier symbolisch für Energie, und in dieser Bedeutung kommt Geld oft im Traum und im Märchen vor. Wenn jemand träumt, dass er sein Geld verliert, heißt das nicht, dass er finanziell verarmt. Vielmehr wird er darauf hingewiesen, dass er seine Energie verliert. Nun gilt es herauszufinden, was ihm seine Vitalkraft raubt. Das Erbe, das der Sohn von daheim mitnimmt, ist also Energie, die Energie, die der Mensch tagtäglich zur Verfügung gestellt bekommt. Daskalos nennt diese Energie »Geist« (mind). Der Geist ist der Baustoff, aus dem die Universen erschaffen sind (*Esoterische Lehren* S. 51 ff), und er ist das Material, mit dem wir unseren Alltag gestalten und bewältigen.
Für jeden Gedanken, jedes Wort, jede Tat, für unsere Emotionen und Gefühle verbrauchen wir von dieser Energie. Wir sind verantwortlich dafür, wie wir diese Energie einsetzen. Mit negativen Gedanken, egoistischen oder destruktiven Wünschen, mit unkontrollierten und unbeherrschten Wunschgedanken*, wie es Daskalos nennt (*Esoterische Lehren* S. 161), verschleudern wir diese kostbare Energie, die der Vater uns zur Verfügung stellt.

Der Mensch kann seinen göttlichen Ursprung wie auch sein Wesen zwar nicht verlieren, wohl aber verleugnen, je nachdem wie er auf der Bühne dieser Welt auftritt. Gemessen an seinem Ursprung ist der Mensch tief gesunken. Das meint Christus, wenn der verlorene Sohn im Gleichnis bei den Schweinen landet und sich von ihrem Futter ernähren will, das ihm erst noch versagt wird. Der Mensch kann sich zwar an dem Dunklen und

Negativen, das er in die Welt setzt, berauschen und aufgeilen, aber es macht ihn nicht satt, es stillt nicht seinen tiefen Lebenshunger.
Irgendwann wacht jeder Mensch auf und erinnert sich daran, wer er ist, entdeckt den göttlichen Ursprung in sich und sehnt sich nach seiner wahren Heimat. Er hat dann noch einen weiten Weg vor sich, bis er daheim ist, aber der Vater sieht ihn schon von weitem, weil Er ihm ja immer nahe ist.

Der moderne Mensch hat sich von GOTT abgewendet, als wäre GOTT ein Gegenüber, für oder gegen das er sich entscheiden kann. Er verkennt völlig die Tatsache, dass er sich keinen Atemzug lang von GOTT lösen kann. Denn jeder Atemzug ist Sein Lebensodem, den Er uns schenkt. Der Mensch kann sich keinen Schritt von Ihm entfernen. »Nichts existiert außer Gott«, sagen die Sufis (Khan, *Ruf des Derwisch*, S. 20). Das heißt: GOTT ist die alles umfassende Wirklichkeit, in der alles Lebendige sich bewegt. Der Mensch ist wie eine Welle im unendlichen Ozean des Göttlichen SEINS. Jede Welle hat ihre individuelle Prägung, aber sie kann nur existieren im Energiegefüge des ganzen Ozeans.

Jeder Gedanke entspringt der Geist-Energie, die Er uns schenkt. So beruht jeder Gedanke an Ihn auf der Tatsache, dass Er die Wirklichkeit ist, die in mir wirkt. Wir könnten gar nicht an Ihn denken, wir könnten uns nicht nach Ihm sehnen, wenn nicht jede Zelle unserer Existenz Sein Wirken widerspiegeln würde. Goethe drückte das so aus:

>»Wär' nicht das Auge sonnenhaft,
>die Sonne könnt' es nie erblicken.
>Läg' nicht in uns des Gottes eigne Kraft,
>wie könnt' uns Göttliches entzücken?«

Auch der Gedanke »Es gibt gar keinen Gott« ist nur denkbar, weil der Mensch zu eben diesem Gedanken die göttliche Energie bekommt. Wie grotesk! Die atheistische Haltung ist deshalb absurd, weil es kein Dasein außerhalb des Göttlichen SEINS gibt.
Der Mensch kann also gar nie aus GOTT »herausfallen«, er ist und bleibt der Sohn des Vaters, wie tief er auch sinken mag. Er beraubt sich nur selber seiner Lebensgrundlagen, je weiter er sich innerlich von Ihm entfernt. Das drückt das Bild von den Huren aus, mit denen der Sohn sein Erbe durchbringt. Mit der mutwilligen Trennung von seinem göttlichen Wesen verschleudert der Mensch seine Lebensenergie und löst damit alle möglichen Krankheiten und Leiden aus.

Wenn er seine Misere erkennt und sich auf den Heimweg macht, empfängt ihn der Vater mit offenen Armen, ja er feiert ihm zu Ehren ein Fest. Das Fest ist der Ausdruck der Erfüllung. Das Ziel der menschlichen Entwicklung über alle Umwege und Abwege, trotz aller Verirrungen und Verwirrungen, ist das Einswerden mit dem Göttlichen SEIN. Das Symbol dafür ist der Ring, der dem heimgekehrten Sohn angesteckt wird. Der Mensch hat dann seine niedere, triebhafte, materiegebundene Natur überwunden. Im Gleichnis wird das damit zum Ausdruck gebracht, dass das gemästete Kalb geschlachtet wird.

Das Fest ist auch ein Ausdruck der Freude, die im Himmel herrscht, wenn ein Mensch heimfindet (Lk 15:10). Keine Vorwürfe, keine Vorhaltungen, kein Aufrechnen von Schuld und Sühne, nur Freude. Das ist der vollkommenste Ausdruck der göttlichen Liebe.

Das Wesen GOTTES ist nicht Recht und Gerechtigkeit, sondern Liebe. Das hat Joshua Immanuel, der Christus, nicht nur mit Worten, sondern mit seinem ganzen Erdendasein zum Ausdruck gebracht. Wie oft vermissen wir im Alltag GOTTES Gerechtigkeit. Wir würden manche Situation besser verstehen, wenn wir sie als Ausdruck Seiner Liebe sehen könnten. Selbst da, wo die Brutalität und Grausamkeit des Menschen überhandnimmt, zeigt sich die Liebe des Vaters. Er lässt seinen Kindern die Freiheit, sich scheinbar unendlich weit von Ihm zu entfernen, bis sie im Schweinestall landen, das heißt mit ihrem Denken, Reden und Handeln völlig gefangen sind in der Welt dunkler destruktiver Elementale*.

Nun gibt es im Gleichnis noch den älteren Bruder, der nie das Haus des Vaters verlassen und immer für ihn gearbeitet hat. Er hat kein Verständnis für die Großzügigkeit des Vaters. Mit dem älteren Bruder sind die Erzengel*, unsere himmlischen Geschwister, gemeint. Sie sind nie den Weg der Inkarnation* gegangen, sie sind nie tief gesunken, haben nie Erfahrungen in der Welt der Dualität gemacht.

Die Engelwesen kennen die Dualität nicht, sie kennen nur Eins-Sein. Sie kennen viele unserer menschlichen Probleme nicht, sie verstehen nicht, dass man so tief sinken kann, um in der letzten Nacht und Tiefe das *Gold* zu finden. Sie haben sich auch nie bewusst entscheiden müssen, heimzukehren ins Vaterhaus. Sie waren immer in der selbstverständlichen, überbewussten* Einheit mit dem Vater.

Erst Daskalos hat mir deutlich gemacht, was das letztlich bedeutet: Das Menschenwesen, das nach vielen Inkarnationen aufwacht, sich seines wahren Ursprungs bewusst wird und heimfindet, ist reicher an Erfahrungen als die Engelwesen, die nie inkarniert haben. Das in die göttliche

Einheit heimgekehrte Menschenwesen ist in seinem Bewusstsein weiter entwickelt als die Erzengelwesen (vgl. *Esoterische Lehren* S. 86 f).

Nur wer Dunkelheit erlebt hat, weiß, was Licht ist, und nur wer Verzweiflung und Leere erfahren hat, kann bewusst Glück und Erfüllung erleben. Das also ist Sinn und Ziel der Inkarnationszyklen des Menschen: er hat das Vaterhaus verlassen, um die Fremde kennenzulernen und in der Fremde die Sehnsucht nach der Heimat zu erfahren. Dazu hat er das paradiesische, aber unbewusste Eingebettetsein ins Göttliche aufgegeben.

Immer wieder sehe ich in der Therapie, wie schwer es dem Menschen fällt, diese Zusammenhänge zu erkennen und anzunehmen. Früher schien alles rund zu laufen, der Mensch funktionierte, er war zufrieden mit sich und seiner Umwelt und hatte keine Probleme. Was für Probleme kann es auch geben, wenn einer am Wegrand sitzt, in den Tag hineinträumt und keinen Schritt nach vorne tut! Doch plötzlich tritt eine Krise auf und bringt alles ins Rollen. Man sieht sich und seine Umwelt mit anderen Augen an. Probleme in der Beziehung und im Beruf tauchen auf, und nichts funktioniert mehr. Fast alle empfinden das als schmerzlich, sie fühlen sich buchstäblich aus dem Paradies hinausgeworfen und spüren das Flammenschwert des Erzengels Michael (Gen 3:24). In Wirklichkeit will er ihnen helfen, zur Klarheit zu finden. Aus der paradiesischen Unbewusstheit hinausgeworfen zu werden ist der Preis für die Bewusstwerdung, die zumindest in der Anfangsphase ein schmerzlicher Prozess ist, letztlich aber die große Befreiung bringt. Darum sagt die Schlange, das Symbol der Weisheit, zum Menschen im Garten Eden: *An dem Tag, wo ihr vom Baum der Erkenntnis esst, werdet ihr sein wie Gott und wissen, was gut und böse ist.* (Gen 3:5)

Das also ist das Ziel: zu wissen, wer ich in meinem Wesen bin, was bedeutet, meinen göttlichen Ursprung zu erkennen und dann unterscheiden zu lernen zwischen gut und böse, also die Welt der Dualität und Polarität zu durchschauen. Das ist die Wahrheit, die uns freimachen wird (Joh 8:32): zu erkennen, wer ich in meinem Wesen bin, wozu ich hier auf dem Planeten Erde bin und wohin mein Weg führt.
Darum steigt der Mensch immer wieder ins Dunkel der untersten Schwingungsfrequenzen herab, weil er dort – und nur dort – sich seines wahren Lichtwesens bewusst werden kann. Die Erzengel haben diese Chance nicht. Sie sind Lichtwesen, die nie inkarniert haben, darum sind sie sich ihrer wahren Natur nicht bewusst. Sie tun Gutes im Sinne des Göttlichen Planes, aber sie wissen nicht, was gut und böse ist und verste-

hen darum nicht, wie schwer es uns Menschen fällt, unsere niedere Natur zu überwinden. Darum beklagt sich der ältere Sohn im Gleichnis beim Vater: *Mir hast du nie ein gemästetes Kalb geschlachtet.* (Lk 15:29–30)

Nur der Mensch verliert sich über Jahrtausende hinweg in der Welt der Polarität, bis er schließlich in der tiefsten Nacht das Licht entdeckt, das in seinem Herzen leuchtet. Nur der Mensch erlebt die Geduld und Liebe des Vaters, der auch in der Gosse mit ihm ist, ihn aber nie drängt, schon gar nicht verurteilt, sondern wartet, bis der Sohn aufwacht und sich seiner Herkunft bewusst wird. Nur der Mensch erlebt die grenzenlose Freude und das himmlische Fest, wenn er heimfindet in das Eins-Sein mit seinem innersten Wesen. Und nur der Mensch kennt die bewusste Freude und das tiefe Glück in seinem Herzen, wenn er dann einmal seinen Brüdern und Schwestern den Heimweg zeigen darf.

Ich lade Sie nun zu der folgenden Meditation ein:

Entspann dich in der gewohnten Weise. Betrachte einmal deine Umwelt, als kämst du von einem fernen Stern und wärst soeben auf dem Planeten Erde gelandet. Du trägst in dir die Erinnerung an deine Heimat: eine strahlend schöne, harmonische Welt, ein reines Paradies.
Nun vergleiche damit, was du hier erlebst!

Betrachte die Natur, die dich umgibt: die herrlichen Farben der Blumen, die wunderbar gestalteten Pflanzen und Bäume, die majestätischen Formen der Berge und die Bäche und Flüsse, die sich im Sonnenlicht wie Silberbänder durch die Landschaft ziehen. Nimm diese Eindrücke mit wachen Sinnen auf, und du wirst erkennen, dass Meisterhand hier wirkt.

Beobachte die Tiere in deiner neuen Umgebung: Manche bewegen sich geschmeidig, graziös und sprühen bei jedem Sprung vor Kraft und Lebenslust; andere stehen stumpf herum oder liegen schwerfällig am Boden, als hätte man sie in Ketten gelegt.

Dann betrachte die Menschen, die dir auf dem Planeten Erde begegnen: Die einen schauen dich mit freundlichem Gesicht und offenem Herzen an, sie begegnen dir mit Vertrauen und Zuneigung. Die anderen betrachten dich argwöhnisch, misstrauisch, sogar feindselig. Und doch kommen sie vom selben Stern wie du, aber das wissen sie nicht mehr.

Beobachte, wie die Menschen miteinander umgehen: Die einen helfen sich gegenseitig, sie achten und lieben sich, die anderen fallen gehässig übereinander her, sie schlagen und töten einander. Und doch gehören sie zusammen, stammen aus einer einzigen großen Familie, aber das sehen sie nicht mehr.
Je länger je mehr fühlst du dich fremd unter ihnen und sehnst dich nach deiner Heimat, aber du kannst nicht einfach zurückkehren.
Es gibt eine Möglichkeit, diese Spannung auszuhalten, ja sogar das Unbehagen zu überwinden.

Stell dir vor, dein Körper ist ein Tempel. Wie zu allen Zeiten und an allen Orten kannst du im Tempel dem Heiligen, dem Göttlichen begegnen.
Nun mach dich auf den Weg:
Du wirst Räume durchschreiten, die dir vertraut sind, andere sind dir fremd.
Du wirst verborgene Schätze entdecken, die du nie erwartet hättest.
Dir werden Weisheitslehren anvertraut und Geheimnisse offenbart, die du nie gekannt hast.
Je tiefer du ins Innere gelangst, desto mehr enthüllt der Tempel seine Schönheit dir.
Die Tür zum Allerheiligsten wird sich von selbst dir öffnen, wenn du mit reinem Herzen davor stehst.
Nun bist du daheim im Licht: Ein nie geschauter Glanz umströmt dich, und Glück, von dem du nichts gewusst, erfüllt dein Herz.
Wann immer du in deiner wahren Heimat weilst, erkennt man das nicht nur im Tempelvorhof; man spürt es bis zum Rand der Erde.

GOTT – die Absolute Unbegrenzte Wirklichkeit

Über GOTT zu schreiben ist sehr problematisch. Zum einen kann man GOTT nicht wie irgendein anderes Thema abhandeln, zum andern muss ich damit rechnen, dass schon der Begriff negative Gefühle und Widerstände in Ihnen weckt. Bedenkt man, wie sehr er allein in den zweitausend Jahren christlicher Geschichte in Misskredit gebracht wurde, wäre es wohl besser, diesen Begriff ganz zu vermeiden.
Wieviel Unsinn haben Menschen im Namen Gottes behauptet, von Kanzeln herunter verkündet oder in Dogmatiken und Katechismen niedergeschrieben – und man hat es ihnen geglaubt! Wieviel Unrecht und Leid haben die Stellvertreter, Advokaten und Rechtsvollstrecker Gottes über die Menschheit gebracht und gleichzeitig das Neue Testament zitiert: *Gott ist Liebe.* Was für ein Hohn! In wieviel Dunkel hat das Christentum die Welt gestürzt, und dabei ist im Neuen Testament zu lesen: *Gott ist Licht.* Wie erschütternd, wie grotesk, ja geradezu pervers ist das, was sich Menschen bis zum heutigen Tag im Namen Gottes leisten. Ist es verwunderlich, dass viele Menschen an diesem Gott zweifeln? Wüsste ich nicht von einer andern Wirklichkeit, würde auch ich längst an Gott verzweifeln. Aber tatsächlich geht es um etwas anderes, wenn wir von GOTT reden, als um das, was seit Jahrtausenden in Kirchen, Moscheen, Synagogen und Tempeln vorrangig verkündigt wurde.

Es gibt eine Anekdote von zwei Mönchen, die sich ein Leben lang mit der Frage beschäftigten: »Wie und was ist Gott wirklich? Ist er so, wie es in der christlichen Dogmatik gelehrt wird, oder ist er so, wie die Andersgläubigen behaupten?« Als sie alt geworden waren, vereinbarten sie folgendes: Derjenige, der zuerst stirbt, lässt dem andern eine Botschaft zukommen, und zwar ein Wort in der alten Gelehrtensprache Latein. Falls Gott so ist, wie sie von Jugend auf gelernt haben, heißt die Botschaft »taliter«. Ist er aber doch anders, als sie gelehrt worden sind, lautet die Antwort »aliter«. Dann starb der eine der beiden Mönche. Gespannt wartete der Zurückgebliebene auf die Botschaft seines verstorbenen Mitbruders. Eines Morgens lag ein Zettel auf seinem Tisch, worauf stand »totaliter aliter« – vollkommen anders.

Was Menschen mit dem Begriff Gott bezeichnen, ist meistens ihre eigene Vorstellung, ihre Erfindung, zurechtgezimmert und fein abgestimmt auf ihr Weltbild, ihre Normen, ihre Denkkategorien, aber weit entfernt von der Wirklichkeit. Denn GOTT ist weder der höchste Richter noch das vollkommenste Wesen, das wir uns ausdenken können. GOTT ist die

alles umfassende Absoute Unbegrenzte Wirklichkeit, »Absolute Beingness«, wie es Daskalos nennt (*Esoteric Teachings*, S. 17). Also nicht ein Wesen so wie wir – und sei es das höchste und vollkommenste –, sondern ALLES, das Unendliche SEIN, in Dem jeder von uns *ist*.
In der berühmten Rede des Paulus auf dem Areopag in Athen wird das so formuliert:
In ihm leben wir, in ihm bewegen wir uns, in ihm sind wir, wie es einige von euren Dichtern gesagt haben: 'Wir sind von seinem Geschlecht.' (Apg 17:28). Hier wird einerseits zum Ausdruck gebracht, dass der Mensch göttlichen Geschlechts, das heißt in seinem Wesen göttlich ist. Andererseits macht diese Stelle deutlich, dass GOTT die alles umfassende Wirklichkeit ist, außerhalb derer es nichts gibt.
»La illah illa 'llah hu« beten die Sufis im Sikr und drücken damit aus: »Nichts existiert außer Gott« (Khan, *Ruf des Derwisch*, S. 20). Das bedeutet nicht, dass nichts außerhalb GOTTES existieren kann, sondern dass es dieses Außerhalb-GOTTES gar nicht gibt. Denn GOTT ist das alles umfassende Absolute SEIN. Alles, was ist, ist in Ihm, ist ein Teil von Ihm, alles, was ist, *ist* GOTT. Alles, was existiert, bewegt sich, entfaltet sich in Ihm.

Wir müssen also zwei Ebenen unterscheiden: die Ebene des SEINS und die Ebene der Existenz. Das SEIN ist das In-Sich-Ruhende, Ewige, das Sich Selbst genügt. Es bedarf nichts anderes zu Seiner Ergänzung, denn Es hat den vollkommenen Reichtum in sich. Mit Existenz meine ich die Ebene des Geschaffenen, Geformten. Alles Geschaffene ist begrenzt und aufeinander angewiesen. Da es kein Sein, aber auch keine Existenz außerhalb GOTTES gibt, ist GOTT *alles und in allem* (1. Kor 15:28). Er ist der Makrokosmos, das Absolute Unbegrenzte SEIN, und Er begegnet uns in allen existenten Formen. Alles Geschaffene trägt Seine Spuren in sich. Alles, was existiert, weist – wenn auch unvollkommen und bruchstückhaft – auf das Absolute SEIN hin, das Grundlage jeder existenten Form ist. Denn das Absolute SEIN setzt die existenten Formen aus sich heraus, macht sich also erfahrbar in der Existenz. Zugespitzt formuliert: GOTT *ist* und existiert.

Nehmen Sie eine Rose. Lassen Sie sich von ihrem Duft betören, von ihrer Farbe verzaubern, bestaunen Sie ihre vollkommene Form. All das existiert in Raum und Zeit und ist vergänglich. Aber es kann Sie auf die unendliche Weisheit und Allmacht hinweisen, die sich in dieser existenten Form verherrlicht. Dann kann es plötzlich geschehen, dass gleichsam der Vorhang aufgeht und Sie eine andere Dimension wahrnehmen: Sie ahnen, ja erfassen für einen Augenblick etwas von dem Unendlichen SEIN, das in dieser Erscheinungsform, in der Rose, verborgen liegt. Das ist eine SEINS-Erfahrung.

Genauso ist es mit unseren Vorstellungen, die wir von Gott haben. Sie tragen eine Spur Wahrheit in sich, aber eben nur eine Spur. Sie sind unvollkommen, bruchstückhaft. Denn die Wirklichkeit ist »totaliter aliter«, vollkommen anders. Um diese Wirklichkeit von unseren Vorstellungen zu unterscheiden, schreibe ich sie mit großen Buchstaben (SEIN, GOTT). Unsere Vorstellungskraft kann diese Wirklichkeit nur bruchstückhaft erfassen, und unsere Ausdrucksmöglichkeiten reichen nie hin, um sie zu beschreiben. Wir können sie tatsächlich nur erfahren, und auch das nur begrenzt.

Der Mensch hat an beiden Ebenen teil: an der Ebene des SEINS und an der Ebene der Existenz. Deshalb ist er zu beiden Erfahrungen fähig. Als der *verlorene Sohn* hat der Mensch wesensmäßig Anteil am Unendlichen SEIN, er *ist* in der Tiefe seines Wesens göttlich und kann deshalb das Wesen Gottes am direktesten und unmittelbarsten widerspiegeln. Zugleich existiert er im Augenblick in einer konkreten körperlichen Gestalt. Darum ist er wie kein anderes Lebewesen fähig, Gott zu verleugnen, solange er von seinem innersten Wesen entfremdet ist und nicht zu sich Selbst steht, vielleicht noch nicht stehen kann.

Eine SEINS-Erfahrung können wir im Grunde nicht in der Natur, das heißt außerhalb unser Selbst machen, sondern nur in uns Selbst, weil wir in unserem Wesen Anteil haben am Unendlichen SEIN. Die äußere Erfahrung kann nur der Auslöser sein, kann nur den Anstoß geben. Die eigentliche SEINS-Erfahrung spielt sich auf den inneren Ebenen ab, denn *das Reich Gottes ist in euch* (Lk 17:21). Hier hat Luther mit seiner scheinbar veralteten Übersetzung »in euch« mehr begriffen von der inneren Wirklichkeit des Menschen als die meisten der heutigen Exegeten.

Lassen Sie mich das anhand einer persönlichen Erfahrung erläutern: Ich stehe am Straßenrand und spüre, wie mein Herz flattert und einen Augenblick lang aussetzt. Zuerst steigt Angst in mir auf, und Gedanken wie »Ich arbeite zu viel, ich bin nicht mehr der Jüngste, ich müsste meinen Körper mehr schonen, ihm mehr Ruhe gönnen« bedrängen mich. Doch dann spüre ich die »andere Wirklichkeit« – wie zwei Hände, die mich tragen, in denen ich geborgen bin. Da weiß ich: Mein Körper ist ein Werkzeug, ein sehr wichtiges und wertvolles. Gibt es etwas Schöneres, als diesen Körper Dir zur Verfügung zu stellen, damit Du durch ihn wirken kannst? Solange ich hier auf der physischen Ebene bin, gebe ich mich mit meiner ganzen Existenz vertrauensvoll in Deine Hände. Anschließend freue ich mich, wenn Du mich auf einer anderen Ebene brauchst. Wo ich auch bin, ich bin in Dir. Eine wundervolle Ruhe erfüllt mich; es ist die Ruhe, zu der Christus uns führen will (Mt 11: 29), wenn wir lernen, auf der Ebene der Existenz zu leben – im Bewusstsein, eins zu sein mit dem Unendlichen SEIN.

Ich kann diese Erfahrung niemandem beweisen. Aber auch hier gilt: Sie müssen es nicht einfach glauben, weil es hier gedruckt steht oder gar weil eine Institution solche Erfahrungen verkündigt und Glauben fordert. Vielmehr können Sie die Erfahrung selbst machen, denn die Wirklichkeit ist Ihnen näher, als Sie ahnen.
Die BBC London drehte mit dem berühmten Schweizer Arzt und Psychotherapeuten C. G. Jung einen Film, als Jung bereits in vorgerücktem Alter stand. Der englische Korrespondent fragte damals Jung: »Glauben Sie an Gott?«, worauf Jung antwortete: »Was heißt 'glauben'? Ich *weiß* …« Hinter dieser Aussage stecken Grenzerfahrungen eines reifen Menschen. Aber solche Grenzerfahrungen können auch Sie machen, wenn Sie es zulassen.
Vielleicht haben Sie sogar schon öfter solche Erfahrungen gemacht, sie aber hinterher wieder entkräftet mit Gedanken wie: Das habe ich mir eingebildet – das war nur meine Phantasie, mein Wunschdenken usw. Hinter solchem Bagatellisieren steckt der Verstand. Und tatsächlich: Unsere »ratio«, unser Verstand, ist – solange wir ihn falsch gebrauchen – die größte Bremse, wenn es darum geht, Erfahrungen mit höheren und höchsten Ebenen zu machen. Unser Verstand ist ein Werkzeug, ein hochwertiges, hochsensibles Werkzeug, mehr aber nicht.

Stellen Sie sich vor, Sie nehmen einen Schraubenschlüssel und ziehen eine Mutter fest. Das funktioniert, wenn Sie wissen, wie man den Schraubenschlüssel handhabt. Wenn Sie aber dem Schraubenschlüssel die Regie überlassen wollen, ist er überfordert. Wenn Sie ihn gar fragen: »Was ist das, eine Schraube, eine Mutter? Kann man eine Mutter festziehen?«, bekommen Sie keine Antwort, denn das müssen *Sie* wissen und den Schraubenschlüssel in der rechten Weise gebrauchen.
Der Verstand ist auch ein Werkzeug, ein viel hochwertigeres zwar als der Schraubenschlüssel, aber eben nur ein Werkzeug, das zu gebrauchen wir lernen müssen. Denn *wir* haben das Wissen, und *wir* machen Erfahrungen, nicht der Verstand. Er kann und soll uns helfen, diese Erfahrungen zu verstehen, das heißt, sie in gängige Verstehensmuster zu übertra-

gen. Das ist schon schwierig genug. Wenn er aber beurteilen soll, ob solche Erfahrungen möglich sind, ob es eine alles umfassende Wirklichkeit gibt, ist er hoffnungslos überfordert.
Lassen Sie es zu, wenn sich plötzlich der Vorhang auftut und Ihr Horizont sich weitet. Lassen Sie sich nicht durch Ihren Verstand einschränken – Ihr Wesen ist unbegrenzt, es hat teil am Absoluten Unbegrenzten SEIN. Aber seien Sie sich darüber im klaren: SEINS-Erfahrungen lassen sich nicht planen oder erzwingen, sie sind immer ein Geschenk.

Ich gehe mit Thomas in der Tiefenentspannung zurück in die Kindheit, um traumatische Erlebnisse jener Zeit mit ihm aufzuarbeiten. Er erlebt wieder, wie ihn seine Eltern im frühen Kindesalter zur Erholung ins Kinderheim und ins Sanatorium weggeben. Diese Erholungsaufenthalte schienen damals notwendig zu sein, weil er sehr kränklich war. Nicht notwendig jedoch war, dass die Eltern ihn während sechs Monaten nicht besuchten. So erlebt er jetzt in der Regressions-Sitzung die Einsamkeit wieder, er fühlt sich wie damals verlassen, abgeschoben, er zittert vor Verzweiflung am ganzen Leib. Da plötzlich kommt ein warmes Licht auf ihn zu, und eine wundervolle Liebe strömt ihm aus diesem Licht entgegen. Thomas wird ganz ruhig, fühlt sich geborgen, fühlt sich in diesem Licht daheim, und aller Kummer und Schmerz ist wie weggewischt. Er kann niemandem beweisen, dass er dieses Erlebnis hatte, er will es auch gar nicht. Denn die Auswirkung ist ihm wichtiger als jeder Beweis: Wenn er jetzt an jene Kinderzeit zurückdenkt, kann er sie ruhig, sachlich anschauen. Der Schmerz, der vorher seine Brust zusammenschnürte, wenn die Erinnerung an jene Zeit wach wurde, ist verschwunden.

Oft erleben Menschen dieses Licht im Zusammenhang mit Nahtod-Erfahrungen. Seitdem ich mit meinen Klienten Rückführungen in frühere Existenzen mache, darf ich immer wieder an solchen Licht-Erfahrungen teilnehmen. Wie tragisch auch immer ein Leben zu Ende geht, meistens begegnet dem Menschen dieses wundervolle Licht, nachdem er seinen physischen Leib verlassen hat. Und dieses Licht ist ein Angebot an den, der die physische Ebene verläßt, aus der Welt des Getrenntseins heimzukehren in die göttliche Einheit. Denn dieses Licht ist ein sichtbarer Ausdruck des Absoluten SEINS: *Gott ist Licht* (1. Joh 1:5). Dieses Licht im Augenblick des Sterbens zu erleben ist ein Geschenk, das den meisten Menschen gemacht wird. Nun kommt es darauf an, wieweit jemand in seiner Bewusstseins-Entwicklung ist, das heißt, wie stark er sich bereits während seiner irdischen Existenz auf dieses Licht hin ausgerichtet, nach diesem Licht gesehnt hat. Hat er sich um die geistigen Dinge nicht

gekümmert, wird er nach dem Übergang in die psychische Welt auf diejenige Schwingungsebene kommen, die seiner hiesigen Entwicklungsstufe entspricht. So ist es verständlich, dass Menschen einige Zeit nach dem physischen Sterben psychisch und mental ins gleiche Chaos hineinrutschen, das sie sich hier schon kreiert hatten.
Viele Menschen haben heute solche Lichterfahrungen, wenn sie für kurze Zeit klinisch tot sind. Immer sind solche Erlebnisse ungeheuer stark und verändern das Leben vollständig, wenn der Betreffende in die irdische Realität zurückkehrt. Ob es nun um Erlebnisse im Rahmen einer Rückführung in eine frühere Existenz oder um Nahtod-Erfahrungen im heutigen Leben wie zum Beispiel bei einem Verkehrsunfall oder im Operationssaal geht, jeder spürt, dass ihn solche Erfahrungen mit der letzten, alles umfassenden Wirklichkeit in Berührung gebracht haben. Keiner von ihnen braucht einen Beweis dafür, dass es stimmt, und keiner lässt sich's ausreden. Für jeden ist die Wirklichkeit, die er erlebt hat, über jeden Zweifel erhaben.

Sie müssen nicht erst einen Verkehrsunfall oder eine Operation erleben. Sie können eine SEINS-Erfahrung auch ohne solche dramatischen Umstände machen, wenn Sie dazu bereit sind.
Setzen Sie sich einmal vor eine Rose und meditieren Sie über sie. Irgendwann wird die Frage in Ihnen auftauchen: Wer oder was hat dieser Rose ihre vollkommene Form gegeben? Wer oder was hat ihr den herrlichen Duft verliehen? Viele sagen einfach: Die Natur ist hier am Wirken. Aber das ist genauso einfältig, wie wenn ich sagen würde: Der Regen hat den Regen hervorgebracht. Die Natur ist die Welt der Phänomene, die wir bestaunen. Die Phänomene können sich nicht selbst hervorbringen. In der Natur, in den existenten Formen, ist eine geheimnisvolle Kraft, Weisheit und Allmacht am Werk.
Oder gehen Sie einmal der Frage nach, wie es möglich ist, dass aus zwei Zellen, die sich vereinigen, ein höchst komplizierter, aber phantastisch funktionierender Organismus wächst. Wenn Ihr Verstand naturwissenschaftlich geschult ist, wird er den Wachstumsprozess nachzeichnen können. Aber die Frage, wieso der Prozess funktioniert, wird der Verstand nicht beantworten können. Diese Frage führt uns hinter die Bühne, dorthin, wo das große Wunder des Lebens verborgen ist. Und Leben ist göttlich.
»God as a state of Beingness is Life, while in the state of existence It is the expression of Life«, schreibt Daskalos (*Esoteric Teachings*, S. 78).
Sie können mit jeder erdenklichen Form aus der Welt der Phänomene einsteigen. Sie können sich an einer schönen Musik berauschen oder

durch einen Text inspiriert werden. Wichtig ist eines: Lassen Sie es zu, wenn sich der Vorhang auftut! Lassen Sie es zu, wenn Ihr Wesen wie ein Adler seine Flügel ausspannt und sich in unendliche Weiten erhebt! Sie sind frei – sperren Sie sich nicht länger selber ein!

Sauerstoff kann man nicht sehen, und doch wird heute keiner behaupten, es gäbe keinen Sauerstoff. Denn man kann nachweisen, dass Sauerstoff lebensnotwendig ist. Lassen Sie sich nicht länger durch Ihren Verstand einengen, weil er das Entscheidende nicht sieht. Ihr Verstand ist begrenzt, er kann das Grenzenlose nicht erfassen. Sie Selbst sind unbegrenzt, denn Sie haben teil am Absoluten SEIN. Als Mensch sind Sie fähig, sich das mehr und mehr bewusst zu machen.

Es ist nicht Überheblichkeit oder gar Sünde, wenn Sie fragen, suchen und sich weiterentwickeln wollen. Im Gegenteil, es gehört zum Lernprogramm, das Sie Selbst sich vorgenommen haben. Haben Sie den Mut, sich von Ihrem Kinderglauben zu lösen! Es ist Ihr königliches Vorrecht, sich die Geheimnisse des Lebens Schritt für Schritt bewusst zu machen. Es ist Ihr Vorrecht, als der *verlorene Sohn* das selbstgewählte Gefängnis aufzugeben, um die Freiheit des Vaterhauses zu erfahren. Ja, Sie als Mensch sind allein imstande, bewusst zu erfahren, dass Sie im innersten Wesen eins sind mit dem Unendlichen SEIN. Ich empfehle Ihnen, jetzt folgende Meditation zu machen:

Schließ deine Augen und entspann dich vollständig. Laß deinen Atem tief hinunterfließen in den Bauch-Becken-Raum und spür die Ruhe und den Frieden, in den du hineinfindest. Laß alle Gedanken los, die dir jetzt noch durch den Kopf gehen. Spür die Verbindung zum Boden über deine Füße und stell dir vor, dass an deinem Hinterkopf ein feiner Faden vom Himmel herunterkommt, der deinen Kopf hält. Du musst ihn nicht selber tragen, er wird gehalten. In dieser Haltung spürst du, dass du ausgespannt bist zwischen Himmel und Erde.
Laß deinen physischen Leib los, der dein momentanes Zuhause ist, und spüre dich Selbst in diesem Haus. Konzentriere dich jetzt nur auf dich Selbst. Stell dir vor, dass du dich ausdehnst in alle Richtungen. Du kannst das ohne Schwierigkeiten, denn du Selbst bist unbegrenzt. Je weiter du dich ausdehnst, desto ruhiger wird es in dir, und du erlebst eine ungeheure Weite und Freiheit. Nichts mehr kann dich einschränken, wenn du es nicht zulässt.
Dein Bewusstsein weitet sich immer mehr. Gleichzeitig spürst du eine herrliche Ruhe, einen königlichen Frieden in dir. Du bist von nichts und niemandem mehr abhängig. Es gibt jetzt nur noch dich Selbst. Du spürst

den Pulsschlag des Lebens: das ist dein wahres Sein, deine wahre Natur. Je weiter du dich ausdehnst, desto freier wirst du.
Um dich herum ist nur noch Licht, und du wirst eins mit diesem alles umfassenden Licht.
Sieh, wie dieses Licht dich durchdringt, bis du selber nur noch Licht bist, reines Licht, von Kopf bis Fuß. Das Licht, das dich durchdringt, ist dasselbe Licht, das dich umgibt. Es gibt keine Begrenzung mehr. Deine Probleme rücken weit weg, sie können dich nicht mehr anfechten. Wenn du körperliche Probleme oder Schmerzen hast, kannst du dich auf diese Weise über sie erheben.
Richte jetzt deine Augäpfel bei geschlossenen Augenlidern auf die Stirnmitte und laß dich hineinnehmen in dieses unendliche Licht. Ein himmlischer Friede kehrt in deinem Herzen ein und heilt dich in allen Bereichen deiner derzeitigen Existenz. Du spürst und erlebst das Wunder, heil zu werden aus der Mitte heraus, aus dem Ewigen SEIN heraus. Je tiefer du mit deiner ganzen Existenz in dein wahres Wesen eintauchst, desto umfassender und tiefgreifender ist dieser Heilungsprozess. Nichts ist übriggeblieben vom Stress und Aufgewühltsein des Alltags. Jetzt zählen nicht mehr die Dinge des Alltags. Was jetzt allein Gültigkeit hat, ist dein Innerstes, deine wahre Natur, in die hinein du erwacht bist: dein göttliches Wesen.

LOGOS und SPIRITUS SANCTUS

Wenn Sie – so wie ich – in der christlichen Tradition aufgewachsen sind, haben Sie im Unterricht sicherlich einmal von der Trinitätslehre gehört. Sie besagt, dass es nur einen Gott gibt, der uns aber in dreifacher Gestalt begegnet: als Vater, Sohn und Heiliger Geist. Zwar kennen auch andere große Weltreligionen eine trinitarische Gottesvorstellung, aber das erleichtert das Verständnis der christlichen Trinitätslehre auch nicht. Diese bereitet dem modernen Menschen mindestens in zweifacher Hinsicht Schwierigkeiten: Kaum jemand begreift, was mit dem Heiligen Geist gemeint ist, und die anderen beiden Komponenten der Trinität (Vater und Sohn) weisen eindeutig auf ein männliches Übergewicht im Gottesbild hin. Kein Wunder, dass sich die Frauenrechtsbewegung in unserem Jahrhundert gegen dieses einseitige Gottesbild wehrt. Es zeigt sich hier eindeutig, dass all unsere Vorstellungen zwar ein Körnchen Wahrheit in sich tragen, aber meistens die Wahrheit selbst mehr verdecken, als dass sie zu ihr hinführen.

Wir haben erkannt: Was wir GOTT nennen, ist die Absolute Unbegrenzte Wirklichkeit, jenseits aller Form und natürlich auch jenseits aller geschlechtlichen Differenzierung – das in Sich ruhende SEIN. Das Absolute SEIN macht sich auf zweierlei Weise erfahrbar: als der LOGOS und als der SPIRITUS SANCTUS. Man könnte sagen: LOGOS und SPIRITUS SANCTUS sind die beiden Hände GOTTES. Denken Sie an einen Künstler, an einen Bildhauer zum Beispiel. Er schafft mit seinen beiden Händen, drückt sich mit ihnen aus. Seine Hände sind aber nichts anderes als er selbst. Was er mit seinen Händen geformt hat, hat er selber geschaffen. So sind LOGOS und SPIRITUS SANCTUS nichts anderes als das Absolute SEIN selbst, genauer: die Art und Weise, wie Es Sich ausdrückt.
Über den LOGOS heißt es am Anfang des Johannes-Evangeliums:
In Vollmacht ist der LOGOS,
und der LOGOS ist eins mit GOTT,
der LOGOS ist GOTT.

Ich habe bei der Übersetzung eine wesentliche Änderung vorgenommen: Seit Luther hat man das griechische *en arche* übersetzt mit *am Anfang*. Daskalos hat deutlich gemacht, dass es auch *in Vollmacht* bedeutet (*Esoteric Teachings* S.26). Das griechische *logos* wurde immer mit *Wort* übersetzt. Das stimmt zwar im normalen Sprachgebrauch, aber hier ist *logos* ein Titel für den einen Aspekt der alles umfassenden Göttlichen

Wirklichkeit (vergleiche das Bild von den Händen des Bildhauers) und sollte gar nicht übersetzt werden. Diese programmatische Einleitung des Johannes-Evangeliums macht also deutlich, dass der LOGOS der dynamische Aspekt GOTTES ist. Darum heißt es weiter: *Alles ist durch Ihn entstanden* (Joh 1:3).

Der SPIRITUS SANCTUS ist der tragende, erhaltende Aspekt des Absoluten SEINS. Daskalos hat SPIRITUS SANCTUS nicht mit *Heiliger Geist* übersetzt, um eine Verwechslung mit Geist (mind) zu vermeiden, der Grundlage der Schöpfung wie auch unseres alltäglichen Lebens ist. (Wir nennen das heute je nach Kultur Prana, Chi, Ki oder Energie. Dieser Geist wird ständig gebildet, geformt, also geschaffen.) Der SPIRITUS SANCTUS jedoch ist nie erschaffen worden oder entstanden. Er ist Ewiges, Absolutes SEIN. Diese Absolute Kraft (so versuche ich jetzt SPIRITUS SANCTUS zu übersetzen) erschafft aus Geist (mind) die Universen, und selbst das unterste Universum, die Materie, ist aus Geist geformt.

Der LOGOS ist *das Licht, das jeden Menschen erleuchtet, der in die Welt kommt* (Joh 1:9). Der LOGOS ist der persönliche Aspekt GOTTES, der SPIRITUS SANCTUS ist der unpersönliche, der schöpferische Aspekt, der uns überall in der Schöpfung, in allen Manifestationen des Göttlichen begegnet, vom Einzeller bis zum Menschen, vom kleinsten Atom bis zu den Galaxien. Diese Absolute Kraft ist die Lebensgrundlage in allen Erscheinungsformen, der Lebensodem in allem Lebendigen.
Der LOGOS ist der Evolutionsaspekt: Er wirkt vor allem im Menschen. Jede Pflanze, jedes Tier lebt unbewusst und durchläuft keinen Bewusstwerdungsprozess. Es verherrlicht mit unbewusster Selbstverständlichkeit seinen Schöpfer. Allein der Mensch trägt das logoische Licht in sich (Joh 1:9). Als der *verlorene Sohn* hat er das Recht und die Freiheit, tief zu sinken bis in die untersten Schwingungen der Materie. Und er hat die Chance, irgendwann seine wahre Abstammung, sein göttliches Wesen zu entdecken und sich auf den Heimweg zu machen. Denn er trägt das Licht des Logos in sich, der mit unendlicher Geduld und Liebe bemüht ist, ihm die Augen zu öffnen. Der Logos ist die lebendige Verbindung zur Heimat, die jeder Mensch in sich trägt. Er ist der persönliche Repräsentant des Vaters, der den Sohn, das heißt den Menschen, auch durch die tiefste Nacht hindurch begleitet.

Ich mache mit Hans eine Regressions-Sitzung in die frühkindliche Phase. Im Alter von zwei Monaten sieht er um sich ein wundervolles starkes Licht, das den ganzen Raum erfüllt. Hans ist tief berührt, sein ganzer

Körper zittert, und Tränen rollen über seine Wangen. Nur wer selber schon solche Erfahrungen gemacht hat, begreift, was Hans hier erlebt. Es ist das Licht des Logos, das ihn ständig umgibt. Kinder sind oft hellsichtig bis zu dem Zeitpunkt, an dem die rationale Erziehung beginnt. Solange erleben sie dieses Licht ganz selbstverständlich, aber meist unbewusst. Wenn der Erwachsene in einer Rückführung dieses Licht wiederentdeckt, kann er sich bewusst machen, was ihm dabei geschenkt wird. Als ich Hans frage: »Woher kommt dieses Licht?«, antwortet er nur: »In diesem Licht bin ich daheim« und schluchzt tief bewegt.

Der Logos ist das innere Licht, das uns hilft, zu denken und zu verarbeiten, was wir erleben. Er ist also die Voraussetzung für die Bewusstwerdung, und er wirkt unermüdlich, bis er uns zur Erleuchtung geführt hat. Der Mensch hat sich diesem inneren Licht um so mehr verschlossen, je tiefer er sich in der Materie verloren hat.

Darum hat der LOGOS Selbst menschliche Gestalt angenommen, ist in die Nacht und Begrenztheit der irdischen Existenz eingetaucht, um den Menschen an seine Lichtnatur zu erinnern und ihn heimzuführen. Diese menschliche Erscheinungsform des LOGOS war Jesus von Nazareth (Joh 1:14), in seiner – der aramäischen – Sprache »Joshua« genannt.
Stellen Sie sich vor: Mittagszeit in einem Mittelmeerland, azurblauer Himmel, strahlendes Sonnenlicht, das allgegenwärtig ist, aber so blendend, dass niemand hineinschauen kann. Jemand hält ein Brennglas hin, um an einer Stelle die Sonnenstrahlen zu bündeln. Wenn er noch ein Papier darunterlegt, kann er einen Brand entfachen. So wirkte Joshua, die konzentrierte Erscheinungsform des reinen göttlichen Lichtes, des LOGOS.

Wo liegt der Unterschied zwischen Joshua und uns?
Wir Menschen sind von unserem Ursprung her göttliche Wesen innerhalb des Absoluten Unbegrenzten SEINS. Wir tragen das Licht des Logos in uns, haben aber den Zugang dazu verschüttet, seitdem wir uns in der Welt der Dualität verloren haben.
Joshua war die vollkommene Manifestation des LOGOS, in ihm wohnte *die Fülle der Gottheit* (Kol 2:9). Er war sich auch während seines irdischen Weges seiner reinen Gottheit bewusst. Darum konnte er heilen, vom Tode erwecken und der Natur gebieten. Darum konnte er materialisieren und dematerialisieren. Die Menschen, die ihm begegneten, erlebten die göttliche Präsenz hautnah: *Ich und der Vater sind eins* (Joh 10:30). Wir Menschenwesen brauchen für unseren Lernprozess einen langen Weg

von Inkarnationszyklen. Er ist *einmal* gekommen, um uns in vollkommener Weise vorzuleben, was es heißt, Mensch zu sein. Zugleich hat er uns das Ziel des Weges gezeigt. Es ist das Vaterhaus, von dem wir aufgebrochen sind, um die Welt zu erkunden, die Welt der Dualität und Polarität. Wenn wir zurückfinden in die göttliche Einheit, werden wir reicher heimkehren, als wir gegangen sind. In Joshua hat also der LOGOS einmal vollkommene menschliche Gestalt angenommen. Er kam als die reine Inkarnation des göttlichen Lichtes *(Ich bin das Licht der Welt)*, um uns auf das Licht hinzuweisen, das in jedem von uns schlummert, *das Licht, das jeden Menschen erleuchtet, der in die Welt kommt* (Joh 1:9). Dieses Licht ist der Logos in uns.

Der Logos in uns ist identisch mit dem universellen LOGOS, der sich in Joshua auf vollkommene Weise manifestiert hat. Wir können dieses innere Licht den »Christus in uns« nennen. Aber hüten wir uns davor, dieses Christus-Licht auf die christliche Religionsgemeinschaft zu beschränken. Denn gerade jenes zentrale Dokument des Christentums, das Johannes-Evangelium, macht deutlich, dass der Logos das Licht ist, das *jeden* Menschen erleuchtet, der in die Welt kommt, ob er nun Buddhist oder Hindu, Moslem, Jude oder Christ ist oder keiner der großen Religionsgemeinschaften angehört. Denn jeder Mensch ist ein göttliches Wesen und irrt als der *verlorene Sohn* in dieser Welt umher auf der Suche nach dem, was ihn satt macht. Auf der Suche nach der wahren Erfüllung verfällt er in manche Sucht und wird abhängig, weil er in den Lebens-Mitteln die Lebens-Erfüllung sucht. Darum braucht jeder dieses innere Licht, das ihm immer wieder den Heimweg ins Vaterhaus aufzeigt, und keiner geht verloren, so gewiss er trotz aller Unvollkommenheit *Ebenbild Gottes* ist (Gen 1:27).

Was bedeutet es eigentlich, wenn der Mensch *Ebenbild Gottes* genannt wird? Es ist ein folgenschwerer Irrtum, dass man jahrhundertelang diesen Begriff im Sinn einer äußerlichen Entsprechung verstanden hat, als ob der Mensch in seinem Aussehen Gott gleich oder ähnlich wäre. Die Folge war, dass man sich dann umgekehrt Gott in menschlicher Gestalt, ja sogar als Mann vorgestellt hat.
Aber der Vergleich betrifft die »innere Struktur« des Menschen. Wir haben erkannt, dass jedes Menschenwesen auf der höchsten Ebene des SEINS ein göttliches Wesen, ein Gott in GOTT ist. Daskalos schreibt: *»The Holy Monadic human, one of the infinity of Holy Monads within Absolute Beingness, is a characteristic of Divine Multiplicity. It is the Microcosm, the image and likeness of the Macrocosm, and expresses it-*

self within its own Selfhood, within Absolute Beingness.«(Esoteric Teachings, S. 42). Karl Friedrich Hörner übersetzt: »Der heilige Monaden-Mensch, einer aus der unendlichen Zahl heiliger Monaden innerhalb des Absoluten Seins, ist ein Aspekt der göttlichen Vielfalt. Er ist der Mikrokosmos, das Ebenbild und Gleichnis des Makrokosmos, und drückt sich aus in seinem eigenen Selbst und innerhalb des Absoluten Seins.« (*Esoterische Lehren*, S. 77).

Das bedeutet also: Die Absolute Unbegrenzte Wirklichkeit drückt sich in diesen beiden Aspekten aus: als der LOGOS und als der SPIRITUS SANCTUS. Genauso hat jedes einzelne göttliche Wesen beide Aspekte zur Verfügung, um sich auszudrücken: den logoischen Aspekt und den Aspekt der absoluten Kraft. Darum ist jedes göttliche Wesen fähig, sich in Raum und Zeit hineinzuprojizieren. Darum hat sogar das Seelen-Selbst, das ja nur wie ein Strahl der Sonne ist, noch so viel Kraft in sich, dass es drei Körper bilden kann, um sich in der Welt der Dualität erfahrbar zu machen und Erfahrungen zu sammeln. Darum ist dieses göttliche Wesen auch auf der untersten, der materiellen Schwingungsebene noch fähig, Erfahrungen zu machen und zu verarbeiten und einen Bewusstwerdungsprozess zu durchlaufen. Denn das göttliche Wesen hat auch in der menschlichen Erscheinungsform den Logos, das innere Licht, zur Verfügung.

Das macht die Gott-Ebenbildlichkeit des Menschen aus, dass er bis in die untersten Ebenen der derzeitigen Existenz hinein noch beide göttlichen Aspekte zur Verfügung hat: den Logos und die Absolute Kraft. Je mehr Fortschritte der Mensch macht auf dem Weg der Selbst-Verwirklichung, desto strahlender kommt das zum Ausdruck. Darin zeigt sich, dass der Mikrokosmos dem Makrokosmos entspricht.

In Maria hat sich der SPIRITUS SANCTUS auf vollkommene Weise manifestiert, so wie der LOGOS in Joshua. Sowohl bei Joshua als auch bei Maria lag keine menschliche Zeugung vor; beide waren reine Manifestationen des Göttlichen.

Anna, die Mutter Marias, gehörte der Essener-Gemeinde an. Sie brachte ihre Tochter bereits als Kind in den Tempel, um sie Gott zu weihen. Man nannte ein solches Mädchen eine »weiße Braut«. Sie wurde – vergleichbar einer heutigen Ordensschwester – im sozialen Bereich eingesetzt. Sie musste sexuell enthaltsam leben, durfte also von keinem Mann berührt werden. Man sah sie als »Braut Gottes« an.

Als Maria für ihren Einsatz alt genug war, wurde sie von der Essener-Gemeinde in den Haushalt des Joseph geschickt, der Witwer war und Kinder hatte. Das waren die späteren Halbgeschwister Joshuas. Maria nahm also in Josephs Haushalt die Stellung der Mutter ein, mit Ausnahme des körperlich-sexuellen Kontaktes. Kein Wunder, dass sich Joseph entsetzt aus dem Staub machen wollte, als er merkte, dass Maria schwanger war. Denn das musste auf ihn den Verdacht werfen, dass er die Regeln seiner Gemeinschaft gebrochen hatte. Als der Erzengel Gabriel Maria begegnete und ihr ankündigte, dass sie schwanger werden und einen Sohn gebären werde, reagierte auch sie begreiflicherweise überrascht: *Wie soll das möglich sein, da ich doch keinen Mann kenne!* (Lk 1:34). Das ist ein deutlicher Hinweis auf ihren Status als »weiße Braut«, die sexuell völlig enthaltsam leben musste. Darum ist bei beiden die Intervention des Erzengels Gabriel notwendig. Er macht Maria die überragende Stellung der Wesenheit deutlich, die sie in ihrem Leib trägt: *Er wird Sohn des Höchsten genannt werden* (Lk 1:35). Joseph wird gesagt, dass er unschuldig sei und sich nicht beschämt zurückziehen müsse (Mt 1:2f), denn in Maria ist der SPIRITUS SANCTUS, die Absolute Göttliche Kraft, Selbst am Werk.

Somit wird also Maria – selber eine reine Manifestation des SPIRITUS SANCTUS – zum reinen Gefäß für die Inkarnation des LOGOS. Das ist das Geheimnis jenes Ereignisses, das mit Recht in der ganzen Menschheitsgeschichte zur Zeitwende wird: Die Absolute Unbegrenzte Wirklichkeit manifestiert Sich auf einmalige und vollkommene Weise in beiderlei Gestalt: als der LOGOS in Joshua, als der SPIRITUS SANCTUS in Maria. Das ist der vollkommenste Ausdruck göttlicher Liebe: Er geht selber den Inkarnationsweg, den jede Menschenseele gehen muss. Er wird *Sohn des Menschen* (Mt 11:19; 16:27; 17:12; Lk 9:56; Joh 5:27 und viele andere), das heißt, Er geht durch das Urbild des Menschen* und gibt sich schließlich hinein in die Begrenztheit irdischer Existenz, *um sein Volk zu retten von ihren Sünden* (Mt 1:21). Mit Sünden sind hier nicht einzelne böse Taten gemeint, gemeint ist das Getrenntsein des Menschen vom Göttlichen, das Verlorensein in der Welt der Dualität.

Maria verkörpert die *Reine Göttliche Schöpferkraft*, die aus Sich Selbst heraus schafft und zu diesem Schöpfungsakt keine äußere Hilfe nötig hat. Joshua verkörpert das *Reine Göttliche Licht*, den LOGOS. Mit seiner vollkommenen Erscheinung in Raum und Zeit, mit seinen klaren Worten und Handlungen weckt er unser Bewusstsein für unsere wahre Lichtnatur, aber auch die Sehnsucht nach der wahren Heimat.

Wie wir gesehen haben, ist also Joshua Immanuel, der Christus, die vollkommene Manifestation des LOGOS, während Maria in reiner Weise den SPIRITUS SANCTUS manifestiert. Der LOGOS Seinerseits repräsentiert den väterlichen Aspekt des Absoluten SEINS. Wenn Joshua von sich selber sagt: *Ich und der Vater sind eins* (Joh 10:30), wenn er in seinem weltumspannenden Gebet den Vater anruft *(Vater unser)*, dann ist mit diesem Vater im strengen Sinn der LOGOS gemeint, nicht GOTT als die Absolute Unbegrenzte Wirklichkeit. Joshua ist in seiner irdischen Erscheinungsform identisch mit dem LOGOS: *Wer mich sieht, der sieht den Vater* (Joh 14:9). Der Auferstandene beauftragt Maria am Ostermorgen: *Geh ... zu meinen Brüdern und sag ihnen: Ich gehe hinauf zu meinem Vater und zu eurem Vater, zu meinem Gott und zu eurem Gott* (Joh 20:17). Damit schließt sich der Kreis: Der Vater, den Joshua anruft und zu dem er aufsteigt, ist kein anderer als der, den auch wir als *Vater unser* anrufen. Denn der universelle LOGOS ist identisch mit dem Logos in uns als dem inneren Licht des Menschen. Dieser Logos ist der persönliche und persönlich erfahrbare Aspekt GOTTES, an den wir uns vertrauensvoll wie an einen Vater wenden dürfen. Er steht uns näher, als ein leiblicher Vater uns je stehen kann. Darum sind wir berechtigt, ihn mit *Vater unser* anzusprechen.

In den letzten Jahren höre ich vor allem aus feministischen Kreisen immer wieder die Anrufung »Unser Vater-unsere Mutter ...«. Diese Formulierung ist nicht sachgemäß. So wie das männliche Element in der Natur das vorwärtsdrängende ist, so ist der Logos um unsere Entwicklung bemüht, also um unsere Heimkehr ins Vaterhaus. Wenn der *verlorene Sohn* das Vaterhaus verlassen hat, heißt das eigentlich, dass wir das Licht des Logos, das in uns leuchtet, verleugnet und uns deshalb im Dunkel der Materie verloren haben. Mit dem Gebet *Vater unser im Himmel ...* bekennen wir, dass dieses Licht unser Leben *ist*. Zugleich bitten wir darum, dass es uns aus dem Verhaftetsein an die Welt der Dualität herausholt und heimführt.

Das *Vaterunser* ist somit das Gebet *des* Menschen, der sich seiner Selbst bewusst wird und anerkennt, dass der Sinn seiner irdischen Existenz darin liegt, Gott zu verherrlichen. Nun bittet er um die tägliche Energie, damit sein Leben sinnvoll wird; er bittet um Vergebung und um die Kraft, vergeben zu können. Er bittet um Führung in den alltäglichen Versuchungen, die ihm die Welt der Dualität bietet, und er bittet um Schutz vor der Macht des Bösen.

Im *Vaterunser* bitten wir nicht um unseren täglichen Lebensunterhalt. *Denn euer Vater weiß, was ihr braucht, noch ehe ihr ihn bittet* (Mt 6:8).

Wir sollten uns auch hüten, aus diesem Gebet eine Pflicht- oder Bußübung zu machen, wie das in der katholischen Beichtpraxis mancherorts heute noch üblich ist. Denn dieses Gebet ist im höchsten Grade »esoterisch«, was bedeutet, dass es darin um die inneren Welten geht. Darum empfiehlt Christus: *Wenn du betest, geh in dein »Kämmerlein«* (wie es einst Luther übersetzte), *schließ die Tür' zu und bete zu deinem Vater, der im Verborgenen ist* (Mt 6:6). Im *Vaterunser* geht es um die tiefsten Geheimnisse des Menschen, um seine spirituelle Entwicklung. Mit diesem Gebet bildet der Mensch eine Burg von Licht-Elementalen um sich. Dieses Licht – als das Licht des Logos – schützt ihn und hilft ihm, bewusst zu werden. Die Empfänger, denen Joshua vor zweitausend Jahren dieses Gebet anvertraute, waren seine Jünger, also Menschen, die in seiner Nachfolge sich nach dem Ziel der Vollkommenheit auszurichten bereit waren. Zu diesem Ziel will uns der Logos führen; darum ist nur die Formulierung *Vater unser* adäquat.

Wir sollten den mütterlichen Aspekt des Göttlichen für das bemühen, wofür er auch zuständig ist. Wie das weibliche Element in der Natur das Tragende, Erhaltende darstellt, so repräsentiert der SPIRITUS SANCTUS den tragenden, bergenden Aspekt GOTTES. Maria ist die sichtbare Erscheinungsform des SPIRITUS SANCTUS und wird darum sowohl in der römisch-katholischen als auch in der orthodoxen Frömmigkeit oft als Gottesmutter angerufen. Als der weibliche Aspekt GOTTES ist sie um die Erhaltung der Schöpfung besorgt. Deshalb können wir sie um Hilfe bitten, wenn wir körperliche Heilung oder Rettung nötig haben. In die Domäne des SPIRITUS SANCTUS gehören auch die Heiligen Erzengel, denn sie sind die göttlichen Kräfte, die mit unendlicher Liebe und Hingabe bemüht sind, Lebensformen zu erschaffen und zu erhalten. Wenn Sie sich also Sorgen machen um Ihr physisches Leben, wenden Sie sich vertrauensvoll an den weiblichen Aspekt GOTTES. Es spielt dann keine Rolle, ob Sie Maria oder den SPIRITUS SANCTUS anrufen. Sie können auch mit den Heiligen Erzengeln Verbindung aufnehmen, sie sind ja unsere himmlischen Geschwister.
Wenn Sie aber um Ihre innere Entwicklung besorgt sind, wenden Sie sich an den *Vater unser*. Auch hier spielt es keine Rolle, ob Sie Jesus, Joshua oder den Christus-LOGOS anrufen.
Die römisch-katholische Kirche hat 1950 das Dogma von der leiblichen Aufnahme Mariens in den Himmel erlassen. Sie wollte in guter Absicht eine Lücke schließen, die lange genug in der christlichen Dogmatik geklafft hat. Es war der Versuch, das Weibliche in ein überwiegend männliches Gottesbild zu integrieren. Aber das Weibliche hat nie gefehlt in

GOTT, denn als der SPIRITUS SANCTUS ist der weibliche Aspekt immer schon im Absoluten SEIN wirksam.
Ich möchte Ihnen zum Schluss eine Übung zur Erfahrung des Christus-Lichtes anbieten:

Stell dir vor, du stehst am Meer, und die Sonne geht auf.
Langsam steigt sie aus den Fluten empor, zuerst rot, dann orange, schließlich leuchtet sie wie ein goldener Ball, strahlend schön.
Streck deine Hände zum Empfang aus und sieh, wie sich ein Ball von strahlendem Licht in deinen Händen bildet. Er hat dieselbe Strahlkraft wie die große Sonne.
Bring diesen goldenen Lichtball zu deinem Herzen in der Mitte deiner Brust. Laß eine Türe aufgehen und dieses Licht in deine Brust eindringen. Sieh und spür, wie es dein Herz erfüllt. Es breitet sich immer weiter aus, vom Scheitel bis zur Sohle, bis es dich ganz durchdringt und umhüllt.
Sieh, was dieses Licht in dir verändert:
wie es deinen Gemütszustand, deine Stimmung verändert, wie es dein Bewusstsein verändert.
Sieh die Aufgabe, die du gerade zu erfüllen hast, in diesem Licht. Laß es bewusst durch deine Augen dringen und schau deine Probleme mit erleuchteten Augen an.
Deine ungelösten Fragen – formuliere sie in diesem Licht.
Sieh, wie du dich in diesem Licht veränderst.

Wiederhole diese Übung jeden Tag, und du wirst eine Veränderung an dir erfahren.
Du wirst nicht immer Antworten auf deine Fragen erhalten, aber du wirst deine Fragen in einem anderen Licht sehen, weil sich dein Horizont, dein Bewusstsein verändert.
Dein Leben wird nicht einfacher oder bequemer, aber du wirst die Schwierigkeiten und Belastungen in einem größeren Zusammenhang sehen lernen.

Leben, Leiden und Sterben von Joshua Immanuel, dem Christus

Sicherlich ist Ihnen, lieber Leser, aufgefallen, dass ich bisher nie vom Opfertod Christi geredet habe, der doch eine zentrale Rolle in der christlichen Dogmatik spielt. Karl Barth, der wohl berühmteste evangelische Theologe des zwanzigsten Jahrhunderts, formuliert in seiner *Kirchlichen Dogmatik*: »Jesus Christus ist der an unserer, der Sünder Stelle Angeklagte, Verurteilte und Gerichtete geworden ... er hat sich selbst dazu hergegeben, der für uns zur Beseitigung unserer Sünde Geopferte zu sein.« (KD IV, 1, S. 305).

Worin besteht die Sünde, und wozu braucht es ein Opfer?
Ich versuche, im Folgenden kurz dieses Herzstück christlicher Dogmatik darzulegen. Der Mensch hat sich Gott gegenüber versündigt und tut es heute nicht weniger als vor Tausenden von Jahren. Seine Sünde ist nicht diese oder jene verwerfliche Tat, sondern seine Trennung vom Göttlichen. Nicht dass er das Vaterhaus verlassen hat, macht den Menschen zum Sünder, sondern dass er es vergessen und verloren hat, ja sogar – in völliger Verkennung seines eigenen Wesens – mutwillig ablehnt. Er trägt das göttliche Erbe in seinem Innersten, lehnt es aber aus egoistischen Tendenzen heraus ab. Er trägt einen Schatz, einen unschätzbaren Wert in sich, er trägt das *Königreich der Himmel* in sich, verschließt aber die Augen davor und berauscht sich an der armseligen Außenwelt, die ihm doch nur den Rahmen für seinen Erfahrungs- und Bewusstwerdungsprozess bieten sollte.
Für die klassische christliche Theologie ist Gott dadurch in seiner Ehre verletzt, dass sich der Mensch von ihm abwendet. Dafür fordert er Genugtuung, wie es Anselm von Canterbury am Ende des elften Jahrhunderts in seinem Buch *Cur Deus homo* formuliert:
»Jeder Sünde folgt entweder die Genugtuung oder die Strafe« (ebenda I, 15). Aus Liebe und Gnade heraus übernimmt Gott selber in Joshua die Strafe und leistet somit auch Genugtuung, so dass der Mensch straffrei ausgehen kann.

Dieser Gedankengang ist zwar logisch, aber er widerspricht meines Erachtens im Wesentlichen der Lehre und dem Handeln von Joshua selber.

1. Vor allem in der abendländisch-christlichen Theologie wird menschliches Rechtsdenken in Gott hineinprojiziert: Gott stellt Gesetze auf und erwartet, dass der Mensch als sein Gegenüber diese Gesetze befolgt. Aber der Mensch wendet sich ab, versündigt sich und muss da-

für bestraft werden. Wenn GOTT die Absolute Unbegrenzte Wirklichkeit ist, bedeutet das, dass Er nicht unseren menschlichen Normen und Denkmustern, also auch nicht unseren menschlichen Rechtsvorstellungen verpflichtet ist. Er ist absolut, das heißt frei, und die größte Freiheit kommt in der Liebe, nicht im Recht zum Ausdruck. Darum wird im Neuen Testament immer wieder betont: *Gott ist Liebe* (1. Joh 4:8). Sein Wesen ist Liebe, nicht Gerechtigkeit.

2. Joshua hat während seines irdischen Wirkens öfter Menschen aus göttlicher Vollmacht heraus ihre Sünden vergeben (Mt 9:2; Lk 7:49 u. a.). Wieso muss er am Ende sterben, damit uns die Sünden vergeben werden?

3. Bereits beim Propheten Hosea lesen wir, dass Gott sagt: *An Liebe habe ich Wohlgefallen und nicht an Schlachtopfern, und an Gotteserkenntnis mehr als an Brandopfern* (Hos 6:6). Das Opfer als Wiedergutmachung für begangenes Unrecht wird hier, wie öfter bei den Propheten, abgelehnt. Statt dessen fordert Gott: Kehrt um, ändert euer Leben und euer Handeln! Das weist ganz deutlich hin zum Gleichnis vom verlorenen Sohn. In diesem zentralen Text des Neuen Testaments steht nichts von Strafe, Genugtuung und Opfer, die Gott fordert oder selbst erbringt. Mit diesem Gleichnis wirft Joshua Immanuel, der Christus, alle unsere menschlichen Vorstellungen von Gott und alle unsere dogmatischen Konzepte über den Haufen. Das Gleichnis kennt nur ein Ziel: dass der Sohn umkehrt und heimfindet. Und der Grundtenor des ganzen Gleichnisses ist Liebe gegenüber dem verlorenen Sohn, nicht Gerechtigkeit. Das kommt ja in dem Wortwechsel zwischen dem Vater und dem älteren Sohn deutlich zum Ausdruck.

4. Schließlich ist die Grundvoraussetzung dieses ganzen Schuld-, Sühne- und Opferdenkens falsch, nämlich die Polarität Gott – Mensch. Der Mensch als das Gegenüber Gottes versündigt sich und muss bestraft werden. Aber der Mensch ist nicht Geschöpf Gottes, er ist der Sohn. Das bedeutet: Er ist selber ein göttliches Wesen innerhalb des Absoluten Unbegrenzten SEINS. Das ist die höchste Ebene des SEINS, wo unser wahres Geist-Ich lebt, ohne Anfang und Ende.

Aber von dieser höchsten Ebene sind wir als kleine Persönlichkeit getrennt. Wir haben die Beziehung zu uns Selbst verloren. Diese innere Zerrissenheit, diese Dissoziation, ist unsere Sünde. Von der göttlichen Ebene, vom wahren Selbst aus betrachtet, das wir in Wirklichkeit sind, sieht es so aus:

Das göttliche Geist-Ich ist eine vollkommene Sonne und schickt einen Strahl von sich durch alle Dimensionen und Ebenen hindurch. Dieser Strahl hat sich in der Nacht der materiellen Welt verloren. Ist es nun angebracht, ihn dafür zu bestrafen? Oder ist es nicht eher angebracht, ihn aus Liebe zu suchen und heimzuführen?

Genau das hat Joshua, der inkarnierte LOGOS, getan. Darum sagt er von sich: *Der Menschensohn ist gekommen, zu suchen und zu retten, was verloren (gegangen) ist* (Lk 19:10). Diese Liebe zieht sich wie ein Grundthema durch das Gleichnis vom verlorenen Sohn. Man kann zunächst nur ahnen, dass der Vater den Sohn mit seiner Liebe begleitet, auch wenn dieser tief gesunken ist. Als der Sohn schließlich heimfindet, empfängt ihn der Vater nicht mit Vorhaltungen und Vorwürfen. Er schließt ihn in seine Arme und feiert ihm zu Ehren ein Fest. Kann man deutlicher zum Ausdruck bringen, dass das Wesen GOTTES Liebe und nicht Gerechtigkeit ist? Sein Anliegen ist es, den verlorenen Sohn heimzuführen, nicht Genugtuung für dessen Sünden zu fordern und zu erhalten.

Hinter dem Rechts- und Sühnedenken steckt das Machtbedürfnis des Menschen, das sich sehr früh schon in die christliche Theologie eingeschlichen hat. Leider wurde damit das wesentliche Anliegen Joshuas entstellt. Zugespitzt ausgedrückt kann man sagen: Seitdem es Menschen gibt, die sich Christen nennen, wird Christus verleugnet.
Natürlich begegnet uns dieses Rechts- und Sühnedenken bereits im Neuen Testament, vor allem im Hebräerbrief, der noch ganz im alten Denken verfangen ist. Joshua selber hat in seiner Lehre, aber auch mit seinem Handeln die Liebe des Vaters demonstriert. Er war das inkarnierte Licht, die reine Liebe, die dem verlorenen Sohn die Klänge der Heimat nahebringen wollte. Darum sprach er den Menschen auf sein wahres Wesen hin an: *Ihr seid Götter, Söhne (und Töchter) des Allerhöchsten* (Ps 82:6).

Welchen Sinn hat sein Leiden und Sterben, wenn es nicht stellvertretendes Opfer war? Es war nichts anderes als eine Bekräftigung seiner Lehre. Einerseits hat er seine Zuhörer auf das *Königreich der Himmel* (Mt 13), das *Reich Gottes ... in euch* (Lk 17:21) hingewiesen. Andrerseits hat er sie eindringlich gewarnt, sich an die Dinge dieser Welt zu binden und an das irdische Leben zu klammern. Dieses irdische Leben ist ein Lehrplatz, nicht mehr. »Wenn ihr begreift, wer ihr seid und wo eure Heimat ist, braucht ihr keine Angst vor dem Sterben zu haben. Die Menschen können euch höchstens das physische Leben nehmen, eurer Seele können sie nichts antun.« (Mt 10:28).

Genau das hat er am Kreuz demonstriert: die Freiheit des Geistes über die Materie. Sie zu erreichen ist allerdings für die derzeitige Persönlichkeit ein schwerer Weg, ein Kreuzweg. Es ist das tägliche Sterben des Egoismus, der will und braucht und fordert, der Ansprüche hat und Bedingungen stellt. Dieses Sterben des Egoismus, diesen Leidensprozess auf dem Weg der Transformation hat er, der Reine und Vollkommene, uns am Kreuz vorgelebt.
Aber Joshua hat nicht unter den Qualen der Folterung und der Kreuzigung gelitten, auch wenn es den Anschein hat, dass er am Vorabend im Garten Gethsemane Angst bekam vor dem Leiden, das ihm bevorsteht.

Was ist dann mit dem *Kelch* gemeint, den er vorübergehen lassen möchte (Mt 26:39)?
Vergessen wir nicht, dass Joshua der menschgewordene LOGOS ist. Als solcher sieht er nicht nur, was am folgenden Tag auf ihn zukommt. Er sieht zweitausend Jahre Geschichte des Christentums vor sich: er sieht die Kreuzzüge, die Inquisition, die Hexen- und Ketzerprozesse, er sieht die kalten und die blutigen Religionskriege, er sieht den Holocaust und den Wahnsinn, dass Waffen gesegnet werden, als könnte man den Mord am Menschen rechtfertigen. Er sieht das unendliche Leid, das Menschen – privat und organisiert – in seinem Namen einander antun, mit dem Kreuz in der Hand oder auf der Brust. Das ist gemeint, wenn er bittet: *Vater, wenn's möglich ist, laß diesen Kelch an mir vorübergehen!* Es ist, als würde er sagen:
Ich bin gekommen, die Menschen heimzuführen ins Vaterhaus,
und sie verstricken sich mutwillig noch tiefer ins Dunkel.
Ich habe den Menschen ihr wahres göttliches Wesen gezeigt,
und sie benehmen sich primitiver als Tiere.
Ich habe den Menschen die göttliche Liebe vorgelebt,
und sie haben sie in Hass verkehrt.

Joshua hat keine Angst vor dem bevorstehenden Kreuzestod, sondern offenbart uns im Garten Gethsemane den Schmerz, der das Vaterherz zerreißt. Es ist das Leiden Gottes, das sich hier Ausdruck verleiht: Leiden nicht als Strafe und Sühne, sondern Leiden aus Liebe. Leiden des Vaters, der sieht, dass der Sohn immer tiefer im Dunkel versinkt. Dieses Leiden bricht auch am Tag darauf noch einmal durch, als der Gekreuzigte schreit: *Mein Gott, warum hast du mich verlassen?* (Mt 27:46).
Es ist der Christus-Logos, das göttliche Licht in jedem Menschen, das hier seinem Schmerz Luft macht angesichts dieser grotesken Situation: Am Kreuz hängt der, der die reine Manifestation der göttlichen Liebe ist. Und drum herum steht das Volk, das spottet, anklagt, beschimpft und um das Gewand des Gekreuzigten würfelt. Aber in diesen Menschen, die

blind sind für das, was sich vor ihren Augen abspielt, in diesen Menschen gibt es noch eine andere Dimension: das ist der Logos. Und dieser Logos ist identisch mit dem weltumspannenden LOGOS, der sich in Joshua kreuzigen lässt. Dieser Logos leidet an der Zerrissenheit und Gottverlassenheit dieser Menschen. In ihnen selbst kann er seinem Schmerz nicht Ausdruck verleihen, denn sie sind zu verbohrt, zu borniert. Darum schreit er durch den Mund dessen, der nie getrennt, nie von GOTT verlassen war.

Joshua Immanuel, der Christus, schreit stellvertretend für eine gottverlassene Menschheit: *Mein Gott, warum hast du mich verlassen?*

Hier kommt für einen Augenblick sein wirkliches stellvertretendes Leiden zum Ausdruck: das Leiden über die Gottverlassenheit einer Menschheit, die Liebe mit Hass und Gewalt beantwortet. Es ist das Leiden an der Menschheit, die nicht sehen will, wie krank sie ist, sondern ihre Krankheit als höchste Entwicklungsstufe ausgibt. Welch tiefes Mysterium tut sich hier auf!

Das wahre Leiden Gottes resultiert nicht daraus, dass er auf sein Recht pocht, sondern ist Ausdruck der Liebe und Sehnsucht nach dem Verlorenen. Dieses Leiden ist nicht auf jene Nacht im Garten Gethsemane und nicht auf den folgenden Tag der Verurteilung und Kreuzigung beschränkt, es dauert bis zum heutigen Tage an. Der Logos – als die Gegenwart des göttlichen Lichtes in uns – leidet, solange wir eigenwillig am Dunkel dieser Welt festhalten. Solange wir eigenwillig und selbstherrlich unsere egoistischen Tendenzen verfolgen, leidet der Logos in uns wie ein Bräutigam, der geduldig mit ansieht, wie seine Braut fremdgeht.

Der Logos, der in Joshua, aber auch in uns heute leidet, ist das Lamm Gottes, das die Sünde der Welt trägt *(Agnus Dei qui tollis peccata mundi)*: Der universelle LOGOS trägt die Gottverlassenheit der ganzen Menschheit. Er erträgt und erduldet die innere Zerrissenheit eines jeden von uns, ja noch mehr: Er lässt immer wieder Sein Licht bis in die dunkelsten Winkel unserer derzeitigen Persönlichkeit hineinfließen, bis wir aufwachen aus unserem Todesschlaf. Dann beginnt ein Fest ohne Ende, das selbst unsere physische Existenz erfüllt.

Ich empfehle Ihnen, folgende meditative Übung zu machen:

Spür wieder die Rose auf deinem Kopf, die sich langsam öffnet. Je weiter sie sich öffnet, desto mehr lässt sie das strahlende Licht in dich hineinströmen, das von oben auf dich zukommt. Schließlich bist du von Kopf bis Fuß erfüllt von diesem Licht.

Nun lass – bei geschlossenen Augenlidern – dieses Licht durch deine Augen ausströmen.
Du schaust jetzt mit erleuchteten Augen. Stell dir vor, du schaust auf eine Bühne, auf der dein Leben gespielt wird. Bitte darum, dass du erkennen kannst, was – in Seinem Licht betrachtet – nicht stimmt in deinem Leben.
Es geht nur darum, einmal hinzuschauen und dir bewusst zu machen, nicht darum, zu verurteilen. Denn Er verurteilt dich auch nicht. Nur so kannst du erkennen, was nicht stimmt, und den Mut fassen, es zu ändern.

Ihr seid Licht für die Welt

Wenn wir begreifen, dass wir als der *verlorene Sohn* in Wirklichkeit im Vaterhaus daheim sind, verändert sich die Perspektive unseres irdischen Daseins vollständig. Das Vaterhaus ist die unendliche Weite des Absoluten SEINS, in dem jeder von uns ein ewiges göttliches Wesen ist. Jeder ist ein Gott in GOTT, mit den gleichen höchsten Eigenschaften, die uns bei der Absoluten Wirklichkeit begegnen: unbegrenzte Vollmacht, Weisheit und Liebe. Wir können uns das im Augenblick nicht vorstellen, weil wir uns vollständig eingeschränkt haben auf die momentane irdische Existenz. Die meisten Menschen sind überzeugt, dass diese in jeder Hinsicht begrenzte Existenz alles sei. Tatsächlich ist sie nur ein Ausflug in die Fremde, eine Exkursion in die Kälte und Nacht der untersten Schwingungsfrequenzen.

In unserer Welt können sich nur reiche Menschen den Luxus leisten, eine aufwendige Exkursion in schwer zugängliche Gebiete durchzuführen. Spirituell gesehen sind wir alle reich. Als göttliche Wesen kommen wir Menschen aus dem unendlichen Reichtum des Vaterhauses, wir bringen das nötige Potential für unsere Erdenreise mit, wir können uns das »göttliche Spiel« leisten, Erfahrungen in der Welt der Dualität zu sammeln mit dem Ziel, bewusster heimzukehren.

Der springende Punkt ist, was für Erfahrungen wir sammeln wollen. Es geht eigentlich nicht darum, zu erleben, wie es mir geht, wenn ich mich in der Welt der Dualität verliere. Es geht vielmehr darum, mich Selbst als Wesen, das eins ist mit dem Unendlichen SEIN, in der Welt der Widersprüchlichkeit zu erfahren.

Dazu gehört das entsprechende Bewusstsein meines wahren Wesens, meiner Herkunft und meines Zieles, kurz: das Selbst-Bewusstsein. Wir können das Wort »Bewusst-sein« auch verstehen im Sinn von »bewusst des Seins«.

Ich möchte Ihnen dies mit einem Vergleich deutlich machen.
Stellen Sie sich einen Königssohn vor, der eines Tages beschließt, den Königspalast zu verlassen, um sein Land kennenzulernen. Sein Weg führt ihn aber nicht zu den Reichen seines Landes, er geht vielmehr in die Slums, zu den Bettlern und Landstreichern, zu denen, die ganz tief gesunken sind. In diesem Umfeld, in dieser Atmosphäre lebt er eine Weile. Wenn er nun denkt, redet und handelt wie sie, wenn er sich ihnen anpasst, wird er ein armseliges, entwürdigendes Dasein fristen. (Genauso armselig und entwürdigend sieht das Leben vieler heute lebender Men-

schen aus!) Wenn er aber seine Herkunft nicht vergisst, wenn er sich seines königlichen Adels bewusst bleibt, dann wird sein Unternehmen spannend und reich an Erfahrungen werden. Wenn er seine innere Souveränität, seine Großmut behält, wird er nicht zurückschlagen, wenn er geschlagen wird. Er wird verzeihen, nicht vergelten. Er wird lieben, statt zu hassen. Denn das entspricht seiner königlichen Prägung, seinem wahren Wesen. Das entspricht dem Stand, aus dem er kommt. Wenn er den »Abschaum der Welt« kennenlernt, sich aber nicht mit den Menschen dort identifiziert, wird sein edles Wesen sogar auf die anderen abfärben.

Das wäre eigentlich das wahre Konzept für unsere Exkursion in die Welt der Dualität und Polarität: im Bewusstsein unseres wahren göttlichen Wesens in die Welt der Widersprüchlichkeit einzutauchen und mit dem Wissen um unsere Lichtnatur der Dunkelheit dieser Welt zu begegnen.
Diese Welt der Gegensätze ist voll von Dunkelheit; das entspricht ihrem Wesen. Wir können nicht erwarten, dass uns hier Licht und Dunkel gleichwertig und gleichmäßig verteilt begegnet. Im Gegenteil, wir müssen damit rechnen, dass das Licht hinter Schalen und Schichten verborgen ist. Wir dürfen die Situation in der Welt der Dualität nicht mit einem strahlenden Sommertag vergleichen, wo es siebzehn Stunden hell und höchstens sieben Stunden dunkel ist, sondern mit einem Wintertag, wo die Werte umgekehrt liegen und selbst in den paar Tagesstunden das Sonnenlicht nur schwer durch die dicken Schneewolken bricht.

Darum haben die Menschen Weihnachten schon immer in der dunkelsten Jahreszeit gefeiert und damit zum Ausdruck gebracht: Joshua Immanuel, der Christus, der menschgewordene LOGOS, kommt in die Nacht der Dualität herein, um denen zu *leuchten, die in Finsternis und Todesschatten sitzen* (Lk 1:79). Im Vollbewusstsein seiner Identität mit dem LOGOS konnte er sagen: *Ich bin das Licht der Welt* (Joh 8:12). Er kam in die Nacht der irdischen Existenz herein, um uns aufzuwecken und uns unsere wahre Lichtnatur bewusst zu machen. Darum sprach er auch das andere an: *Ihr seid Licht für die Welt.* (Mt 5:14). Das gilt im Grunde für jeden von uns, denn der Logos als die persönliche Gegenwart des göttlichen Lichtes leuchtet in jedem von uns.
Ihr seid Licht für die Welt. Das gilt nicht erst, *wenn* wir eine bestimmte Bedingung erfüllen, es gilt vielmehr, *weil* wir auf der höchsten Ebene, der Ebene des Absoluten SEINS, Heilige Monaden *sind*. Diese Heiligen Monaden haben am umfassenden Licht des Absoluten SEINS teil; sie sind eins mit diesem Licht. Darum sagt Christus: *Ihr seid Licht* (nicht: Ihr seid Lichter), was bedeutet: Ihr seid eins mit dem Absoluten Licht. Die

Heiligen Monaden sind Logoi und haben teil am weltumspannenden LOGOS. Dieses reine Licht erfüllt die Seele und begleitet sie durch alle Dimensionen hindurch bis in die untersten Ebenen der irdischen Existenz. Das ist das Licht des Logos, das *jeden Menschen erleuchtet, der in die Welt kommt* (Joh 1:9). Weil wir göttliche Wesen sind, *sind* wir Licht für die Welt, was sich um so stärker auswirkt, je bewusster wir uns dessen werden.

Im Sessel mir gegenüber sitzt Helga. Sie ist ganz in sich zusammengesunken, so klein und wertlos kommt sie sich im Augenblick vor. Sie hat schon viele Enttäuschungen und Niederlagen erlebt.
Es fing bereits im Mutterleib an, als sie erfuhr, dass sie nicht erwünscht war. Ihre Kindheit war eine reine Horrorzeit. Wenn der Vater abends nach Hause kam, brüllte er laufend mit ihr und der Mutter herum, weil er in der Ehe unglücklich und mit dem Leben überhaupt unzufrieden war. Die Mutter erduldete diese Schmach wie ein Lamm. Kein Wunder, dass Helga ihre Weiblichkeit, ihre Körperlichkeit ablehnte. Männern begegnete sie eher mit Angst als mit Vertrauen. Beruflich konnte sie sich zwar zunächst eine gute Position erarbeiten, aber sie überforderte sich regelrecht, so dass sie eines Tages aus gesundheitlichen Gründen aufhören musste. Sie fand für einige Jahre einen Freund und Lebenspartner, war aber nicht imstande, die Beziehung durchzuhalten. So stand sie schließlich vor einem Trümmerhaufen, und genau das drückt sie mit ihrer ganzen Erscheinung auch aus.
Ich spreche sie darauf an, wie klein und unscheinbar sie dasitzt. Ich sage ihr aber auch, dass hinter ihrer armseligen Erscheinung etwas Großartiges verborgen ist: das göttliche Wesen, das sie *ist*. Sie schaut mich groß an, und plötzlich kommt ein Leuchten in ihre Augen. Dieses Leuchten ist eine Antwort ohne Worte. Es begegnet mir immer wieder und ist das schönste Geschenk, das ich in dieser Arbeit erhalte. In solchen Augenblicken habe ich den Eindruck, der Mensch, der mir gegenübersitzt, entdecke selber etwas Großartiges, das unendlich lang unter Trümmern vergraben war. Und ich merke, wie ihm diese Entdeckung hilft, sich aufzurichten aus dem Staub und sein Selbstbewusstsein wieder zu gewinnen. Es ist der Augenblick, wo ein Mensch den Logos in sich entdeckt und mit Hilfe dieses Lichtes zu seinem wahren Wesen findet.
Das wäre eigentlich der rechte Augenblick, um Weihnachten zu feiern. Meistens feiern wir dieses Fest, weil es im Kalender steht. Es wäre viel sinnvoller, Weihnachten dann zu feiern, wenn es jemand existentiell erlebt: wenn das innere Licht die Nacht der irdischen Existenz erhellt. Die christlichen Mystiker reden dann von der Geburt des Christus in uns,

und Angelus Silesius sagt in seiner schonungslosen Offenheit: »*Wird Christus tausendmal zu Bethlehem geboren und nicht in dir, du bleibst noch ewiglich verloren.*« (Angelus Silesius, *Cherubinischer Wandersmann*, S. 61).

Sobald der Mensch das innere Licht des Logos wahrnimmt, kann ein wundervoller Verwandlungs- und Heilungsprozess beginnen, der alle Ebenen des Menschseins umfasst und sich mehr und mehr im täglichen Denken, Fühlen, Reden und Handeln auswirkt.
Ich möchte es an drei Tugenden aufzeigen: an Weisheit, Bescheidenheit und Hingabe.

1. Das innere Licht des Logos führt uns zur Weisheit des Meisters, der sein Wissen nicht mehr aus Büchern bezieht, sondern sich dem unendlichen Reichtum des Kosmischen Bewusstseins öffnet, wo alles bereitliegt und abgerufen werden kann, was je entwickelt wurde oder erst in Zukunft enthüllt wird.
Der Meister beansprucht nicht, etwas für sich allein zu wissen oder zu können; er meldet keine Urheberrechte an. Er ist sich bewusst, dass er aus der göttlichen Fülle schöpft und im Einklang mit dem Göttlichen handelt. Darum hat Daskalos oft nicht »ich«, sondern »wir« gesagt, nicht aus einer inflationären Überheblichkeit heraus, sondern im Bewusstsein, dass Es sich durch ihn verwirklichen wollte.

Vor Jahren habe ich eine Messe komponiert, obwohl ich in diesem Leben nie ein Konservatorium besucht habe. Ich musste lernen, mein Instrumentarium ganz auf Empfang zu schalten, um diese hohen Schwingungen als Geschenk anzunehmen und weiterzugeben. Als es dann darum ging, diese Musik aufzuführen, musste ich physisch und psychisch so lange leiden, bis mein Egoismus buchstäblich zerschmettert war. Erst jetzt war ich bereit zuzugeben: Ich kann es nicht. Nun konnte *Es* wirken.
Als ich die Messe das zweite Mal aufführte, tat ich es im Bewusstsein, dass mich der Christus-Logos mit seiner Musik inspiriert hatte und seine Musik nun im Konzertsaal durch mich zum Klingen bringen würde. Immer mehr begreife ich, dass ich in solchen Augenblicken die priesterliche Rolle übernehme, den Zuhörern den Zugang zum Heiligtum zu eröffnen, damit ihre Trennung vom Göttlichen aufgehoben wird und ein umfassender Heilungsprozess sich vollziehen kann.

Der große Meister am Dirigentenpult war Wilhelm Furtwängler. Er hat um diese Zusammenhänge gewusst und danach gehandelt. Er wollte keinen Egotrip veranstalten; er stellte sich zur Verfügung, so dass das Heilige zum Klingen kam. Darum war das Publikum bereits ergriffen, wenn Furtwängler das Podium betrat, noch bevor er den ersten Ton erklingen ließ.

2. Das innere Licht des Logos führt uns zur Bescheidenheit und Anspruchslosigkeit des Derwischs, der nimmt und genießt, was ihm geschenkt wird, aber nichts haben, nichts besitzen muss.
Die Unersättlichkeit ist eine der Grundkrankheiten unserer modernen Gesellschaft. Man vergleicht sich mit dem Nachbarn und will ihn überbieten. Einer will mehr haben als der andere, jeder will mehr verdienen als im Vorjahr, mehr Umsatz machen als die Konkurrenz. An dieser unersättlichen Gier wird die moderne Zivilisation zu Grunde gehen. Die Gier nach äußerem Reichtum ist eine Kompensation der inneren Armut, an der wir Menschen des zwanzigsten Jahrhunderts leiden.
Wer den unerschöpflichen Reichtum seines göttlichen Wesens entdeckt, kann äußere Schätze genießen und im nächsten Augenblick wieder loslassen. Es geht ja nicht darum, dass wir uns wie Masochisten keine Freude mehr gönnen. Es geht vielmehr darum, dass wir wieder lernen zu genießen, dass wir wieder dankbar sind für das, was uns geschenkt wird. Denn nur wer dankbar ist, kann auch bewusst genießen, was ihm geboten wird. Wer alles selbstverständlich nimmt, braucht nicht danke zu sagen, aber er bringt sich damit selber um eine wichtige Lebensqualität: die Freude.
Schließlich geht es darum, dass wir loslassen können, statt uns an Menschen und Dinge zu binden. Es geht um eine Haltung, die Paulus mit *haben, als hätten wir nicht* umschreibt (1. Kor:7, 29). Etwas dankbar genießen, sich daran freuen und es im nächsten Augenblick wieder loslassen können – welche innere Freiheit schenkt uns diese Lebenseinstellung!

3. Das innere Licht des Logos führt uns zur Hingabe des Königs, der bereit ist, sich für sein Volk einzusetzen, statt es auszubeuten.
In der Geschichte der Menschheit ist Macht immer wieder zu egoistischen Zwecken missbraucht worden. Der wahre Herrscher dient seinem Volk. Er will weder Anerkennung noch Lohn. Er setzt sich für die Schwachen ein, weil er stark ist. Er erhebt seine Stimme für die, die nichts zu sagen haben. Er kämpft für die, um die sich keiner

kümmert. Er setzt seine Gesundheit, sein Leben ein, um sein hohes Ziel zu erreichen, weil er die innere Stärke dazu hat.

Das größte Vorbild in diesem Jahrhundert ist für mich Mahatma Gandhi: er war der ungekrönte König Indiens. Mit seinem uneigennützigen Einsatz, der vor nichts und niemandem zurückschreckte, hat er mehr erreicht als die meisten Politiker mit endlosen diplomatischen Verhandlungen. Seine starke Persönlichkeit war ganz im Spirituellen verankert. Gandhi bezeichnete sich nicht als Christ, aber er lebte das Christsein mehr als die meisten, die diesen Titel ganz selbstverständlich für sich beanspruchen. Er lebte im Bewusstsein des inneren Lichtes und begegnete anderen mit der Bereitschaft, das Licht des Logos auch in ihnen zu sehen.

Diese Haltung nennt man in meiner Tradition das »Christus-Bewusstsein«, was nicht heißt, dass nur Christen dieses Bewusstsein entwickeln können, im Gegenteil. Die Erfahrung der Geschichte zeigt uns, dass die Christen das Christus-Bewusstsein fast am wenigsten entwickelt haben. Christus-Bewusstsein bedeutet: im andern den Christus, das Christus-Licht oder den Logos zu sehen. Das hat Joshua gemeint, als er sagte: *Was ihr getan habt einem meiner geringsten Brüder, das habt ihr mir getan* (Mt 25:40 ff).

Stellen Sie sich den Bettler vor, der an der Tür zum Einkaufszentrum liegt, oder den Clochard in der U-Bahn-Station. Er liegt so da, dass Sie nicht einmal über ihn stolpern müssen, Sie können ihm gut ausweichen. Trotzdem ärgert Sie der bloße Anblick.

Wieso eigentlich? Was löst er in Ihnen aus? Wut, Ärger, Mitleid? Ist es Ihnen peinlich, an dieser abgerissenen Gestalt vorbeizulaufen? Stellt er eine Herausforderung an Ihr Mitgefühl dar? Christus nennt auch ihn *einen meiner geringsten Brüder*. Er sagt es aus dem Bewusstsein heraus, dass er der LOGOS ist. Und dieser Logos leuchtet als das göttliche Licht auch im Bettler, im Clochard. Wenn Sie auf ihn zugehen, wenn Sie ihm etwas geben, versuchen Sie einmal, es in diesem Christus-Bewusstsein zu tun. Versuchen Sie einmal zu sehen, »was durchscheint durch das, was erscheint« (Khan, *Ruf des Derwisch*, S. 87).

In der New Yorker Bowery praktiziert der Zen-Meister Bernard Glassman dieses Modell der Hingabe an die »geringsten Brüder«. Er gehört dem Zen-Buddhismus an, er redet nicht von Christus-Bewusstsein, aber er lebt es, wenn er sagt: »Spiritualität heißt für mich

Nicht-Dualität. Wenn ich es mit einem Menschen zu tun habe, der Hunger hat, werde ich selbst ein Mensch, der Hunger hat, und dann frage ich: Was brauche ich? Ich brauche nicht zu sagen, was ich brauche. Ich weiß, dass ich etwas zu essen brauche ... Meiner Tradition und meiner Erfahrung nach ist es nicht so, dass man für andere sorgt – man sorgt für sich selbst. Es geht darum zu erkennen, dass der andere du selbst bist ...« (Zeitschrift *esotera* 10/96, S. 23).

Es gibt tausenderlei Gelegenheiten, dieses Christus-Bewusstsein einzuüben.

Denken Sie an den Autofahrer, der Ihnen die Vorfahrt nimmt, Ihnen zu nah auffährt oder Sie sonstwie behindert. Es geht nicht darum zu rechtfertigen, was er tut: sein Verhalten ist rücksichtslos, egoistisch. Es geht vielmehr darum, *wie* Sie ihm begegnen. Fluchen Sie, geraten Sie außer sich hinter dem Steuer, drohen Sie ihm? Oder versuchen Sie, hinter der Maske dieses egoistischen Menschen das göttliche Wesen zu sehen, das leidet, weil es ganz verdrängt, verschüttet ist? Wenn Sie ihn unter diesem Aspekt betrachten, praktizieren Sie in diesem Augenblick das Christus-Bewusstsein und werden ihm anders begegnen.

Oder denken Sie an einen Menschen, dem Sie etwas Wichtiges vermitteln möchten; vielleicht ist es Ihr Lehrling oder Ihr Schüler oder Ihr Kollege. Sie geben ihm einen Auftrag und merken, dass er nicht versteht, was er tun soll. Vielleicht ist er schwerfällig im Denken, oder er ist mit seinen Gedanken woanders. Stimmt es, wenn Sie ihn beschimpfen: »Du bist zu dumm für die Arbeit!«? Er kommt aus der Welt der Allwissenheit, der umfassenden Weisheit. Er trägt dieses Wissen in sich, ist aber im Augenblick vielleicht emotional blockiert und hat darum keinen Zugang dazu. Oder das Gefäß, seine derzeitige Persönlichkeit, ist zu schwach, um dieses umfassende Wissen hereinzubringen in die Welt der Existenz. Es kann auch sein, dass er für das Lernprogramm, das er sich in diesem Leben vorgenommen hat, eine andere intellektuelle Kapazität braucht als für die von Ihnen gestellte Aufgabe. Wie auch immer, begegnen Sie ihm mit dem spirituellen Wissen, dass er ein Licht-Wesen ist? Bringen Sie ihm Verständnis und Liebe entgegen, wird er sich vielleicht sogar wider Erwarten öffnen können.

Ihr Verhalten verrät den Grad Ihrer Bewusstheit, und Ihre Bewusstheit entscheidet eventuell darüber, ob Sie ihm etwas vermitteln können. Wenn Sie ihn nicht als Dummkopf, sondern als göttliches Wesen ansehen und ansprechen, wird das göttliche Wesen, das er ist, sich leichter entfalten können in dem, was er im Augenblick darstellt.

Je mehr Sie anderen Menschen in diesem Christus-Bewusstsein begegnen, desto mehr wird sich die Welt verändern, denn *Sie* ändern sich: Ihre Sicht, Ihre Einstellung gegenüber den anderen, Ihre Ausstrahlung. Je mehr Sie sich bewusst sind, dass Sie Licht sind, und je mehr Sie auch im andern dieses Licht als seine wahre Natur sehen, desto mehr wird er ermutigt, selber zum Licht zu finden. Wenn Sie bereit sind, ihn auf das hin anzuschauen, was er ist, kann er werden, was er ist. Sie haben die Möglichkeit, mit dem Bewusstsein Ihrer wahren Licht-Natur Ihren Mitmenschen zur Erleuchtung zu verhelfen. Nicht nur das: Je mehr Licht Sie ausstrahlen, desto mehr kann die Welt um Sie herum auf eine höhere Schwingungsfrequenz kommen. Denn die ganze Schöpfung wartet auf Erlösung, und wir Menschen als göttliche Wesen sind ausschlaggebend für diesen Prozess (Röm 8:19 ff).

Unser verändertes Bewusstsein wird die Schwingung der Schöpfung erhöhen.

Ich empfehle Ihnen nun, folgende Meditation zu machen:

Setz dich bequem hin und entspann dich vollständig, von Kopf bis Fuß. Laß deinen Atem tief hinunterfließen in den Bauch-Becken-Raum, tief und tiefer, bis du auf dem Grund des Beckens angekommen bist. Laß dich vertrauensvoll in die große, weite Schale des Beckens hineingleiten und spür die Ruhe und den Frieden, die dich hier empfangen. Richte – bei geschlosssenen Augenlidern – deinen Blick auf die Stirnmitte und genieße das Licht, das dir entgegenströmt. Dieses strahlende warme Licht hüllt dich wie eine feine Lichtdusche ein.

Stell dir vor: Auf deinem Kopf öffnet sich ganz langsam eine wunderschöne Rose. Je mehr sie sich öffnet, desto mehr Licht lässt die Rose in dich hineinfließen, bis du ganz von Licht erfüllt bist. Es scheint so, als würde sich das Licht in dir ausbreiten. In Wirklichkeit löst sich der Nebel allmählich auf, und du nimmst wahr, was du wirklich bist: reines, strahlendes Licht.

Du lässt deine körperliche Form los, dehnst dich immer mehr aus und wirst eins mit dem alles umfassenden Licht. Laß zu, dass sich dein Bewusstsein wie ein Turner erhebt, der sich am Reck hochschwingt. Je höher dein Bewusstsein steigt, je mehr es sich weitet, desto freier fühlst du dich. Es gibt jetzt nur noch Licht, unendliches Licht, und du bist eins mit diesem Licht.

Du hast dich nicht verloren in diesem Licht, du hast immer noch das Bewusstsein deiner Selbst, auch wenn du jede Form hinter dir gelassen hast. Es gibt nichts mehr, was dich einengt, du fühlst dich ganz frei. Was immer vorhin noch dein Denken verdunkelt hat, jetzt ist es licht und un-

beschwert. Genieße die Weite, die Freiheit und Schwerelosigkeit noch eine Weile. Dieser Zustand entspricht deinem wahren Wesen.

Dann spür dich mit dem Bewusstsein dieser Freiheit wieder in deinem physischen Körper. Laß dich nicht wieder einengen, bring die Weite in dein derzeitiges Zuhause hinein. Dein materieller Körper ist nicht einfach ein Behälter – du verwirklichst dich in ihm genauso wie im psychischen und im mentalen Körper. Deine Körper sind Ausdruck deiner Selbst. Laß das Licht, das du bist, in deinen Körpern Form annehmen, dann wird es erfahrbar für die Welt. Verwirkliche, was es heißt, Licht für die Welt zu sein.

Werde, was du bist

Melanie ist ein reizendes Mädchen von acht Jahren. Ihre schönen wachen Augen verraten viel Temperament und Lebendigkeit. Aber Melanie hat bereits in der ersten Klasse Mühe mit der Schule. Mit dem kleinen Einmaleins kommt sie nicht zu Rande, und die Rechtschreibung ist ihr erst recht zuwider. »Warum schreibt man 'nehmen' mit 'h' und 'beten' ohne 'h', man spricht doch beide Wörter mit einem langen 'e'?« fragt sie. Diese Willkür will ihr nicht in den Kopf. Statt dessen erzählt sie mir von unsichtbaren Wesen, mit denen sie Kontakt hat und von denen sie Dinge erfährt, die nicht im Schulbuch stehen. Vor zwei Jahren hatte sie ein besonderes Erlebnis mit diesen Lichtwesen. Sie redeten lange mit ihr. Melanie wollte dann mit ihnen gehen, aber sie machten ihr klar, dass sie auf der Erde bleiben müsste und hier ihre Aufgaben erfüllen sollte. Diese Begegnung, die sich über einige Stunden hinzog, erlebten ihre Eltern mit. Sie verstanden zwar nichts, da Melanie in einer unverständlichen Sprache redete, aber seither sind sie, die sehr stark naturwissenschaftlich ausgerichtet sind, nachdenklicher geworden und zugänglicher für Melanies Welt. Nur – in der Schule zählt das alles nichts. Die Schulbehörde will Melanie am Ende des Schuljahres die erste Klasse wiederholen lassen, da sie lernbehindert sei.

Das ist ein typisches Beispiel für unsere materialistisch orientierte Gesellschaft, welche die geistige Welt des Menschen noch immer unterschätzt zu Gunsten der materiellen Außenwelt. Sie stellt ein leistungsorientiertes Lernprogramm auf, welches das Kind sich so früh wie möglich aneignen soll. Dabei fehlt oft sowohl psychologische Sachkenntnis wie auch tieferes Wissen um die Geheimnisse und Zusammenhänge des Lebens. Und dieser fatale Sozialisierungsprozess setzt bereits mit der Geburt ein.

In dem Augenblick, da ein Kind in diese physisch-materielle Welt hineingeboren wird, beginnt ein Lernprozess, der immer von außen nach innen verläuft. Man könnte es so umschreiben: Was du lernen sollst, ist außerhalb von dir schon da. Es wird dir nahegebracht, du musst es dir aneignen, so kannst du dich entwickeln. Also verläuft auch die Entwicklung von außen nach innen.
Dieses Denken wird beispielhaft bereits im ersten Augenblick der irdischen Existenz angewendet. Noch heute gibt es viele Spitäler, in denen das neugeborene Lebewesen als erstes einen Klaps auf den Po bekommt, so dass es schreit – und damit zu atmen anfängt. Als ob der Lebenspro-

zess auf den Anstoß von außen angewiesen wäre! Was für ein reizender, liebevoller Empfang ist es für den Neuankömmling, wenn er als erstes einen Schmerz zugefügt bekommt, um das Atmen, eine der Grundvoraussetzungen des irdischen Lebens, zu aktivieren!
Dieses Verhalten ist nur verständlich auf der Grundlage unseres christlich-abendländischen Weltbildes, gemäß dem das Leben ein einmaliger, in sich abgeschlossener Prozess von der Zeugung bis zum Tod ist. Diesem materialistischen Weltbild entspricht eben das Verhalten, dem Neuankömmling alles von außen her zu vermitteln, was zum Leben nötig ist. Dieses materialistisch einengende Konzept des Lebens ist für mich eine der armseligen Blüten des Christentums, ist aber vom Ursprung her keineswegs gerechtfertigt.

Die Botschaft von Joshua Immanuel, dem Christus, macht deutlich, dass das Leben ein unendlicher Prozess ist. Die heutige Regressions- und Reinkarnationsforschung bestätigt, dass der Mensch in der Tiefe seines Unbewussten die Erinnerung an alle Etappen dieses Prozesses gespeichert hat. Alle Verhaltensmuster, die er in den zurückliegenden Inkarnationen ausgebildet hat – hinderliche und förderliche –, bringt er in diese jetzige Existenz wieder mit. Es ist deshalb anzunehmen, dass er auch das Grundmuster der irdischen Existenz, das Atmen, in sich trägt und in dem Augenblick aktiviert, wo es erforderlich ist.
Die Regressionstherapie bringt außerdem zutage, dass jedes Menschenwesen vom ersten Augenblick im Mutterleib an alles wahrnimmt, was außerhalb vor sich geht.

Ein Beispiel soll für unzählige andere stehen:
Ich mache mit Helga eine Regressions-Sitzung in den Mutterleib. In der Tiefenentspannung kann sie alles abrufen, was im Unterbewusstsein gespeichert ist. Sie erlebt wieder, wie der Vater am Abend missmutig und manchmal betrunken nach Hause kommt, seine Frau beschimpft, wie eine Sklavin unwürdig herumkommandiert und sogar schlägt. Denn er hat eine Freundin und wäre lieber bei ihr als bei seiner Frau. Helga spürt auch die Bedenken und Zweifel der Mutter, die sich fragt, ob es verantwortbar sei, das Kind auszutragen und in dieses katastrophale soziale Umfeld hineinzustellen, oder ob sie lieber abtreiben sollte. So erlebt Helga nicht nur die wachsende körperliche Enge im Mutterleib, sondern bereits auch den psychischen Druck der künftigen Existenz. Kein Wunder, dass auch in ihr ein Widerstand gegen das bevorstehende Leben wächst. Schließlich kommt die Geburt. Sie verläuft nicht kompliziert, aber der Empfang in der Außenwelt entspricht genau dem Eindruck, der sich in ihr schon

während der Schwangerschaft im Mutterleib verfestigt hat: Das Leben ist mit Schmerzen verbunden. Und sie ist nicht erwünscht, sie ist im Weg. Kein Wunder, dass Helga zu diesem Leben von vornherein nein sagt!

Wir haben gesehen, dass das pädagogische Grundmuster unserer Gesellschaft lautet: »Du kannst nichts und du bist nichts. Du musst erst zu einem lebenstüchtigen Menschen gemacht werden.« In dieser Sicht ist der neugeborene Säugling folglich wie ein unbeschriebenes Blatt, ein Etwas, das erst durch die Erziehung zum Menschen gemacht wird. Mit dieser Einstellung begegnen heute noch viele Eltern ihren Kindern. Dabei kenne ich einige Beispiele von Kindern, die weiser und reifer sind als ihre Eltern. Mit dieser Einstellung begegnen vor allem noch die meisten Lehrer ihren Schülern: »Du bist ein Nichts, aber durch die Ausbildung, die ich dir vermittle, hast du die Chance, Mensch zu werden.« Allerdings sind sie sich der Tragweite ihres Verhaltens meist nicht bewusst.

Dabei bringt das Kind alle Erfahrungen und Erkenntnisse, alle Begabungen und Fähigkeiten, alles, was es je gelernt hat, in seinem Unterbewusstsein mit. Es geht also darum, dem Kind – wie einem Neuankömmling im fremden Land – zu helfen, heimisch zu werden. Denn das Kind kommt in Wirklichkeit aus der Welt des Lichts, und der Verlust der Liebe und Geborgenheit, die es dort erlebt hat, ist so groß, dass es meist ohnehin Mühe hat mit dem Schritt in die Fremde. Dieser Schritt kostet das neuankommende Menschenwesen die größte Überwindung, und wir lassen es mit diesem Problem oft schmählich im Stich. Wir sind vielmehr darum bemüht, dem Kind so früh wie möglich zu vermitteln, wie es sich in unserer Gesellschaft verhalten muss. Wir sind bestrebt, aus ihm ein angepasstes, funktionierendes Glied unserer Gesellschaft zu machen, und dabei trägt es schon genügend Spuren dieses fatalen Anpassungsprozesses aus früheren Inkarnationen in sich. So früh wie möglich lehren wir es Lesen und Schreiben, Rechnen und Grammatik, und dabei haben die meisten der heute geborenen Kinder bereits in vergangenen Existenzen einen beachtlichen Bildungsprozess durchlaufen.

Wie sinnvoll wäre es, wenn wir das pädagogische Konzept des Sokrates, des griechischen Weisen aus dem fünften Jahrhundert v. Chr., wieder beleben würden! Er hat seinen Schülern keine Vorträge gehalten – er hat sie gefragt. Er hat das Wissen nicht von außen an sie herangetragen, er hat es aus ihnen hervorgelockt. Mäeutik nannte er seine Methode, zu deutsch: Hebammenkunst. Sokrates ging von der Voraussetzung aus, dass alles Wissen in der Tiefe der Seele verborgen liegt. Was der Mensch lernt, ja alles, was er erlebt, wird nicht nur in dem Gedächtnis gespeichert, das in bestimmten Gehirnzellen lokalisiert ist. Dieser Gedächtnisspeicher löst sich spätestens dann auf, wenn die Gehirnstruktur nach dem physischen Tod zerfällt.

Es gibt aber noch ein anderes, ein permanentes Gedächtnis, das im bleibenden Teil unseres Selbst enthalten ist. Dieser permanente »Recorder« zeichnet alle Eindrücke auf und speichert sie in der Tiefe der Seele. Wenn die physische Existenz zu Ende ist, nimmt die Seele diesen Erfahrungsschatz mit; er prägt auch die Existenz in den feinstofflichen Ebenen und wird schließlich in die nächste Inkarnation als unbewusster Erfahrungsschatz mit hineingenommen. So ist das Phänomen der sogenannten Wunderkinder erklärbar.

Rahel erzählt mir von ihrem Sohn Dominik, dass er sich bereits mit zwei Jahren für Musik, speziell für Violine, interessierte. Als er vier Jahre alt war, gingen die Eltern mit ihm zu einem Geigenbauer. Dominik hörte sich verschiedene Instrumente an, die ihm vorgespielt wurden, und suchte sich vom Klang her das beste Instrument aus. Seither bekommt er regelmäßig Unterricht. Natürlich fragen sich die Eltern: »Woher kommt es, dass unser Sohn so musikalisch ist? Wir haben es ihm nicht vererbt. Ist er ein Wunderkind?«
Aber die meisten sogenannten Wunderkinder sind Menschen, deren »Membrane« zum Unbewussten hin durchlässig geworden ist, vielleicht weil sie schon weiter entwickelt sind. Darum steht ihnen der Erfahrungsschatz früherer Inkarnationen im Lauf des Lebens immer mehr zur Verfügung.

Wir machen Hausmusik, Freunde bringen ihre fünfjährige Tochter mit. Sie lernt seit einem Jahr Geige und hat stolz ihr kleines Instrument mitgebracht. Zuerst spielt sie uns »Hänschen klein« vor, dann »Freude, schöner Götterfunken« aus Beethovens Neunter. Mitten im Thema hat sie das Pech, dass sie einen halben Ton höher rutscht, und – ich traue meinen Ohren nicht – sie spielt die folgende Passage seelenruhig einen halben Ton höher weiter. Das kann ein fünfjähriges Kind noch nicht gelernt haben; das bringt es als Fähigkeit aus einer anderen Inkarnation mit. Denn dazu gehört nicht nur ein beachtliches technisches Können, sondern auch ein großartiges musikalisches Gehör, das sie in einem anderen Leben geschult hat.
Das eigentliche Wunder sind aber nicht die Phänomene, die das Leben hervorbringt, auch wenn sie noch so großartig und unergründlich er-

scheinen. Das eigentliche Wunder ist das Leben selbst, das sich in den Phänomenen ausdrückt.

Wie spannend wäre es, wenn die moderne Pädagogik wieder dieses uralte Wissen in ihr Konzept integrieren würde. Mit den entsprechenden Vorübungen könnte der Lehrer die Erfahrungen, die im Unbewussten seiner Schüler gespeichert sind, aktivieren. Ja noch mehr: mit vorgängigen Entspannungsübungen und mit der nötigen Bewusstseinshaltung könnten die Schüler lernen, einen Zugang zu einem noch viel größeren Speicher, dem Kosmischen Bewusstsein, zu bekommen. Das zu entwickeln wäre ein revolutionierender Schritt im heutigen Bildungswesen. Wie viele Lernprobleme könnten beseitigt werden, wenn echte Lernhilfen angeboten würden, wenn alle Beteiligten von der Voraussetzung ausgingen, dass Erfahrungen und Wissen vorhanden sind und nur sachgemäß abgerufen werden müssen! Das würde das Selbstbewusstsein der Schüler heben. Sie bräuchten das Schulzimmer nicht mehr mit Angst und Minderwertigkeitsgefühlen vor der Übermacht des Wissenden zu betreten, denn sie würden mehr und mehr entdecken, dass auch sie Wissende sind, die lernen müssen, den geheimen Schatz auszugraben.

Die Voraussetzung dafür ist natürlich, dass der Lehrer diese Erfahrungen erst einmal bei sich selbst gemacht hat. Dann wird er seinen Schülern nicht mehr mit Überheblichkeit und Arroganz, sondern mit Verständnis, Achtung und Bescheidenheit begegnen. Mit Verständnis für die Individualität des einzelnen, denn jeder ist *seinen* Weg bis hierher gegangen und hat den entsprechenden Erfahrungsschatz gesammelt. Mit Achtung vor dem vollkommenen Wesen, das der andere ist, und mit Bescheidenheit, denn der Schüler von heute könnte plötzlich den Lehrer und Meister von gestern durchschimmern lassen.
In einem solchen Schulsystem muss also der Lehrer erst einmal selber tiefgreifende Erfahrungen mit sich Selbst gemacht haben. Dann wird er offen sein für Überraschungen bei seinen Schülern – und er wird auch solche erleben. Denn seine veränderte Einstellung und sein neuer Kommunikationsstil werden das Arbeitsklima der Klasse verändern. Seine positive Ausstrahlung wird seine Schüler ermutigen, sich zu entfalten. Die stressfreie Atmosphäre wird die beste Voraussetzung für junge Menschen sein, selbst neuen Lernstoff bereitwillig aufzunehmen.

Ich kenne zwei pädagogische Konzepte aus unserem Jahrhundert, die dieses Wissen in die Praxis integrieren: das anthroposophische und das Montessori-Konzept. Sowohl Rudolf Steiner als auch die italienische

Ärztin Maria Montessori gingen von der Voraussetzung aus, dass der Mensch ein ewiges göttliches Wesen ist, das immer wieder inkarniert und darum einen stetig wachsenden Erfahrungsschatz in sich trägt.
Es geht also nicht darum, aus dem Kind einen Menschen zu machen. Es geht vielmehr darum, dem göttlichen Wesen zu helfen, sich in der Welt der Dualität zurechtzufinden. Es geht nicht darum, aus dem jungen Menschen etwas Besonderes zu machen. Es geht darum, dem besonderen Wesen, das er ist, bei seiner Entfaltung zu helfen.

»Werde, was du bist.« Dieser Satz ist eigentlich ein Paradoxon, ein Widerspruch in sich selber. Entweder ich werde etwas, oder ich bin es bereits. Kann ich etwas werden, was ich schon bin? Wir verstehen diesen Satz nur richtig, wenn wir begreifen, dass es in ihm um zwei verschiedene Ebenen geht: die Ebene des Seins und die Ebene der Existenz. Auf der Ebene des Seins bin ich ein ewiges göttliches Wesen; auf der Ebene der Dualität existiere ich momentan, um Erfahrungen zu sammeln. Das Dilemma ist, dass ich mich in diesem irdischen Dasein von der Materie gefangen nehmen lasse. Je mehr ich von der Materie fasziniert bin, desto mehr werde ich von einer Abhängigkeit in die andere gezogen, bis ich schließlich das Ziel meines Weges aus den Augen verliere und sogar vergesse, wer ich wirklich bin.
»Werde, was du bist« heißt also: Wach auf und begreife, wie der *verlorene Sohn* im Gleichnis, wo du daheim bist, und verwirkliche dein wahres Wesen in der alltäglichen Existenz.

Genau das meint Christus mit seiner Aufforderung: *Ihr sollt vollkommen sein, wie euer himmlischer Vater vollkommen ist.* Das ist keine gnadenlose Überforderung des Menschen, sondern die Ermutigung, das in die Tat umzusetzen, was als Potential in uns schlummert. Es ist, als würde er sagen:
»Die Welt des Vaters ist in euch. Die göttliche Weisheit, Vollmacht und Liebe prägt euer Wesen. Lasst die göttliche Vollkommenheit euren Alltag bestimmen. Es liegt an euch, dass der Himmel auf Erden Wirklichkeit, erfahrbare Realität wird.«

Es geht also eindeutig um eine Entwicklung von innen nach außen. »Werde, was du bist« heißt, die innere Wirklichkeit in die äußere Erscheinungsform hineinfließen lassen. Dann erleben wir »das, was durchscheint durch das, was erscheint« (Khan, *Ruf des Derwisch*, S. 87).
Das Leben ist ein göttliches Spiel, und wir sind die Schauspieler auf der Bühne des Lebens. Der große Schauspieler am Theater lebt sich in seine

Rolle hinein, bis er eins geworden ist mit ihr. Er identifiziert sich mit seiner Rolle. Der reife, der Selbst-bewusste Mensch identifiziert sich nicht mehr mit der momentanen Rolle, der gegenwärtigen Existenz, die er zu spielen hat, sondern er lebt mehr und mehr sein wahres Wesen, das er *ist*. Er wird auf der Bühne des Lebens zu dem, was er in Wirklichkeit ist.

Ich möchte diesen Entwicklungsprozess und seine Auswirkungen im folgenden an drei Problemkreisen kurz aufzeigen: an der Kindererziehung, der Therapie und dem Strafvollzug.

Kinder erziehen – nicht fordern, sondern fördern

Der Säugling ist nur in seiner äußeren Erscheinungsform klein und hilflos. In Wirklichkeit ist er ein vollkommenes göttliches Wesen und kommt aus der Welt des reinen Lichtes. Er ist gerade dabei, eine neue Persönlichkeit für die bevorstehende Existenz auszubilden. Diese Persönlichkeit wird nicht nur durch die Seele geprägt, die sich in ihr ausdrücken will. Je länger, je mehr macht sich auch der Einfluss der Umwelt bemerkbar. Außerdem zeichnet sich der Einfluss vergangener Inkarnationen im jetzigen Leben ab. Davon wird später noch ausführlicher die Rede sein.

Als Erwachsene müssen wir dem Kind helfen, mit dem Leben auf dem Planeten Erde zurechtzukommen. Wir müssen so früh wie möglich das Wissen darüber wecken, wer es wirklich ist, woher es kommt, wozu es hier ist und wohin sein Weg führt. Dieses Wissen über sich Selbst und seine wahre Heimat ist für das kleine Kind noch durchaus greifbar; wir brauchen es ihm nur zu bestätigen, wir müssen es ihm nicht von außen her nahebringen.

Kinder erziehen heißt nicht, von ihnen etwas erwarten, was wir selber nicht fertigbringen, sondern ihnen einen Weg vorausgehen, auf dem sie vertrauensvoll folgen können. Deshalb müssen wir selber die Orientierung darüber haben, was das Ziel unseres Weges ist. Wir müssen uns um Wertmaßstäbe dafür bemühen, was im Leben wichtig und unwichtig, was notwendig und unnötig, was hilfreich und was störend ist für den inneren Reifungsprozess. Dann können wir unseren Kindern etwas von unserem Wissen vermitteln. Wenn wir selber eine Ahnung haben von den geheimnisvollen Zusammenhängen des Lebens, können wir auch ihnen helfen, mit Krisen und Prüfungen fertig zu werden. Wenn wir selber einen Zugang zum *Königreich der Himmel in uns* gefunden haben, können wir ihnen helfen, Selbstbewusstsein und Selbstvertrauen zu entwickeln.

Roland ist fünfzehn Jahre alt, als er zum erstenmal mit seinen Eltern zu mir kommt. Er ist ein großer, kraftstrotzender Junge, eigentlich ein großes, liebenswürdiges Baby, aber voller Aggressionen, die ihm ins Gesicht geschrieben sind. Vor allem wenn seine Eltern etwas sagen, giftet er sofort zurück. Seine Jockey-Mütze hat er tief ins Gesicht gezogen. Er behält sie auch im Zimmer auf, vermutlich aus Protest. Vielleicht will er auch sein wahres Gesicht dahinter verstecken. Nach dem Eingangsgespräch lasse ich Vater und Sohn einen graphischen Dialog* miteinander führen,

um die Beziehung, die sie zueinander haben, besser zu erkennen. Dabei kommt das Problem deutlich zum Vorschein. Der Vater fordert fast nur: gute Leistungen in der Schule, Einsatz im Haushalt usw. Er schenkt kaum Liebe und Anerkennung. Hinter einer autoritären Maske versteckt er seine Unsicherheit, sein mangelndes Selbstvertrauen.
So läuft das nun schon jahrelang. Mit dreizehn Jahren sollte Roland ins Gymnasium wechseln. Wegen seiner schlechten Noten wird er jedoch vom Lehrer nicht dafür vorgeschlagen. Die Eltern verlangen eine Aufnahmeprüfung, und Roland besteht sie. Er ist also fürs Gymnasium durchaus geeignet, aber er hasst Schulstress. Äußerlich beugt er sich dem Druck der Eltern, innerlich geht er auf Protest: seither herrscht kalter Krieg in der Familie. Die Kommunikation reduziert sich zusehends auf Leistungsforderungen. Wenn Roland nicht »spurt«, wird er bestraft. Wenn er schlechte Noten hat, reagiert der Vater mit Freiheitsentzug: Roland hat keinen Ausgang und darf sich nicht mit Kollegen treffen. Das Ergebnis ist, dass er in der Schule immer schlechter wird und zu nichts mehr Lust hat.

Ich bemühe mich, Roland offen zu begegnen, ihn anzunehmen, wie er sich gibt. Ich versuche, ihm ein positives Vaterbild anzubieten, und Roland verändert sich. Er erzählt mir von den Problemen, die er hat. Er stellt mir die Fragen, die ihn beschäftigen, und ist ganz offen geworden, selbst für ungewohnte Antworten, die ich ihm gebe. Mehr und mehr lasse ich ihn erfahren, wer er wirklich ist, und Roland macht einen Verwandlungsprozess durch. Er entfaltet sein liebenswertes Wesen zusehends und lernt Toleranz gegenüber den Schwächen des Vaters. Darum klingt auch das Feedback der Eltern bereits positiver. Als er mir eines Tages erklärt: »Ich habe mich entschieden, die Schule fertigzumachen«, weiß ich, dass es gut gehen wird. Wieder einmal bestätigt sich die geheimnisvolle Entsprechung »wie innen, so außen«: indem Roland seine inneren Werte verwirklicht, werden auch die schulischen »Werte« besser.

Aus solchen Erfahrungen heraus kann ich heute formulieren:

Kinder erziehen heißt, ihre innere Entwicklung fördern, statt von ihnen etwas fordern. Es heißt auch, ihnen Liebe schenken, statt Leistungen von ihnen erwarten.
Mit andern Worten: Kinder erziehen heißt, ihnen das Bemühen um Vollkommenheit vorleben. Denn es gibt nichts Vollkommeneres als zu lieben.

Mentaltherapie statt Psychotherapie

In der gegenwärtigen Psychotherapie wird sehr viel Symptombehandlung betrieben. Die meisten Menschen kommen in die Therapie, weil sie konkrete Beschwerden haben wie Schlafstörungen, Schwierigkeiten in der Beziehung oder im Beruf oder weil sie schwerwiegendere neurotische oder psychotische Symptome entdecken, die ihnen Angst machen. Natürlich müssen wir diese Symptome im Kontext sehen. Wir müssen also suchen, was in der Beziehung oder im Berufsalltag nicht stimmt. Wir müssen aufdecken, welche Erfahrungen in der Kindheit belastend waren, pathologische Muster gebildet haben und den Erwachsenen heute behindern. Aber das allein genügt nicht, denn damit bewegen wir uns ausschließlich auf der symptomatischen Ebene. Wir suchen die Lösung bei der Persönlichkeit und ihrem Umfeld, doch diese Basis ist zu schmal für eine Heilung. Wir müssen begreifen, dass sowohl die körperlichen als auch die psychischen Probleme Alarmzeichen sind, die uns auf eine tiefere Problematik hinweisen wollen. Die Seele rebelliert, weil sie sich unwohl fühlt. Sie leidet, weil sie eingesperrt ist, unterdrückt und vergewaltigt wird. Sie leidet unter der Dissoziation, der inneren Entfremdung, in der unsere Persönlichkeit steckt.

Psychotherapie heißt nicht etwa »Heilung der Seele«, wie man das wörtlich übersetzen kann. Denn die Seele ist heil. Krank und aus dem Gleichgewicht geraten ist vielmehr die Persönlichkeit, das kleine Ich mit seiner Lebenseinstellung. Die kranke Persönlichkeit mit ihren falschen Denkmustern, ihrer emotionalen Abhängigkeit und ihrem physischen Leib, der die Auswirkungen dieser mentalen und psychischen Entgleisungen zu tragen hat – diese kranke Persönlichkeit muss geheilt werden, und zwar von der Mitte her, denn die Seele trägt die Kraft zur Heilung in sich. Sie ist ja der Strahl einer Sonne, und dieser Strahl trägt die Kraft des Sonnenlichtes in sich.

Darum muss der erste Schritt der Psychotherapie sein, den Menschen wieder mit seiner Seele – die er nicht hat, sondern die er *ist* – in Berührung zu bringen. Ich spreche meine Klienten auf das hin an, was sie letztlich sind: ein ewiges göttliches Wesen. Das hilft ihnen, ihre Würde, ihre Größe und ihr Selbst-Bewusstsein wieder zu entfalten.
Ich vertraue darauf, dass die Seele die Führung im therapeutischen Prozess übernimmt, und ich bin bereit, auf ihre Hinweise und Ratschläge einzugehen. Diese Hinweise bringt der Klient in Form von Träumen mit, aber auch im Zusammenhang mit den alltäglichen Begebenheiten, die er mir erzählt und kommentiert.

Nach den ersten Analysestunden bringt Friedrich folgenden Traum:
»... Ich bin mitten in der Altstadt angekommen. Zuoberst auf dem Hügel befindet sich eine große, runde Kirche. Das Innere der Kirche ist riesengroß, das Dach sehr hoch, wie in einem alten Dom. Das Kirchenschiff ist aber rund, der Mittelteil ist verbaut und nicht begehbar. Der Kirchenraum ist wie ein Ring um diesen Mittelteil angeordnet. Ich betrete die Kirche ... der Gottesdienst hat bereits begonnen ...«
Der Traum zeigt, dass Friedrich bereits den heiligen Bereich in der Mitte seines Wesens entdeckt hat. Die runde Form deutet darauf hin, dass er die Dimension der Vollkommenheit in ihrer Größe und Erhabenheit gefunden hat. Aber der Zugang zu diesem Allerheiligsten ist ihm »verbaut«. Der Kirchenraum, die räumlich begrenzte, das heißt institutionalisierte Kirche, verwehrt ihm wie ein Bollwerk den Zugang zu dieser Mitte. Hier wird auf den Einfluss der engen religiösen Erziehung angespielt, die er als Kind genossen hat. Aber das Tröstliche ist: »Der Gottesdienst hat bereits begonnen.« Das göttliche Selbst bietet seine Hilfe, seinen Dienst an, damit der *verlorene Sohn* heimfindet.

Meine Aufgabe als Therapeut ist es, ihn auf diesem Weg zu begleiten, ihm bewusst zu machen, wo er gerade steht, und ihm zu helfen, Hindernisse aus dem Weg zu räumen. Ich versuche, ihm zu zeigen, wo er sich selber Fesseln angelegt und sich in ein selbstgezimmertes Gefängnis eingesperrt hat, und mit ihm herauszufinden, wie er seine Fesseln sprengen und frei werden kann. Ich mache ihm bewusst, wie er sich mit negativen Gedanken behindert und blockiert, ja krank gemacht hat, und versuche, ihm zu helfen, sein geistiges Potential sinnvoll und konstruktiv einzusetzen. Ich mache ihm bewusst, dass die äußeren Misserfolge mentale und psychische Ursachen haben und versuche ihm zu helfen, diese inneren Blockaden zu lösen.

Diese Arbeit wird heute im allgemeinen mit dem Begriff »Psychotherapie« bezeichnet. Leider wird dieser Begriff in der Literatur immer noch mit »Seelenheilung« übersetzt. Selbst Jolande Jacobi, die langjährige Mitarbeiterin Jungs, begeht diesen Fehler, obwohl sie andrerseits betont: »Die Jungsche Psychologie ... ist ein 'Heilsweg'. Sie hat die Mittel, den einzelnen Menschen zu seinem 'Heile' zu führen, zu jener Erkenntnis und jener Vollendung der eigenen Person, die seit jeher Zweck und Ziel alles geistgerichteten Strebens war« (J. Jacobi, *Die Psychologie von C.G. Jung*, S. 90 f).
Die Verwirrung kommt daher, dass »Psyche« im Deutschen normalerweise mit »Seele« übersetzt wird. Der Begriff »Seele« aber bezeichnet das, was ich bin, während »Psyche« einen Teil meiner

Persönlichkeit meint, nämlich den Bereich, wo die Gedanken und Gefühle sitzen.
Um diese Verwechslung zu vermeiden, gebrauche ich lieber den Begriff »Mentaltherapie«. Er macht zudem deutlich, dass sich die Therapie mit dem mentalen Bereich befasst: mit unseren Vorstellungen und Mustern, mit den Gedanken, die uns besetzen, aber auch mit den Emotionen, Wünschen und Begierden, die daraus resultieren. Hier sitzen die Ursachen für Krankheiten und Störungen, die uns im Alltag belasten.

Die Mentaltherapie will also den Menschen darin unterstützen, seine Lebenseinstellung auf Grund eines neuen Selbst-Bewusstseins zu ändern. Die Hilfe zu diesem umfassenden Verwandlungsprozess kommt von innen, von der Seele oder vom göttlichen Selbst. Darum gilt es, diese inneren Hinweise und Impulse mit wachem Blick zu erkennen und verständlich zu machen.
Ob wir nun von Mentaltherapie oder von Psychotherapie reden, immer geht es darum, den verlorenen Sohn auf seinem Heimweg zu begleiten und ihm den inneren Heilungs- und Reifungsprozess bewusst zu machen. Das Ziel ist nicht, den kranken Menschen in unserer Gesellschaft wieder funktionsfähig zu machen, sondern ihn mit sich Selbst wieder in Harmonie zu bringen. Nur der Mensch, der in sich ruht, ist fähig, in unserer Gesellschaft etwas Sinnvolles auszurichten.

Strafvollzug – Chance statt Sühne

Der heutige Strafvollzug ist das vielleicht eklatanteste Beispiel für unser falsches Menschenbild und dessen fatale Auswirkungen. Einerseits ist er vom alttestamentlichen Sühnedenken geprägt: Ein Mensch hat sich schuldig gemacht, dafür muss er büßen. Je größer das Verbrechen, desto größer die Strafe. Darin unterscheiden sich unsere christlichen Nationen kaum von anders geprägten. Andrerseits redet kaum jemand davon, dass ein Mensch eigentlich in erschreckendem Maß von sich Selbst entfremdet sein muss, wenn er ein grausames Verbrechen begeht.
Können Sie sich vorstellen, dass ein Mensch, der sich seiner Selbst bewusst ist, kaltblütig einen andern ermorden kann? Können Sie sich vorstellen, dass ein Mensch, der sich seiner Selbst bewusst ist, Kinder vergewaltigt, foltert und ermordet?
Wer begreift, wer er Selbst ist, sieht auch im andern das göttliche Wesen. Wer weiß, dass Leben selbst göttlich ist, der begreift auch, dass die konkrete Erscheinungsform des Lebens, zum Beispiel das menschliche Leben, heilig und unantastbar ist.
Kein Mensch hat das Recht, mutwillig in den Lebensprozess einzugreifen und den andern zu töten. Wer das trotzdem tut, steckt noch tief im Dunkel der Unbewusstheit. Er ist noch völlig gefangen in seiner egoistischen Persönlichkeit und hat keine Ahnung von seinem wahren Wesen.

Darum wäre es wichtiger, ihm zu helfen, zu sich Selbst zu finden, als ihn für das begangene Unrecht zu bestrafen. Davon ist allerdings sowohl die heutige Rechtsprechung als auch der Strafvollzug weit entfernt.
Statt ihm zu helfen, das unheilvolle Gefängnis zu sprengen, in das er sich selber gesetzt hat, und ihn zur Freiheit des Wesens zu führen, sperren wir ihn auch äußerlich in ein Gefängnis hinein. Statt ihm als dem verlorenen Sohn den Heimweg zu zeigen, bestrafen wir ihn dafür, dass er sich verlaufen und verloren hat.
Wie weit sind wir doch von der Liebe des Vaters entfernt! Wir nehmen sie ganz selbstverständlich für uns in Anspruch und verweigern sie gleichzeitig dem Bruder, der Schwester, die genauso darauf angewiesen sind.

Die erschreckende Bilanz sieht dann so aus: Wir schicken Priester und Pfarrer in die Gefängnisse, wir hängen möglichst in jede Zelle ein Kruzifix und verleugnen mit unserer Rechtspraxis die Liebe des Vaters zum verlorenen Sohn. Wir sind verantwortlich dafür, dass unsere Gefängnisse Brutstätten der Kriminalität statt Besserungsanstalten sind. Unsere Gefängnisse sind ein Ausdruck dafür, dass die Menschheit im Großen und Ganzen noch gefangen ist im Schuld- und Sühnedenken und noch nicht begriffen hat, was es heißt, dem verlorenen Sohn den Heimweg zu zeigen.

Was in unserer Rechtspraxis übersehen wird, ist die Tatsache, dass jede kriminelle Handlung im Grunde ein Hilfeschrei des Betreffenden ist, der sich in der Fremde verloren hat. Darum ist dringend Hilfe nötig.
Ich spreche nicht grundsätzlich gegen Gefängnisse. Denn die Gesellschaft muss vor dem, der kriminell geworden ist, zunächst einmal geschützt werden, selbst wenn sie mit ihren falschen Normen das Verbrechen indirekt gefördert hat.
Ich spreche vielmehr gegen die Gefängnispraxis, die wir heute haben. Denn in unseren Gefängnissen wird dem Menschen nicht zu einer neuen Lebenshaltung verholfen.

Darum halte ich es für unerlässlich, dass in den Strafvollzug die Mentaltherapie integriert wird. Dazu gehört, dem Strafgefangenen bewusst zu machen, was ihn letztlich zu seiner kriminellen Handlung bewogen hat. Entscheidend bei diesem Prozess ist jedoch, dass wir ihm helfen, mit seinem wahren Wesen wieder in Verbindung zu kommen. Damit bringen wir den Aspekt der Menschenwürde ins Spiel. Genau das erwartet nämlich kein Krimineller: dass die andern noch Achtung vor ihm haben. Wenn wir ihm mit solcher Achtung begegnen, wird er begreifen, dass die Würde in seinem Wesen liegt, und wird erfahren, dass wir andern die Würde des göttlichen Wesens (das er ist) achten, was immer die Persönlichkeit an Unwürdigem getan hat.
Erst wenn er zu sich Selbst gefunden hat, wird er bereit sein, sein Denken, Fühlen und Handeln zu ändern. Dazu braucht er allerdings intensive Hilfe. Wenn es uns gelingt, ihn zu diesem Ziel hinzuführen, brauchen wir keine Angst vor ihm zu haben, wenn er eines Tages entlassen wird. Denn diese Arbeit wird auch in der Strafanstalt einen Verwandlungsprozess auslösen.

Das tägliche Sterben oder: Die Arbeit am Charakter

Wir Menschen sollten endlich begreifen, dass der Sinn unseres irdischen Lebens nicht ist, Reichtum anzuhäufen und Karriere zu machen, sondern Erfahrungen zu sammeln in der Welt der Gegensätze und an diesen Erfahrungen zu reifen. Der Sinn liegt also nicht in den verschiedenen Stationen, die wir auf unserem Weg durchlaufen, sondern in den Erfahrungen, die wir dabei machen. Es ist nicht wichtig, dass die Erfahrungen immer angenehm sind. Im Gegenteil – der Reifungsprozess ist meist intensiver, je weniger das Leben rund läuft, je mehr Schwierigkeiten wir zu bewältigen haben. Denn die Schwierigkeiten, die uns zugemutet werden, sind Chancen, an denen wir lernen und reifen können.

Erfahrungen sammeln und an diesen Erfahrungen reifen muss der Teil von uns, der in die Existenz eingetaucht ist. Denn er ist immer in der Versuchung, sich in der Dualität zu verlieren. Das göttliche Wesen, das wir auf der höchsten Ebene sind, ist eine vollkommene Sonne. Sie sendet einen Strahl ihrer Selbst, die Seele, durch alle Dimensionen und Ebenen hindurch. Da, wo dieser Strahl schließlich auf der Erde auftrifft, entsteht das Ich, das wir kennen, mit seiner derzeitigen Persönlichkeit. Es soll die Gegensätze zwischen Licht und Dunkel kennenlernen und sich bewusst für das Licht entscheiden, weil dieses seinem wahren Charakter entspricht. Es soll sich in der Welt der Gegensätze zwischen Liebe und Hass, Vergebung und Vergeltung für die Liebe entscheiden lernen. Diese Entscheidung hat es vorher nicht gekannt und nicht gebraucht.

Erinnern Sie sich an das Beispiel jenes Menschen, der tagaus, tagein in einem Raum voller Licht lebt und nie etwas anderes sieht! Wenn Sie ihn fragen, was Licht ist, wird er Ihnen die Frage nicht beantworten können, obwohl er sich ständig im Licht aufhält. Denn er hat nie den Gegensatz zu Licht erlebt: er hat nie erfahren, was Dunkelheit ist.

Darum sind wir als göttliche Wesen auf die Ebene der Dualität heruntergestiegen, um uns in der Konfrontation mit der Dunkelheit bewusst zu machen, was Licht ist – das Licht, das ja unser wahres Wesen ausmacht. Dieser Bewusstwerdungsprozess ist unser menschliches Privileg, ein königlicher Weg. Aber er scheint unendlich schwer, weil die Dunkelheit uns gefangennehmen will, uns ihren Stempel aufprägt und sich wie ein Gewand um uns legt. So präsentieren wir uns also in einem Gewand, das uns eigentlich gar nicht steht und doch so gut passt zur Umwelt, in die wir eingetaucht sind. Dieses Gewand ist der *Egoismus*.

Der Egoismus ist ein Produkt dieser Welt der Gegensätze. Er fühlt sich wohl in der Dualität. Er profitiert von Widerstand und Widerspruch und bringt immer einen dunklen Aspekt in unser Leben hinein:

- Wozu nachgeben, ich habe einen Anspruch auf mein Recht ...
- Ich soll verzeihen!? Der andere soll sich erst entschuldigen! Wenn ich heute verzeihe, fällt er mir morgen vielleicht in den Rücken. Ich bin schon so oft enttäuscht worden ...
- Dem andern zuliebe verzichten? Nein! Ich komme sowieso immer zu kurz. Soll ich noch freiwillig zurückstehen? Die andern halten mich ohnehin schon für dumm ...

Solche Gedanken sind uns wohl vertraut, sie prägen unseren Alltag. Das bedeutet, dass unser Alltag von egoistischen Impulsen bestimmt ist. Diese egoistischen Tendenzen binden uns an die Welt der Gegensätze. Sie lassen uns den anderen Menschen als Gegenüber, als Konkurrenten, als Gegner, als potentiellen Feind sehen. Der Egoismus verhindert, dass wir das Verbindende, das Wesentliche entdecken. Wir bleiben am Äußerlichen hängen und stören uns daran.

Der Egoismus verhindert, dass wir den tieferen Sinn hinter dem Vordergründigen, vor allem hinter den bitteren Erfahrungen, sehen. In dem Augenblick, wo wir einen Sinn entdecken in dem, was uns widerfährt, lernen wir, ja dazu zu sagen. Dann kann uns der Egoismus nicht mehr betören. Dann schafft er es nicht mehr, uns aufzuhetzen, uns hochzujubeln. Dann hat er ausgespielt. Das aber versucht er mit allen Mitteln zu verhindern.

Unter dem Einfluss des Egoismus haben wir zu unserer Umwelt immer ein gespaltenes Verhältnis, eine negative Beziehung. Mit dieser negativen Haltung verhindern wir aber die Entwicklung. Entwicklung meint, dass wir zu uns Selbst finden, dass unsere Persönlichkeit mehr und mehr das unpassende Gewand des Egoismus ablegt, damit das wahre Seelen-Selbst, das königliche Wesen, zum Vorschein kommt. Solange sich unsere Persönlichkeit gefangen nehmen lässt von der Welt der Gegensätze, solange sie geprägt ist von Egoismus, existiert sie in einer inneren Zerrissenheit, sie ist dem wahren Wesenskern, dem göttlichen Selbst, entfremdet.

Der alttestamentliche Prophet Hosea gebraucht für diese tragische Entfremdung des Menschen von sich Selbst das Bild von einer Frau, die ihrem Geliebten untreu geworden, die zur Hure geworden ist (Hos 1:2; 2:2; 3:1).

Was ich hier Egoismus nenne, ist in der Jungschen Psychologie am ehesten mit dem »Schatten« zu vergleichen. Er ist der Teil meiner selbst, den ich noch nicht kenne, weil er eben im Schattenbereich, im Halbdunkel, liegt. Er schaltet sich immer im unpassendsten Augenblick ein und beherrscht das Feld, vor allem: er beherrscht *mich* – bis ich es merke. Dann allerdings ist es meist zu spät.

Das bekannteste Beispiel für eine Schattenproblematik mit verheerenden Folgen ist Deutschland während des Dritten Reiches. Damals wurde das Idealbild des arischen Menschen proklamiert: blond, blauäugig, groß, schlank. Es war das Ideal des göttlichen Menschen. Leider wurde das Göttliche dabei vollständig veräußerlicht. Unbemerkt schlich sich ein teuflischer Schatten ein, der bedenkenlos mordete. Der Schatten legte sich damals über ein ganzes Volk und präsentierte sich im Gewand des göttlichen Übermenschen. In diesem Gewand stellte er mörderische Gesetze auf und rechtfertigte die größten Greueltaten. Dieser dämonische Schatten konnte sich hemmungslos ausleben, weil er sich sozusagen von hinten anschlich, den arischen Übermenschen am Genick packte und in ein beispielloses Massenmorden hineintrieb. Das alles lief total unbewusst ab. Als Deutschland von außen her unsanft aufgeweckt wurde, war es bereits zu spät.

Der Schatten entspricht im Wesen und Auftreten dem, was ich Egoismus nenne. Denn der Egoismus ist der Teil unserer Persönlichkeit, dessen wir uns zunächst nicht bewusst sind, weil er uns tückisch von hinten überfällt und sich in Gedanken, Worten und Taten immer wieder mörderisch gebärdet.

Eine meiner Klientinnen ist krankhaft geltungs- und anerkennungssüchtig. Sie kann es nicht ertragen, wenn jemand in ihrer Gegenwart gelobt wird und sie leer ausgeht. Ihr Mann kommt neben ihr ohnehin kaum zur Geltung. Wenn ihm jemand trotzdem ein Kompliment macht, gießt sie sofort einen Wermutstropfen ins Glas, um das Kompliment abzuschwächen. Ihr Egoismus gebärdet sich vollkommen intolerant und lieblos. Alle nehmen das wahr, nur sie selber nicht. Dann wundert sie sich, dass niemand *ihr* ein Kompliment machen mag!

Weil der Egoismus so hinterhältig arbeitet und damit ständig unsere Entwicklung blockiert, ist es dringend nötig, ihn kennenzulernen, um ihn ausschalten zu können. Ich kenne keine bessere Methode als die Übung, die uns Daskalos zu diesem Zweck gegeben hat (*Esoterische*

Praxis, S. 132). Er hat uns eindringlich ans Herz gelegt, sie jeden Abend zu machen. Ich gebe sie hier mit meinen Worten wieder. Die Übung beginnt mit der Frage:

Was habe ich heute gesagt, getan, gefühlt oder gedacht, was ich besser nicht gesagt, getan, gefühlt oder gedacht hätte? Und umgekehrt: Wo habe ich versäumt, etwas zu sagen oder zu tun, was notwendig gewesen wäre?
Nimm jetzt das erste Beste, was dir vom heutigen Tag in den Sinn kommt, beziehungsweise vor deinem inneren Auge erscheint. Schau es an, als wärst du Zuschauer bei einem Theaterstück, in dem du gleichzeitig auch mitspielst. Dein Höheres Selbst* wird dir jetzt etwas zeigen, was heute nicht gestimmt hat, und du wirst erstaunt sein, wie das Geschehen plötzlich in anderem Licht erscheint.
Aber du musst damit rechnen, dass sich jetzt auch eine Stimme meldet, die dein Verhalten vom Tag rechtfertigt: Es war schon in Ordnung, wie du reagiert hast; der andere hat sich falsch benommen. Hätte er dich nicht gereizt ... er hat das Ganze ja provoziert ... und die Umstände waren denkbar schlecht für dich ...
Diese Stimme ist der Egoismus. Er versucht, dich zu beruhigen, er versucht, dein Handeln zu rechtfertigen, denn er hat es ja ausgelöst. Jetzt hast du die Chance, ihn kennenzulernen.
Laß dich nicht von ihm betören. Habe den Mut hinzuschauen, selbst wenn es dich erschreckt. Nur so kannst du den Egoismus entlarven und dich von ihm distanzieren.

Wenn Sie diese Übung regelmäßig machen, werden Sie mehr und mehr das Ränkespiel des Egoismus durchschauen. Aber seien Sie auf der Hut: der Egoismus ist schlau und gewitzt. Sein Spiel wird immer raffinierter und seine Methoden werden immer subtiler.
Er begegnet uns nicht plump und offensichtlich, so dass es jedem auffällt. Er begegnet uns da, wo sich das kleine Ich in Szene setzt, zur Geltung kommen will, sich rechtfertigt, sich ärgert, enttäuscht, beleidigt, verletzt ist. In esoterischen Kreisen trägt der Egoismus manchmal ein schneeweißes oder goldenes Gewand, zum Beispiel wenn jemand sich vor dem andern mit seiner fortgeschrittenen Entwicklung, mit Erfahrungen oder Eingebungen brüstet.

Immer wieder erlebe ich, dass Leute in die Praxis kommen, die mir erst einmal deutlich machen, wie weit entwickelt sie schon sind und was sie alles beherrschen. Am Anfang dachte ich jeweils, eigentlich müssten wir die Rollen tauschen, und ich müsste von ihnen lernen. Aber die Träume und die Alltagsprobleme, die dann später zur Sprache kommen, zeigen mir immer wieder, dass nur der Egoismus weit entwickelt ist, aber nicht die Persönlichkeit oder der Charakter. Ich habe bei Daskalos nie erlebt, dass er gesagt hätte, wie weit er ist. Er hat es gelebt, nicht von sich behauptet.

Sich mit dem Egoismus auseinanderzusetzen ist der schwierigste und unangenehmste Teil unseres Entwicklungsprozesses. Jeder, der diesen Weg geht, kennt den Frust und die Enttäuschungen, die er mit sich bringt, und auch die Hoffnungslosigkeit, die einen je länger je mehr befallen will.

Die Alchimisten nannten diese Phase des Entwicklungsprozesses »nigredo«, zu deutsch die »Schwärze«. Denn hier geht es nicht nur darum, das eigene Dunkel, also den Schatten, den Egoismus kennenzulernen. Der Begriff macht auch deutlich, dass sie damals – genauso wie wir heute – die bittere Erfahrung machten, dass man immer wieder mit der eigenen Unzulänglichkeit, mit dem eigenen Versagen konfrontiert wird. Je bewusster der Mensch wird, desto mehr leidet er auch unter dem Dunkel, das ihn immer wieder einholt.

Andrerseits sollten wir nicht vergessen, was Jung erkannt hat: Im Schatten liegt das Gold verborgen. Wir können ergänzen: Hinter dem Egoismus liegt das Gold des göttlichen Wesens verborgen. Bevor wir an das Gold kommen, müssen wir das Dunkel bearbeiten. Das ist ein schmerzlicher Prozess, ein harter, unerbittlicher Kampf. Es ist das tägliche Sterben, von dem der Christus-Logos sagt: *Wer nicht sein Kreuz auf sich nimmt und mir nachfolgt, ist meiner nicht würdig* (Mt 10:38). Das Licht des Logos kann erst dann in uns wirken, wenn der Egoismus das Feld zu räumen beginnt.

Beim Begriff »Kreuz«, der in dem eben erwähnten Christus-Wort vorkommt, treffen verschiedene Bedeutungsnuancen zusammen, die ich kurz ansprechen möchte. Ich gehe dabei von einem gleichschenkligen Kreuz aus.

Die vier Schenkel stellen die vier psychischen Funktionen des Menschen dar: links die Empfindung (sinnliche Wahrnehmung), rechts die Intuition, unten das Gefühl, oben das Denken. Sie entsprechen auch den vier Elementen und den vier Himmelsrichtungen, so dass sich folgendes Diagramm ergibt:

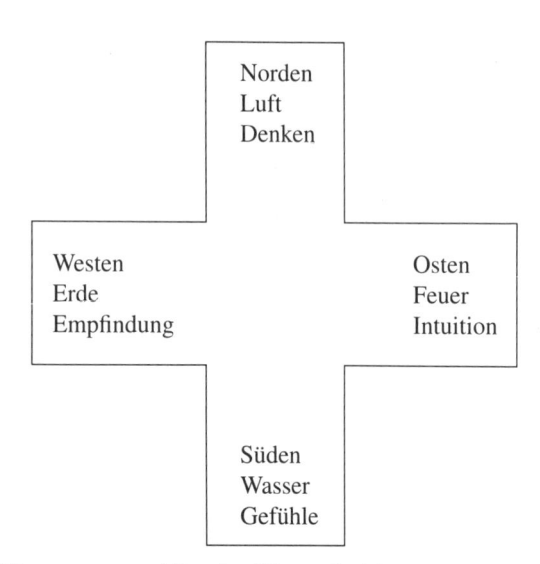

```
           Norden
           Luft
           Denken


Westen              Osten
Erde                Feuer
Empfindung          Intuition


           Süden
           Wasser
           Gefühle
```

Alle drei Vierergruppen (die vier Himmelsrichtungen, die vier Elemente und die vier psychischen Funktionen) stellen jeweils eine Ganzheit dar: die Ganzheit der Ausrichtung, des Aufbaus und der Funktion. Alle vier Schenkel gehen von der Mitte aus oder weisen auf diese Mitte hin. Diese Mitte bedeutet Ausgleich der Richtungen, Ergänzung der Grundstoffe, Harmonie der Gegensätze. Im Bereich der Richtungen bedeutet das auf der materiellen Ebene Stillstand, auf der spirituellen Ebene Ruhen in sich Selbst.

Betrachten wir einen Menschen, der von allen vier Elementen ein ausgewogenes Maß zur Verfügung hat und seine psychischen Funktionen der jeweiligen Situation angemessen einsetzt. Er lässt weder zu, dass sein Verstand dominiert, noch dass seine Gefühle überschwappen. Er achtet behutsam auf seine Intuition und nimmt die Welt um sich herum mit wachen Sinnen auf. Entspringt dieses Verhalten zudem einem klaren Bewusstsein seiner Selbst als göttlichem Wesen, so hat dieser Mensch einen hohen Grad der Entwicklung erreicht und nähert sich der Meisterschaft, die der Position in der Mitte des gleichschenkligen Kreuzes entspricht. Diese Meisterschaft lebte der menschgewordene LOGOS beispielhaft vor.

Darum nahm er am Höhepunkt seines irdischen Weges den Platz im Zentrum des Kreuzes ein. Denn dieses Zentrum steht für die vollbewusste Verherrlichung des Göttlichen in der physischen Existenz.

Der Mensch, der in der Nachfolge Joshuas sein Kreuz auf sich nehmen will, ist bereit, seinen Egoismus sterben zu lassen, damit das Göttliche zur Verherrlichung kommen kann. Er ist bereit, seinen Platz im Schnittpunkt der Ebenen einzunehmen. Die Horizontale steht für die Existenz in Raum und Zeit, die Vertikale symbolisiert das Sein, das Göttliche, das in Raum und Zeit einbricht. Das bedeutet: Der Mensch, der sich seiner göttlichen Natur bewusst ist (Vertikale), lebt in der Welt (Horizontale), weiß aber, dass er »nicht von dieser Welt« ist. Er beherrscht die Materie und verherrlicht somit das Göttliche. Er verwirklicht den Christus-Logos in seiner irdischen Existenz.

Manchmal löst dieses tägliche Sterben des Egoismus auch physiologische Symptome im Körper aus, so dass wir meinen, wir seien todkrank. In Wirklichkeit handelt es sich um Begleiterscheinungen des inneren Verwandlungsprozesses. Sie wollen uns auf der organischen Ebene auf das hinweisen, was in der Arbeit am Charakter noch ansteht.

Fritz kommt schon längere Zeit in die Analyse und hat bereits einen beachtlichen Bewusstwerdungsprozess durchlaufen. Nicht nur, dass er viele Probleme aus seiner Kindheit und Jugend aufgearbeitet hat, er ist dabei, zu sich Selbst zu finden. Er sagt ja zum Leben und zu den Aufgaben, die ihm gestellt werden und macht eigentlich einen recht glücklichen Eindruck. Und doch verdüstern immer wieder dunkle Wolken die idyllische Landschaft: zwischendurch quälen ihn Magenschmerzen, und ab und zu spukt seine Galle. Das macht ihm Sorge, und er fürchtet schon, dass eine unheilbare Krankheit ihn befallen hat, so dass er frühzeitig sterben muss.
In einer Meditation wird ihm deutlich, dass diese Beschwerden mit seinem inneren Reinigungs- und Läuterungsprozess zusammenhängen. Zu oft vergällen unnötige Wutanfälle und Ärger seinen Alltag, was sich in den Symptomen seiner Organe niederschlägt. Die Wutausbrüche und der unterschwellige Ärger sind ein Ausdruck seines Egoismus, der sich immer noch zäh behauptet, auch wenn Fritz schon ziemlich bewusst im Leben steht. Diese Symptome wollen ihm aufzeigen, inwiefern er noch an seinem Charakter arbeiten muss, um sein Ziel zu erreichen. Der Körper ist ein Sprachrohr der Seele, die will, dass die Persönlichkeit aus ihrer Entfremdung heimfindet und heil wird.
Es geht also um nichts anderes als darum, den Egoismus zu entlarven und zu kreuzigen. Fritz ist dabei ein typisches Beispiel für den Menschen, der in einer solchen Situation eher damit rechnet, physisch sterben zu müssen, als dass er begreift, dass es ein Leben lang darum geht, den Egoismus sterben zu lassen.

Die Hochzeit

Es geht also beim Stichwort »Sterben« nicht um das physische Sterben, sondern um einen Verwandlungsprozess. Dieses innere Sterben und Neuwerden muss in der Welt der Gegensätze »erprobt« werden. Hier auf der physischen Ebene sind die Widerstände am größten, hier muss der Verwandlungsprozess durchgestanden werden. Dazu wird uns normalerweise so viel Zeit wie möglich auf dem Planeten Erde zur Verfügung gestellt.
Wenn Sie vom Sterben träumen, brauchen Sie nicht um Ihr Leben zu bangen. Wenn Sie sich im Traum bereits im Sarg liegen sehen, können Sie sich sogar freuen, denn es zeigt, dass wieder ein schmerzlicher Prozess durchgestanden ist.
Immer geht es beim Sterben um Verwandlung. Wir erleben es beispielhaft in der Natur. Die Blätter, die im Herbst welken und fallen, werden zu Humus und ergeben den Nährboden fürs kommende Jahr. Nirgends aber gibt es Tod im Sinne von Ende. So bedeutet Sterben auch bei uns Menschen Verwandlung, Neuwerden. Das Ziel dieser Verwandlung ist heimfinden, zu sich Selbst finden.

Im Verlauf des analytisch-therapeutischen Prozesses taucht in der ersten Phase im Traum meist eine Frau beziehungsweise ein Mann auf, welche/r den Klienten sehr stark anzieht. Diese innere Partnerin/dieser innere Partner stellt immer den gegengeschlechtlichen Pol zum Klienten dar, darum verliebt er sich meistens sofort in sie/ihn. Diese faszinierende Frau im Traum des Mannes hat Jung die »Anima« genannt, umgekehrt den begehrten Mann im Traum der Frau den »Animus«. Es geht bei dieser/diesem inneren Geliebten um die andere Hälfte von uns selbst.

Stellen Sie sich das so vor:
Auf der Seelen-Ebene ist jedes Menschenwesen geschlechtsneutral, sozusagen ein Zwitterwesen. Wenn sich nun die Seele in die Welt der Dualität hineinprojiziert, nimmt sie in ihrer Erscheinungsform als Persönlichkeit den Charakter der Dualität an und erscheint als Mann oder Frau. Der eine Aspekt wird verkörpert. Das sind Sie in Ihrer äußeren Erscheinungsform. Der andere Aspekt ist die geheimnisvolle innere Hälfte. So ist es auch verständlich, dass der »Traumtyp«, dem Sie nachts begegnen, Sie tief berührt, so dass die Begegnung am nächsten Tag noch in Ihnen nachklingt. Denn Sie haben die andere Hälfte Ihrer selbst gefunden. Jetzt geht es darum, diese zu befreien oder aus der Verzauberung zu erlösen. Wir kennen dieses Motiv längst aus unzähligen Märchen.

Nehmen Sie zum Beispiel den »Froschkönig«: Der wunderschönen Königstochter fällt beim Spielen der goldene Ball in den Brunnen. Sie weint so laut vor sich hin, dass sich ein Frosch erbarmt und ihr das Spielzeug aus dem Wasser holt. Vorher aber verlangt er von ihr, dass sie ihn mitnimmt in ihr Schloss. Sie verspricht es zwar, hält es aber nicht. Als sie ihren geliebten Ball wieder hat, springt sie davon und kümmert sich nicht mehr um den Frosch. Doch der kommt am nächsten Tag allein zum Schloss und will mit ihr aus ihrem goldenen Teller essen und in ihrem Bettlein schlafen. Bitterböse hebt sie ihn hoch und wirft ihn an die Wand. »Als er aber herabfiel, war er kein Frosch, sondern ein Königssohn mit schönen und freundlichen Augen.« (*Kinder- und Hausmärchen*, gesammelt durch die Brüder Grimm, Bd. I, S. 38). Er war von einer bösen Hexe verzaubert worden, und nur die schöne Königstochter hatte ihn erlösen können.

Der Frosch symbolisiert hier den verhexten, verzauberten Animus der Frau, der erlöst werden will. Er will ins Schloss mitgenommen werden, was bedeutet, dass er ins Alltagsleben integriert werden will. Wenn wir den inneren Partner endlich gefunden haben, will er mitleben, mitwirken; er hat genug von seinem kühlen Dasein im Wasser. Mit dem Wasser ist das Unbewusste gemeint.

Wenn der/die innere Geliebte ins Leben integriert wird, bringt er/sie seine/ihre schöpferische Kraft ein. Der Mann, der seine Anima erlöst hat, die Frau, die ihren Animus integriert hat, entdeckt nicht nur die eine oder andere schöpferische Begabung, sondern packt von jetzt an das Leben kreativ an. Der innere Partner löst Phantasie und Lebensfreude aus und verhilft so zu einer umfassenden Befreiung. Darum werden am Schluss des Märchens beim getreuen Heinrich die drei Ringe gesprengt, die um sein Herz gelegt waren. Das heißt, das Herz der Frau geht auf, wenn ihr Animus erlöst worden ist. Wenn sie sich mit ihrem inneren Geliebten vereinigt hat, wird sie auch im äußeren Leben fähig zu lieben. Denn der Animus (die Anima) verschafft Zugang zu den geheimnisvollen inneren Welten, zum *Königreich der Himmel in uns*.

Damit eröffnet sich ein weiterer Aspekt der Vereinigung: die Integration der Persönlichkeit in die Seele. Das ist der erste entscheidende Abschnitt des Heimfindens unserer derzeitigen Persönlichkeit, die vorher in der Dissoziation, in der selbstgewählten Entfremdung, gelebt hat. Diese Entfremdung bedeutet Heimatlosigkeit, Verarmung, Gefangenschaft und kann sogar Krankheit und Leiden auslösen.

Wer seine Seele, die er ja *ist*, gefunden hat, hat damit zu seiner Mitte gefunden. Er ist nicht mehr abhängig vom äußeren Erfolg, von Beifall oder Ablehnung. Er ruht in sich selber. Er erlebt das befreiende Gefühl, aus der Knechtschaft des Egoismus erlöst zu werden, und findet zur Freiheit gegenüber der Welt der Dualität. Er hat die Widersprüchlichkeit, das Wesen des Egoismus, überwunden und statt dessen das Bleibende, Beständige, das Ewige gefunden. Wer eins geworden ist mit seinem Seelen-Selbst, der lebt auch im Alltag die Größe seiner Seele. Er strahlt etwas von dem Licht aus, das sein Wesen ausmacht, und er beginnt, für andere Licht zu sein. Diese Phase des Entwicklungsprozesses ist ein königlicher Akt und wurde darum sowohl von den Alchimisten als auch von den Märchenerzählern aller Zeiten als Vermählung von Prinz und Prinzessin gefeiert.

Doch der Prozess ist noch nicht abgeschlossen. Denn die Seele trägt die Sehnsucht nach ihrer wahren Heimat in sich, und sie ruht nicht, bis sie mit dem reichen Schatz von Erfahrungen, den sie auf ihrem langen Inkarnationenweg gesammelt hat, heimfindet ins Vaterhaus. Das ist die höchste Stufe der Vereinigung, wenn das Seelen-Ich mit dem vollkommenen Geist-Ich eins wird.
Christliche Mystiker haben das als die Hochzeit der Seele mit Christus beschrieben. Es ist die Krönung des Festes, wenn der *verlorene Sohn* heimfindet ins Vaterhaus und in den Armen des Vaters die Vollendung erlebt. Dieses Einswerden mit dem Göttlichen ist die Theose*. Als Symbol dafür steht im Gleichnis vom verlorenen Sohn der Ring, den der Vater dem Sohn ansteckt.

Wer zu diesem Fest ohne Ende gelangt, muss das passende Gewand tragen (Mt 22:11–14): der Egoismus hat in der Theose keinen Platz mehr. Der Egoismus ist also das unpassende Gewand, das wir erst ablegen müssen, bevor wir zur Königlichen Hochzeit zugelassen werden. Nur wer bereit ist, täglich seinen Egoismus zu kreuzigen, auch wenn es mühsam und schmerzlich ist, findet zur großen Freiheit, zum Fest ohne Ende.
Dann erfüllt sich, was jener unbekannte Prophet während des babylonischen Exils der Juden prophezeit hat: *Jerusalem wird aus der Gefangenschaft und Sklaverei befreit sein, und die Herrlichkeit Gottes wird sich offenbaren* (Jes 40:1–5).

Jerusalem meint die Seele, die noch in den niederen Schwingungen der Dualität gefangen war. Wenn sie, durch Krisen und Schicksalsschläge aufgerüttelt, sich vom Gewand des Egoismus befreit hat - wenn also der

Mensch zu seinem wahren Wesen gefunden hat -, dann ist er transparent geworden für das Göttliche, das in ihm schlummert.

Beim Künstler können wir erleben, wie sich diese Entwicklung in seinem Schaffen niederschlägt. Solange er noch beherrscht wird vom Egoismus, will er »ankommen«, er bemüht sich, »in« zu sein. Er richtet sich nach den Wünschen und Normen seines Publikums. Er spiegelt den Entwicklungsstand der Gesellschaft wider, in der er lebt. Der große Künstler kümmert sich nicht darum, ob er gefeiert oder verkannt ist. Er macht sich nicht abhängig von den Wertmaßstäben seiner Umwelt. Er schafft nicht, um »anzukommen«, er schafft, weil er einen inneren Auftrag spürt, weil Es ihn treibt.
Er soll einer göttlichen Idee, einer reinen Schwingung materielle Form verleihen, um seinen Mitmenschen Nahrung zu geben. Nahrung für die Seele, die in der Fremde ohnehin ein kümmerliches Dasein fristet. Heilung für die Persönlichkeit, die auf der Ebene der Widersprüchlichkeit dringend Halt und Orientierung braucht. Seine Kunst soll nicht gefallen, sondern heilen. Sie soll dem Menschen in seiner Zerrissenheit und Entfremdung helfen, zu sich Selbst zu finden.
Wahre Kunst ist ein Lichtstrahl, der die Nacht der Gottferne durchdringt. An diesem Lichtstrahl kann sich der Mensch entlangtasten, um heimzufinden. Darum darf sich wahre Kunst nicht vom Zeitgeist beherrschen lassen, denn ihre Quelle ist das SEIN, die Absolute Wirklichkeit. Sie kann dem kranken Menschen unserer Zeit nur dann Heilung verschaffen, wenn sie ihn mit dieser Quelle in Verbindung bringt. Das Absolute SEIN ist Vollkommenheit und Harmonie. Darum spiegelt wahre Kunst diese Vollkommenheit wider.

Der Künstler ist dann zu dieser hohen Aufgabe fähig, wenn er bereit ist, seinen Egoismus zu überwinden und das Göttliche zu verherrlichen. Wenn er sich vom Logos inspirieren lässt, werden seine Werke bleibenden Wert haben, denn sie sind Ausdruck des universellen göttlichen Schöpfungsaktes.

Dein Schicksal liegt in deiner Hand

Diesen Satz las ich vor kurzem in einem Inserat für einen Workshop. Er hat mich angesprochen, weil das Ganze werbetechnisch gut aufgemacht war. Aber stimmt die Aussage auch, dass mein Schicksal in meiner Hand liegt? Sicherlich liegt es vor allem an mir, ob ich beruflich Erfolg habe, und mindestens zu 50% hängt es von mir ab, ob meine Ehe intakt ist. Aber liegt es auch an mir, ob ich gesund bin, ob ich morgen überfahren werde oder eine unheilbare Krankheit bekomme? Liegt es wirklich in meiner Hand, wie lange ich lebe und welche Schicksalsschläge ich erleide?

Sehen wir einmal vom Ende dieser irdischen Existenz, vom Tod, ab. Ich als kleine Persönlichkeit kann seinen Zeitpunkt sicherlich nicht festlegen. Was aber innerhalb der Spanne von der Geburt bis zum Tod liegt, präge und bestimme ich weitgehend: nicht nur Erfolg und Misserfolg, Glück und Pech, sondern auch ob es mir gut oder schlecht geht, ob ich gesund oder krank bin, ob ich mich glücklich fühle oder ob alles eintönig und leer erscheint. Es liegt daran, unter welchem Gesichtspunkt ich das Leben betrachte, wie ich es anpacke, und es kommt darauf an, wie ich mit der Energie, die mir täglich zur Verfügung gestellt wird, umgehe, wie ich sie einsetze. Ich möchte es Ihnen mit einem biblischen Text, nämlich mit dem Gleichnis von den anvertrauten Talenten, deutlich machen.

Es geht wie mit einem Mann, der auf Reisen ging. Er rief seine Diener und vertraute ihnen sein Vermögen an. Dem einen gab er fünf Talente, einem andern zwei, wieder einem andern eines, jedem nach seinen Fähigkeiten. Dann reiste er ab. Sofort begann der Diener, der fünf Talente erhalten hatte, mit ihnen zu wirtschaften, und er gewann noch fünf dazu. Ebenso gewann der, der zwei erhalten hatte, noch zwei dazu. Der aber, der das eine Talent erhalten hatte, ging und grub ein Loch in die Erde und versteckte das Geld seines Herrn. Nach langer Zeit kehrte der Herr zurück, um von den Dienern Rechenschaft zu verlangen. Da kam der, der die fünf Talente erhalten hatte, brachte fünf weitere und sagte: Herr, fünf Talente hast du mir gegeben; sieh her, ich habe noch fünf dazugewonnen. Sein Herr sagte zu ihm: Sehr gut, du bist ein tüchtiger und treuer Diener. Du bist im Kleinen ein treuer Verwalter gewesen, ich will dir eine große Aufgabe übertragen. Komm, nimm Teil an der Freude deines Herrn! Dann kam der Diener, der zwei Talente erhalten hatte, und sagte: Herr, du hast mir zwei Talente gegeben;

sieh her, ich habe noch zwei dazugewonnen. Sein Herr sagte zu ihm: Sehr gut, du bist ein tüchtiger und treuer Diener. Du bist im Kleinen ein treuer Verwalter gewesen, ich will dir eine große Aufgabe übertragen. Komm, nimm Teil an der Freude deines Herrn! Zuletzt kam auch der Diener, der das eine Talent erhalten hatte, und sagte: Herr, ich wusste, dass du ein strenger Mann bist; du erntest, wo du nicht gesät hast, und sammelst, wo du nicht ausgestreut hast; und weil ich Angst hatte, habe ich dein Geld in der Erde versteckt. Hier hast du es wieder. Sein Herr antwortete ihm: Du bist ein schlechter und fauler Diener! Du hast doch gewusst, dass ich ernte, wo ich nicht gesät habe, und sammle, wo ich nicht ausgestreut habe. Hättest du mein Geld wenigstens auf die Bank gebracht, dann hätte ich es bei meiner Rückkehr mit Zinsen zurückerhalten. Darum nehmt ihm das Talent weg und gebt es dem, der die zehn Talente hat! Denn, wer hat, dem wird gegeben, und er wird im Überfluss haben; wer aber nicht hat, dem wird auch noch weggenommen, was er hat. Werft den nichtsnutzigen Diener hinaus in die äußerste Finsternis! Dort wird er heulen und mit den Zähnen knirschen. (Mt 25:14–30)

Talente waren eine gängige Währung im Altertum. Ein Talent entsprach etwa dreißig Kilogramm Silber, war also ein großer Wert. Was ist dieser große Wert, der uns anvertraut wird, jedem entsprechend seiner Tüchtigkeit?

Wir könnten den Begriff »Talent« einfach stehenlassen. Er ist ja auch in unsere Sprache eingegangen und bedeutet eine bestimmte, meist hervorstechende Fähigkeit des Menschen. Es gibt fast so viele verschiedene Fähigkeiten, wie es Menschen gibt. Dennoch behaupten viele von sich, sie hätten kein Talent. Wahrscheinlich kennen sie es nicht. Aber es geht in diesem Gleichnis nicht um einzelne besonders talentierte Menschen, sondern um jeden Menschen. Und es geht hier nicht um ganz besondere Fähigkeiten, es geht vielmehr um eine grundlegende Tatsache: Jeder bekommt in dieses irdische Leben eine gewisse Menge geistiger Energie mit, die er in seinen drei Körpern einsetzen kann.

Wir haben schon vorher festgehalten, dass jeder Mensch zum Leben in der dreidimensionalen Welt drei Körper braucht: den physischen, den psychischen und den noetischen. Der physische Körper ist uns allen bekannt; er bereitet uns ja auch immer wieder Probleme. Was die meisten Menschen noch nicht wissen, ist, dass der physische Körper von einem Energiefeld umgeben und durchdrungen ist. Daskalos gebrauchte für dieses Energiefeld den Begriff »ätherisches Doppel« (*Esoterische Lehren*, S. 119 ff). Der Mystiker weiß von diesem Energiekörper, denn er sieht ihn. Dieses ätherische Doppel entspricht bis ins kleinste Detail dem physischen Körper: jedes Organ, ja jede Zelle hat ihre Entsprechung im ätherischen Doppel und wird von dort mit Energie versorgt. Wenn dieses geheimnisvolle Energiegefüge aus der Balance geraten ist, löst es Störungen und Krankheiten im physischen Körper aus. Östliche – zum Beispiel tibetische – Ärzte wissen seit Jahrtausenden um diese Zusammenhänge und setzen darum mit ihrer Behandlung im energetischen Bereich ein. Aber auch bei uns werden ganzheitliche Behandlungsmethoden immer geläufiger. So weiß ein Geistheiler von diesem energetischen Gegenstück zum physischen Körper und bemüht sich darum, das Energiegefüge im ätherischen Doppel wieder in Harmonie zu bringen. Das bewirkt dann den Heilungsprozess im physischen Leib.

Den gleichen energetischen Aufbau finden wir in den andern beiden Körpern, dem psychischen und dem noetischen. Auch sie können nur funktionieren, wenn sie über ihr ätherisches Doppel die nötige Energie beziehen können.
Im psychischen Körper sitzen unsere Gefühle und Emotionen, während der noetische Körper für unsere Gedanken und Vorstellungen zuständig ist. Sowohl der psychische Körper als auch – in noch höherem Masse – der noetische sind feinstofflicher Natur. Alle drei Körper liegen ähnlich wie die einzelnen Puppen einer russischen Babuschka ineinander, gehören aber verschiedenen Schwingungsebenen an. Darum sind die beiden inneren Körper des Menschen nicht kleiner. Sie schwingen aber auf höheren Frequenzen.

Während des irdischen Lebens bewegen und entfalten wir uns ständig innerhalb dieser drei Körper. Beim physischen Tod verläßt die Seele mehr oder weniger schnell den physischen Leib. Da sie den göttlichen Lebensodem in sich trägt, entzieht sie also dem physischen Körper die Lebensenergie, wenn sie ihn verläßt. Das bewirkt den Zerfall der Zellstruktur und den Verwesungsprozess des physischen Körpers. Wenn die Seele den physischen Körper verlassen hat, ist sie noch nicht im formlosen Zustand angekommen; sie hat immer noch die beiden feinstofflichen Körper, die allerdings nicht mehr der Schwerkraft unterworfen und nicht mehr an Raum und Zeit gebunden sind. Das bedeutet unter anderem, dass es das Erlebnis von Zeit, das wir in der physischen Welt kennen, in den höheren Ebenen nicht gibt: *Tausend Jahre sind vor dir wie der Tag, der gestern vergangen ist* (Ps 90:4).

Was den räumlichen Aspekt betrifft, ist der Verstorbene im psychischen Leib fähig, jeden Raum, den er betreten möchte, zu betreten – keiner muss ihm erst die Türe öffnen. Denn Wände und verschlossene Türen sind für den feinstofflichen Körper kein Hindernis mehr.
In der dreidimensionalen Welt können zwei verschiedene Körper nicht denselben Platz einnehmen, aber in der vierten Dimension, der psychischen Welt, können unzählige Wesen mit ihrem feinstofflichen Körper denselben Platz einnehmen, weil sie keine räumliche Ausdehnung haben.

Subiela zeigt in seinem Film *Sag mir, wohin du gehst, bevor du stirbst*, dass an dem Platz, wo ein Mensch mit seinem physischen Körper sitzt, gleichzeitig ein Verstorbener mit seinem feinstofflichen Körper sitzen kann, weil beide verschiedenen Frequenzbereichen angehören.
So können in dem Zimmer, in dem ich mich aufhalte, auf der Couch, auf der ich sitze, unzählige feinstoffliche Wesen sein, weil sie auf einer höheren Frequenz schwingen. Die bloße Anwesenheit eines solchen Wesens behindert mich noch nicht, es sei denn, es versucht, meinen physischen Körper zu benutzen, um beispielsweise seine Sucht zu stillen. Denn das Suchtproblem ist mit dem physischen Tod nicht abgeschlossen; es betrifft ja genauso – wenn nicht noch mehr – den psychischen und den mentalen Bereich eines Menschen. Darum nimmt der Süchtige seine Sucht in die höheren Frequenzbereiche mit, aber er kann sie nicht mehr körperlich ausleben, weil er seinen physischen Leib nicht mehr hat. So ist es naheliegend, dass er sich den Körper eines noch »Lebenden« aussucht, um seine Sucht zu befriedigen. Dieses Phänomen erleben wir als Besessenheit. Aber seien Sie sich im Klaren darüber: Man kann nur andocken, wo man anlegen kann. Ein Astralwesen, das seine Sucht ausleben will, kann Ihren Körper nur dann befallen, wenn Sie der gleichen Sucht frönen!

Andrerseits ist es auch möglich, dass ein weitentwickeltes Wesen, zum Beispiel ein Meister, mit seiner hohen Energie in unserem Körper wirkt. Das wird um so wirkungsvoller sein, je bewusster wir uns darauf einstellen. Wenn Sie wüssten, wie oft Sie dieses Phänomen erleben, wenn Sie sagen: Das war ein »toller Einfall«, eine »gute Idee«! Nie aber wird ein hochentwickeltes Wesen Sie und Ihre Körper missbrauchen. Wenn es sich einschaltet, wird das immer ein Angebot sein, um Ihnen zu helfen, sich weiterzuentwickeln.
Auf den gleichen psycho-noetischen Ebenen, auf denen die meisten Verstorbenen zunächst leben, bewegen wir uns alle im sogenannten Traum. Darum ist es möglich, dass wir im Traum einem Verstorbenen begegnen.

Die Qualität der Botschaft, die er uns vermittelt, hängt davon ab, auf welcher Ebene er jetzt lebt, das heißt, wie weit entwickelt er ist. Darum ist es nicht sinnvoll und nicht ratsam, einen Verstorbenen über ein Medium um Rat zu fragen. Damit, dass er in höhere Frequenzbereiche aufgestiegen ist, hat er noch nicht die Meisterschaft erreicht. Normalerweise kommt er in der psycho-noetischen Welt auf *den* Level, den er hier auf der physischen Ebene erreicht hatte.

Wenn wir träumen, verlassen wir den grobstofflichen Leib und reisen mit dem feinstofflichen umher. Manche nennen das Astralreise und sprechen darum auch vom Astralkörper statt vom psychischen Körper. Die meisten Menschen machen diese Außerkörper-Erfahrungen unbewusst und unbeabsichtigt, sie können also die Exosomatose* nicht bewusst vollziehen. Und doch kommt es vor, dass jemand eines Nachts in sein Schlafzimmer hereinschwebt und sich im Bett liegen sieht. Er sieht dann seinen schlafenden physischen Leib, bevor er wieder in ihn hineinschlüpft. Beim erstenmal ist das meistens ein Schockerlebnis, mit der Zeit aber begreift der Betreffende, dass er ohne Probleme den physischen Leib verlassen kann.
Die Exosomatose bedeutet weder für uns selber noch für den physischen Körper eine Gefahr, denn wir sind mit ihm durch ein feines Energieband verbunden, das ein Hellsichtiger als silbernes Band wahrnimmt. Diese sogenannte Silberschnur wird erst beim physischen Sterben endgültig durchtrennt. Von diesem Moment an wird der physische Körper nicht mehr mit ätherischer Energie versorgt.

Wenn ich eben behauptet habe, der sogenannte Traum sei in Wirklichkeit eine Außerkörper-Erfahrung, widerspricht das nicht der klassischen Jungschen Traumtheorie. C. G. Jung ging davon aus, dass der Traum ein innerpsychisches Drama ist, das bis in Einzelheiten eine Bedeutung für den Träumer selber hat. Was ist die innerpsychische Welt Jungs jedoch anderes als die unsichtbare feinstoffliche Welt, die Daskalos die psycho-noetischen Ebenen nennt?

Solange wir wach sind, arbeitet unser Gehirn in einem Schwingungsbereich zwischen 14 und 32 Hertz. Mit Hilfe unserer fünf Sinne haben wir dann einen Zugang zu der äußeren, der physischen Welt. Wenn wir die Schwingungsfrequenz des Gehirns reduzieren, so dass sie unterhalb von 14 Hertz liegt, öffnen sich uns die inneren, die unsichtbaren Welten. Das geschieht in Tiefenentspannung, Trance und Meditation sowie im Traum. Was wir auf den inneren Ebenen erleben, will uns einen aktuellen

Kommentar, eine konkrete Hilfe zum Alltagsleben geben. Es ist eben nicht zufällig und nicht gleichgültig, wem wir im Traum begegnen und was wir in der Meditation erleben. Es spiegelt uns wider, wo wir gerade stehen und wie wir uns weiterentwickeln können. Denn das Ziel all dessen, was uns von den geheimnisvollen inneren Welten angeboten wird, ist, uns bei der Weiterentwicklung auf dem Weg zur Vollkommenheit hin zu helfen.

Und eben das ist das Thema im Gleichnis von den Talenten, das Joshua Immanuel, der Christus, erzählt. Wir haben anfangs erkannt, dass mit den Talenten die Energie gemeint ist, die uns in unseren drei Körpern zur Verfügung steht. So interpretiert Daskalos: »Die fünf Talente (die der erste Mann bekommt) sind der materielle Körper, das ätherische Doppel des materiellen Körpers, der psychische Leib mit seinem ätherischen Doppel und der noetische Körper – zusammen fünf.« (Daskalos, *Parabeln*, S. 73).

Aber warum zählt Christus das ätherische Doppel des noetischen Körpers nicht mit und redet nur von fünf statt von sechs Talenten? Der Sinn muss in der Zahl »5« liegen.

Die fünfte Essenz, die »quinta essentia« der Alchimisten, ist der göttliche Geist, der letztlich die Versöhnung der Gegensätze im Menschen bewirkt. Weil der Mensch als göttliches Wesen den Geist (»spiritus«) hat, ist er fähig, einen Bewusstwerdungsprozess zu durchlaufen und sein Leben bewusst zu verändern. Das vollzieht sich im Mentalbereich, der fünften Dimension.

Es scheint also, dass Christus keinen Wert darauf legt, die einzelnen Körper und ihre ätherischen Doppel einfach durchzuzählen, sonst müsste er auf sechs Talente kommen. Er apostrophiert quasi den Mentalbereich als die fünfte Dimension und will deutlich machen, dass hier unser spezifisches menschliches Potential ruht. Denn kein Tier und keine Pflanze hat Verstand; nur wir Menschen sind im Stande, mit der mentalen Kraft unsern Alltag zu prägen.

Johanna ist fünfzig, verheiratet und hat bereits eine erwachsene Tochter. In ihrer frühen Kindheit hat sie sehr wenig Geborgenheit und Liebe erfahren, darum hat sie wenig Selbstwertgefühl entwickelt. Heute ist sie krankhaft empfindlich und schnell beleidigt. Wenn jemand aus ihrem Familienkreis eine ungeschickte Bemerkung macht oder sich im Ton vergreift, ist sie zutiefst verletzt. Sie ist weder in der Lage, über ihren Ärger zu sprechen, noch mit Humor und Gelassenheit ihre Aggressionen zu verwandeln. Statt dessen wird sie gehässig und lässt gelegentlich spitze Bemerkungen fallen, die aber niemand richtig einordnen kann. Im übrigen vergiftet sie mit ihrer Ausstrahlung die Atmosphäre, und das tagelang, wochenlang, ja sogar jahrelang. Denn zu dem bereits Erwähnten kommt eine schreckliche Eigenschaft: sie kann nicht verzeihen. Sie weiß nach Jahren noch minutiös genau, was man ihr Unrechtes angetan hat. So lässt sie nicht nur in der Therapiesitzung, sondern vor allem im Alltag immer wieder die Vergangenheit aufleben und tyrannisiert mit ihrer nachtragenden Art ihre Umgebung. Sie ist ein Musterbeispiel für einen Menschen, der von seinen eigenen dunklen Elementalen besessen ist.

Ein Mensch kann also sowohl von unerlösten Wesen in der Astralwelt als auch von seinen eigenen dunklen Elementalen besessen sein. Indem Johanna sich immer wieder mit ihren negativen Gedanken beschäftigt, gibt sie ihnen ständig neue Nahrung, so dass sie bereits zu Monstern geworden sind, die ihre Umwelt und sie selbst vergiften. Es ist darum auch kein Wunder, dass Johanna körperlich stark angeschlagen ist, denn mit ihren negativen Elementalen bereitet sie sich selber physisch und psychisch die Hölle auf Erden. Was ist zu tun?

Zuerst muss Johanna lernen, dass nicht immer die andern schuld sind, wenn es ihr schlecht geht, sondern dass sie selber das auslöst. Sie erschafft in ihrem Mentalbereich Elementale, Gedankenformen, die wirken, weil sie ihnen die Kraft verleiht. Sie setzt »mind«, die Energie, die uns täglich zur Verfügung gestellt wird, ein, um Gedanken von Selbstmitleid, Unversöhnlichkeit und Hass zu kreieren. Damit zerstört sie auf die Dauer sich selbst.
Nun muss sie lernen, diesen Elementalen die Energie zu entziehen. Einfach auflösen kann sie Elementale nicht, denn sie haben Realität. Hier zeigt sich, dass wir Menschen göttliche Wesen sind, die etwas erschaffen können, was nicht mehr aus der Welt zu schaffen ist. Zunächst existiert es nur auf der mentalen Ebene, aber es wirkt sich je länger, je mehr auch auf der physischen aus. Johannas Gesundheitszustand ist der beste Beweis dafür. Auf diese Weise wirken mehr Menschen unbewusst schwarzmagisch, als wir uns vorstellen können.
Johanna kann also nicht einfach annullieren, was sie einmal ins Leben gerufen hat, selbst wenn sie es wollte. Aber sie darf ihren Monstern keine Energie mehr geben, darf sich also nicht mehr mit ihren negativen Gedanken beschäftigen; sie muss sie vielmehr wegschicken ins Kosmische Gedächtnis*. Sie muss also lernen, die Energie, die ihr zur Verfügung gestellt wird, einzusetzen, um sich ihre eigenen negativen Gedanken

vom Leib zu halten, statt dass sie diese ständig mit neuer Energie füttert. Schließlich muss sie lernen, neue konstruktive Elementale zu erschaffen und ihnen Nahrung zu geben. Anders ausgedrückt: sie muss lernen, zu verzeihen und zu lieben, weil auch ihr ständig von höchster Ebene verziehen wird. Sie muss lernen, ihr Herz zu öffnen, auch wenn ihr wehgetan wird, und den andern anzunehmen wie er ist, statt immer zu erwarten, dass er sich verändert.

Hier ist ein vollständiges Umprogrammieren notwendig, denn das alte Programm ist krankhaft, ja tödlich. Diese Arbeit habe ich weiter oben Mentaltherapie genannt. In der Mentaltherapie geht es darum, dem Menschen bewusst zu machen, was nicht stimmt in seiner Lebenseinstellung, und ihm zu helfen, eine positive Haltung zum Leben, zu seiner Umwelt und zu sich selber zu entwickeln. Im folgenden gebe ich eine Meditation für alle »Johannas« unter meinen Lesern, die Mühe haben, zu verzeihen.

Stell dir vor, die Wolken reißen auseinander, und das Sonnenlicht bricht durch: strahlend warm. Wie eine Lichtsäule umhüllt es dich. Das Licht berührt deinen Körper ganz sanft. Du kannst ein feines Prickeln auf der Haut spüren. Und es durchdringt deinen Körper. Du kannst spüren, wie es dich innerlich wärmt. Nun bist du von diesem strahlenden Licht erfüllt und umhüllt. In deinem Herzzentrum siehst du jetzt einen wundervollen Kristall, der in diesem warmen Licht immer mehr erstrahlt.
Stell dir jetzt einen Menschen vor, der dich in letzter Zeit sehr verärgert hat. Spür die Aggressionen, laß sie bis zum Herzzentrum hochsteigen und sieh, wie sie durch den Kristall in Licht verwandelt werden. Laß dieses Licht ausströmen und jenen Menschen ganz umfluten. Sieh ihn in dem Licht, das aus deinem Herzen ausstrahlt, und sag ihm: »Ich liebe dich.«

Dieses Umprogrammieren ist nicht mit einer einmaligen Meditation getan. Es erfordert kontinuierliche, hartnäckige Arbeit. Sie können die Meditation jeden Tag wiederholen, aber letztlich geht es darum, wie Sie den Alltag angehen. Wichtig ist schon, wie Sie den Tag beginnen. Wenn Sie beim Aufstehen denken »Das wird ein schrecklicher Tag heute« oder »Heute treffe ich wieder diese dumme Ziege ...«, dann legen Sie bereits einen grauen Schleier über den neuen Tag. Er kann gar nicht gut werden, weil Sie ihn mit ihren negativen Elementalen schon vorprogrammieren.
Versuchen Sie einmal, den Tag so zu beginnen, dass Sie zu Gott sagen: »Danke, dass ich heute wieder versuchen darf, Dich zu verherrlichen.« Sie werden in sich eine Würde spüren, die Würde Ihres Wesens. Sie

werden merken, dass sich mit dieser Einstellung Ihre Stimmung hebt. Sie werden eine positive Beziehung zur Arbeit haben, Sie werden sich freuen auf die Begegnung mit Menschen, ja Sie werden dankbar sein für diesen neuen Tag, weil er Ihnen die Chance bietet, neue Erfahrungen auf Ihrem Weg der Bewusstwerdung zu sammeln. Mit Ihrer positiven mentalen Einstellung wird der vor Ihnen liegende Tag erfolgreich, fruchtbar, denn Sie werden das, was auf Sie zukommt, positiv aufnehmen. Insofern stimmt der Satz »Dein Schicksal liegt in deiner Hand« wirklich. Es liegt in Ihrer Hand, was Ihnen jeder Tag bringt, und es liegt in Ihrer Hand, genauer: an Ihrer Haltung, wie Sie die Erfahrungen dieses Tages auswerten.

Wilfried ist seit Jahren stark drogenabhängig. Als er zu mir in die Therapie kommt, hat er schon einen langen Leidensweg hinter sich: er hat unvorstellbare Massen von Drogen aller Kategorien zu sich genommen. Er hat einige Entziehungskuren hinter sich, denn er stand einige Male am Rand des Grabes. Jetzt ist er vollständig frei von Drogen, nur gelegentlich taucht eine leise Sehnsucht nach Alkohol wie Wetterleuchten am Horizont auf. Eines Morgens spürt er wieder einen schwachen Wunsch nach Bier in sich. Auf meine Frage, was es ihm brächte, wenn er Bier trinken würde, sagt er: »Ich könnte die Menschen in meiner Umwelt näher, realer sehen.« (Die Drogen haben seine Wahrnehmungsfähigkeit stark beeinträchtigt.) Ich lasse ihn die Augen schließen und mache folgende Übung mit ihm:
»Stell dir vor, du hast Bier getrunken. Jetzt gehst du durch die Straßen von Basel. Schau dir die Menschen an. Wie erlebst du sie?« Er öffnet erstaunt die Augen und sagt: »Viel realer.« Wie ist das möglich? Mit seiner mentalen Kraft hat er es geschafft, die Umwelt realer wahrzunehmen. Zunächst ist das freilich eine innere Erfahrung, die sich anschließend in der äußeren Wirklichkeit bewähren muss. Aber Wilfried kann es schaffen, sich mit Hilfe seiner mentalen Kraft den Zugang zur Umwelt wieder voll zu erschließen. Er begreift, dass das Bier früher nur die Blockaden, die Hemmungen beseitigt hat, die ihn von sich Selbst und den andern trennten.
Die Einstellung betrifft allerdings nicht nur den Mentalkörper allein; sie verändert auch Ihre Stimmung, Ihre emotionale Haltung, beeinflusst also auch Ihren psychischen Leib. Denn unsere Körper sind über die jeweiligen ätherischen Doppel energetisch miteinander verbunden und voneinander abhängig. Darum wird Ihre positive mentale Einstellung auch Ihren physischen Körper beeinflussen, ja sogar heilen, was im grobstofflichen Bereich krank ist. Denn jede Krankheit ist letztlich ausgelöst durch eine

falsche Lebenshaltung. *Mens sana in corpore sano,* haben die Alten gesagt, was auf deutsch »Ein gesunder Geist in einem gesunden Körper« heißt.
Eine positive Lebenseinstellung wird sich nicht nur harmonisch auf den physischen Organismus auswirken. Sie können sogar Elementale einsetzen, um einen Heilungsprozess im Körper auszulösen.

Karin ist Anfang fünfzig, eine Frau, die mitten im Leben steht, in jeder Beziehung gesund. Aber ihre Finger bereiten ihr Sorgen, sie kann sie teilweise kaum noch bewegen. Der Arzt redet von altersbedingter Abnützung und will sofort operieren. Aber Karin entscheidet sich für einen andern Weg. Zuerst sucht sie Hilfe bei einem Heiler, anschließend geht sie selber an die Arbeit. Sie macht nicht nur täglich Bewegungstherapie; sie bildet in ihrem Mentalbereich Heil-Elementale, die ihre kranken Gelenke heilen sollen. Und sie hat Erfolg: inzwischen kann sie ihre Finger wieder ganz normal bewegen.
Wir können also mit Hilfe der Energie, die uns zur Verfügung gestellt wird, Heil-Elementale bilden, die krankes Gewebe verändern und heilen. Ich kenne Menschen, die einen Tumor in ihrem eigenen Körper damit aufgelöst haben, dass sie täglich in ihrer Meditation ein Licht-Elemental bildeten, das den Tumor buchstäblich auffraß.

Wir haben bisher von mentaler Arbeit geredet, die sich im Psychischen und im Physischen auswirkt. Wir sind fähig, mit kreativen Elementalen unsern Alltag zu prägen, zu gestalten. In den letzten beiden Beispielen geht es um schwierigere Heilungsprozesse: um Gewebeveränderung und um Beseitigung von Tumoren. Das heißt, hier geht es um Materialisation und Dematerialisation. Das können wir mit unseren kreativen Elementalen allein nicht bewirken. Dazu braucht es das, was Daskalos »schöpferischen Äther« nennt: reine göttliche Energie, die aus dem Nichts erschafft, beziehungsweise krankhaftes Gewebe in nichts auflösen kann. Damit kommt eine andere Dimension ins Spiel, über die wir nicht verfügen können. Wir können darum bitten. Wenn wir meinen, auch Heilung könnten wir »machen«, ist das ein Zeichen der Überheblichkeit unseres Egoismus. Diese andere Dimension vertritt in Karins Fall der Geistheiler. Wir können auch ohne den Heiler in der Meditation uns auf das göttliche Licht einstellen, das ja unser wahres Wesen ausmacht. Wir können unser kleines Alltags-Ich mit seinen Sorgen und Ängsten, mit seinen Krankheiten und Leiden vertrauensvoll in das große göttliche Geist-Ich hineinfließen lassen. Dazu braucht es die richtige Einstellung: dass nicht wir »machen« wollen, sondern bereit sind zu sagen: »Dein

Wille geschehe.« Wir können Wunder erleben, wenn wir bereit sind, zuzulassen, dass Es wirkt. Dazu müssen wir erst einmal Ordnung schaffen in unserem Energiehaushalt; wir müssen den »Kanal reinigen«, so dass die höchsten göttlichen Energien ungehindert fließen können.

Genau das ist mit dem Mann im Gleichnis gemeint, der fünf Talente erhalten und sie verdoppelt hat. Er steht für den Menschen, der gelernt hat, die ihm zur Verfügung gestellte Energie in seinen drei Körpern sinnvoll und verantwortungsbewusst einzusetzen. Mit seiner Dankbarkeit gegenüber Gott, seiner Bereitschaft zu Versöhnung und Vergebung, mit seiner bejahenden Einstellung, die es ihm ermöglicht, in allem einen Sinn zu entdecken, erschafft er sich eine positive Grundschwingung in seinem Mentalkörper. Er lernt, seine Emotionen und Aggressionen zu beherrschen und vergeudet damit nicht kostbare Energie in seinem psychischen Leib. Er begreift, dass sein physischer Leib ein Tempel ist, in dem ein göttliches Wesen, er Selbst, wohnt und wirkt. Er lernt, mit Ausgeglichenheit und Souveränität sein Leben zu meistern und wird mehr und mehr fähig, andern zu helfen.

Seine Talente zu verdoppeln meint also im Falle dessen, der fünf erhalten hat, das Energiepotential zu veredeln und auf höhere Ebenen zu transformieren, um es schließlich vollbewusst im Dienst für andere einsetzen zu können. Ein solcher Mensch lernt, Heil-Elementale zu erschaffen, um andere emotional zu stabilisieren; er kann andere therapeutisch begleiten auf dem Weg ihrer inneren Entwicklung. Wer seine Natur meistern lernt, dem wird der Zugang zur übernatürlichen Ebene erschlossen, so dass er zum reinen Kanal für höchste göttliche Energien wird.
Es gibt keine größere Erfüllung, als auf allen drei Ebenen – der physischen, der psychischen und der noetischen – mitzuwirken, dass etwas heil wird in dieser kranken Welt.

Die Menschen sind auf dem Weg ihrer inneren Entwicklung verschieden weit, darum wird ihnen auch verschieden viel an »Talenten« anvertraut. Das bedeutet nicht, dass dem einen vorenthalten wird, was dem andern geschenkt wird. Denn früher oder später macht jeder die gleiche Entwicklung durch. Die Talente entsprechen dem, was der einzelne jetzt, also in dieser Inkarnation, bewältigen kann. Das jeweilige Lernprogramm richtet sich nach dem inneren Entwicklungsstand. Man kann beispielsweise nicht einem Lehrling, der eben seine Lehrzeit begonnen hat, Unterschriftsvollmacht geben, sonst ist er überfordert und leidet unter der Last der Verantwortung. Genauso wenig kann man von einem Menschen, der seine Gedanken und Emotionen noch nicht beherrschen kann, erwarten, dass er seine Energie zum Heilen einsetzt. Darum werden im Gleichnis dem einen fünf, dem andern zwei Talente anvertraut.

Die zwei Talente können zum Beispiel den physischen und den psychischen Leib meinen. Der Mensch mit den zwei Talenten muss begreifen, dass jeder Leib einen entsprechenden Energiekörper, ein ätherisches Doppel, hat. Er muss lernen, mit seiner Energie im physischen und im psychischen Bereich verantwortungsbewusst umzugehen, seinen physischen Leib zu achten und zu pflegen und im psychischen mit Wut, Ärger, Hass, Begierden und Leidenschaften umzugehen. Das betrifft den zwischenmenschlichen Bereich: die Begegnung mit seinem Ehepartner, mit seinem Arbeitskollegen, aber vor allem mit dem Menschen, der ihm Mühe macht. Es geht also darum, wie er seinem Mitmenschen begegnet, denn die Zahl »2« steht für Dualität, Partnerschaft und Auseinandersetzung. Wenn er lernt, seine unkontrollierten Emotionen und aggressiven Ausbrüche zu beherrschen, entwickelt er damit das rechte Denken und die Einsicht in die Sinnzusammenhänge des Lebens, was bedeutet, dass sich sein Mentalbereich entfaltet.

Der dritte Mann vergräbt sein Talent und liefert es am Ende unberührt wieder ab. Damit ist der Mensch gemeint, der sein irdisches Leben stumpf und unbewusst führt und zu einer Entwicklung nicht bereit ist. Weil er die Chance, die ihm mit der Inkarnation in einen physischen Leib geboten wurde, vertan hat, wird er *in die äußerste Finsternis geworfen*, das heißt in die tiefe Unbewusstheit einer neuen Inkarnation, bis er aufwacht und bereit ist, sein wahres Wesen zu entfalten. Dann darf auch er eingehen zu *seines Herrn Freude*, wo es nicht mehr um die Erfüllung egoistischer Wünsche geht, sondern um Hingabe und Dienst an Seinen Plänen und Zielen. Die Freude unseres Herrn liegt »im Erschaffen und Beherrschen von Universen« (Daskalos, *Parabeln*, S. 73). Dabei eröffnen sich Dimensionen von Glück und Erfüllung, die alles übersteigen, was wir uns vorstellen können.

Die Dialektik des inneren Weges

Ich möchte Ihr Augenmerk noch auf einen besonderen Aspekt des Gleichnisses von den anvertrauten Talenten richten. Sowohl der erste als auch der zweite Knecht hat die ihm anvertrauten Talente verdoppelt. Keinem von beiden wurden einfach weitere Talente dazugeschenkt. Das bedeutet, dass von uns Menschen erwartet wird, dass wir mit dem Potential *arbeiten* , das uns anvertraut ist, dass wir uns entwickeln. Was uns geschenkt wird, ist das Potential selber. Es ist ja die Voraussetzung zum Arbeiten, zum Ausbauen. Die Arbeit wird uns nicht erspart, denn diese Arbeit an uns selbst macht den Sinn unserer irdischen Existenz aus.

Wir haben in früheren Kapiteln erkannt, dass sich diese Arbeit nicht auf unser Wesen bezieht – denn das ist vollkommen –, sondern auf die Persönlichkeit, auf den Charakter. Unser Charakter muss befreit werden vom Egoismus, der wie ein rostiger Belag das wahre Wesen verdeckt.

Wenn wir von Arbeit und von Entwicklung reden, meinen wir also nicht, dass wir uns das Seelenheil selber erkämpfen oder gar den Himmel verdienen müssen, auch wenn diese Vorstellung in kirchlichen Kreisen bis zum heutigen Tag kursiert. Sie kann immerhin auf eine jahrhundertealte Tradition zurückblicken.

In der römischen Kirche des Hochmittelalters hatte sich die Praxis des Ablasshandels entwickelt. Man konnte sich mit Geld von den zeitlichen Fegefeuerstrafen freikaufen und somit einen direkten Zugang zum Himmel verschaffen. In der Volksfrömmigkeit hieß das ganz einfach: Man kann sich mit Geld den Himmel erkaufen.

Dagegen ist Martin Luther zu Felde gezogen. Als er den Römerbrief des Apostels Paulus studierte, erkannte er, dass der Mensch immer als der unvollkommene Sünder vor Gott steht, der sich nichts erkaufen oder verdienen kann. Er kann nur auf die göttliche Gnade hoffen. So ist das *sola gratia* – »allein aus Gnade« – zum Grundmotiv reformatorischer Theologie geworden. Darum begegnet man in der evangelischen Kirche mit Angst und Argwohn dem, der davon redet, dass der Mensch an sich arbeiten muss. Man wittert dahinter römisch-katholische »Werkgerechtigkeit«, das heißt den Versuch des Menschen, mit Hilfe von guten Werken vor Gott gerecht dazustehen. Das widerspricht der christlichen Lehre von der Erlösung am Kreuz.

In der Tat ist das Anliegen Luthers nur zu berechtigt: der Mensch – als derzeitige Persönlichkeit – steht als Sünder vor Gott. Das bedeutet, dass er von Gott getrennt lebt, bis er in die Einheit zurückgefunden hat. Diese Trennung von Gott, die immer ein verkehrtes Leben im Alltag auslöst, ist die eigentliche Sünde. Darum bemüht sich der Christus-Logos in jedem Menschen, diese Trennung aufzuheben, und er leidet an dieser inneren Entfremdung der Persönlichkeit vom wahren Wesen, bis sie aufgehoben ist. Ja, er trägt auch heute neun Zehntel unserer menschlichen Schuld und Sünde und setzt uns damit frei, ermöglicht uns ständig, einen Neuanfang zu wagen. Man könnte zugespitzt sagen: Weil sich der Christus-Logos auch heute für uns kreuzigen lässt, ermöglicht er uns erst, unser Kreuz zu tragen, also unseren Egoismus zu kreuzigen. Das ist Arbeit am Charakter, nicht Erkaufen der göttlichen Gnade. Weil der Christus-Logos uns immer wieder erlöst von Sünde, das heißt herausholt aus unserer Gottferne, gibt er uns die Chance, uns zu entwickeln auf das Ziel hin, das Er gesetzt hat: *Ihr sollt vollkommen sein, wie euer himmlischer Vater vollkommen ist.*

Beide Positionen, der mittelalterlich-katholische Handel um den Himmel und die bis heute andauernde evangelische Angst und Ablehnung gegenüber der Forderung nach Entwicklung des Menschen, sind einseitig und irreführend. Wir können uns nicht den Himmel erkaufen, nein: wir brauchen es gar nicht. Diese Vorstellung ist eine völlige Umkehrung der Verhältnisse. Denn der Himmel, die Welt Gottes, ist unser wahres Daheim. Das müssen wir uns nicht erkämpfen. Nur eine Theologie, die den Ursprung und das wahre Wesen des Menschen vergessen hat, kann eine so absurde Idee entwickeln. Und nur eine Theologie, die den Menschen substantiell auf seine irdische Existenz beschränkt, kann andererseits Angst haben vor der Forderung, sich zu entwickeln. Unsere Aufgabe ist es nicht, uns den Himmel zu erkaufen, sondern uns durch die Welt der Gegensätze durchzukämpfen, um den Heimweg zu finden. Das verlangt Arbeit an uns selber, am Charakter, an der Persönlichkeit.

Kein anderer hat das bei seinen Lehrvorträgen, in seinen Bildern und Worten so einfach, aber auch so massiv zum Ausdruck gebracht wie Joshua Immanuel, der Christus, selbst. Er hat seinen Zuhörern bewusst gemacht, wer sie wirklich sind; aber er hat ihnen auch einen Spiegel vorgehalten, in dem sie immer wieder deutlich ihren Egoismus erkennen konnten. Diesen Egoismus gilt es zu bekämpfen. Das ist das mühsame tägliche Sterben, das uns in seiner Nachfolge erwartet (Mt 16:24). Wir müssen endlich einsehen, dass uns Christus nicht aufgefordert hat, ihm Bekenntnisse nachzusprechen, sondern ihm nachzufolgen, das bedeutet, unsere niedere Natur zu verwandeln, unseren Egoismus zu kreuzigen.

Diesen Egoismus überwinden heißt:
- Loslassen, was uns in der Welt der Materie binden will.
- Verzeihen, wo wir nachtragen und vergelten möchten.
- Lieben, wo wir uns beleidigt und verärgert zurückziehen möchten.

Auch Paulus hat diese tägliche harte Arbeit kategorisch geboten: *Mit Furcht und Zittern erwirkt euch euer Heil. Denn Gott ist es, der in euch das Wollen wie das Vollbringen bewirkt nach seinem Willen.* (Phil 2:12 f). In diesem Wort wird die Dialektik des inneren Weges, die scheinbare Widersprüchlichkeit, aufgelöst: Um das Ziel der Vollkommenheit zu erreichen, müssen wir unseren Egoismus überwinden. Aber wir schaffen es nur, weil die unendliche Liebe und Gnade des Vaters uns begleitet.

Helmut träumt, dass er mit mir einen Gottesdienst feiert, in dem ich bete: »Herr, gib uns Frieden!« Als ich ihn dazu assoziieren* lasse, sagt er: »Ich will nicht bitten, ich will es selber schaffen. Was ich geschenkt bekomme, ist nichts wert. Gott um etwas bitten erinnert mich an meine schlechten Erfahrungen mit der Kirche.«
Seine Aussage stellt kirchlicher Arbeit ein bedenkliches Zeugnis aus, bedeutet sie doch indirekt, dass die Kirche den Menschen nicht heim zu Gott, sondern von Gott weg führt. Ich versuche, Helmut deutlich zu machen, dass es nicht um ein Entweder-oder geht (bitten oder selber machen), sondern um ein Sowohl-als-auch: das Zusammenwirken beider Ebenen. Zuerst sehnt sich der *verlorene Sohn* in der Fremde nach dem Vaterhaus und tritt den Heimweg an, dann geht ihm der Vater entgegen, weil er ihn ja erwartet hat, und schließt ihn liebevoll in seine Arme. Er lässt ihn nicht gewaltsam aus der Fremde holen, er wartet, bis der Sohn freiwillig heimkehrt. Denn der Sohn weiß ja, wo sein Vaterhaus ist. Aber die Liebe des Vaters, die ihn immer begleitet hat, das Fest, das ihm zu Ehren gefeiert wird, der Ring, der ihm angesteckt wird – das alles ist Geschenk des Vaters.
Wenn ich begreife, dass ich in innerer Entfremdung lebe, bemühe ich mich darum, in meinem Wesen heimisch zu werden. Aber der Heilungsprozess, das, was »Friede« eigentlich meint, wird von der göttlichen Ebene aus vollzogen. Ich bemühe mich darum, Christus nachzufolgen, aber jeder Schritt auf diesem Weg ist Antwort auf die liebende Werbung des Logos in der Tiefe meines Wesens.
Das ist die Dialektik, die rational nicht aufzulösen ist.

Ihr sollt vollkommen sein ... –
Perfektionismus und Vollkommenheit

»Dir kann man sowieso nichts recht machen ...« Entsetzt erzählt mir Christina, dass ihre Familie ihr diesen Satz an den Kopf geworfen hat. Vor zwei Jahren hatte sie eine Brustoperation, bei der ein Tumor entfernt wurde. Um einen weiteren operativen Eingriff zu vermeiden, hat sie jetzt die sehr zeitaufwendige Gerson-Therapie begonnen. Neben verschiedenen anderen therapeutischen Maßnahmen muss sie stündlich frisch ausgepresste Obst- und Gemüsesäfte trinken. Das nimmt ihre Zeit voll in Anspruch. Ihr Mann und ihre beiden Söhne entlasten sie in der Küche, so gut es möglich ist; aber offensichtlich ist es ihr nicht gut genug. Denn eines Tages machen sie ihr den bitteren Vorwurf: »Dir kann man sowieso nichts recht machen.«
Dann erzählt mir Christina, dass sie schon als Kind sich selber nichts recht machen konnte. Sie hatte zu hohe Ansprüche an sich, denen sie nie gerecht werden konnte. »Deshalb«, gesteht sie, »fange ich bis zum heutigen Tag manches gar nicht erst an, weil ich doch unzufrieden wäre mit dem, was ich zustande bringe«.
Wahrscheinlich überforderte sich schon die Mutter ständig und konnte nie ja sagen zu dem, was sie fertigbrachte. Sie ist schon vor Jahren an Krebs gestorben. Dieses Muster der Selbstüberforderung hat sie der Tochter weitergegeben. Dazu kommt noch, dass Christina zeitlebens nie Bestätigung und Anerkennung von ihrem Vater erhalten hat. Wie auch immer – heute leidet sie als längst erwachsene Frau unter Stress, sie fühlt sich oft völlig ausgelaugt, ja sie fühlt sich im Gefängnis. Und sie kann es kaum glauben, dass sie selber es ist, die sich dieses Leid zufügt. Was steckt letztlich hinter dieser permanenten Überforderung und Selbstablehnung, die sich bereits bis in die Zellstruktur destruktiv auswirkt?

Ein kleines Ich hat große Pläne und Ziele, aber es hat den Anschluss verloren und irrt halt- und orientierungslos im luftleeren Raum herum.
In der Weltraumfahrt wird gelegentlich eine Sonde für bestimmte Operationen von der Raumkapsel abgekoppelt. Wenn sie sich losreißt vom Raumschiff, treibt sie ziellos und nutzlos im All herum. Denn sie kann ihre Aufgabe nur erfüllen im Kontakt und im Austausch mit dem Raumschiff und letztlich auch mit der Bodenstation.

Das kleine Ich, das wir im alltäglichen Leben sind, ist wie eine Sonde, die ausgefahren wird, um gewisse Aufgaben zu erfüllen und Erfahrungen zu

sammeln. Das »kleine Ich« – nur eine Sonde, ein Instrument? Die alltägliche Persönlichkeit, die isst und trinkt, arbeitet und schläft, die kleine Persönlichkeit, die sich so wichtig nimmt und darum kämpft und leidet und andere an die Wand spielt, diese oft so aufgeblasene Persönlichkeit ist gar nicht das Wichtigste!
Was soll noch wichtiger, noch größer sein als ich? Ich. Ich Selbst, das, was ich wirklich bin: die lebendige Seele. Sie ist vergleichbar der Weltraumkapsel. Sie kommt zur Erde – damit kehrt sich das Bild von der Raumfahrt –, um Erfahrungen zu machen. Dazu fährt sie eine Sonde aus, das ist die Alltagspersönlichkeit, mit deren Hilfe sie in der Welt der Dualität »sondiert«. Fatalerweise identifizieren sich die meisten Menschen mit der Sonde. Sie wissen nicht mehr, wer sie wirklich sind.

Je mehr sich der Mensch mit seinem kleinen Ich identifiziert, desto dissoziierter lebt er: er ist sich selber entfremdet. Er beschränkt und begrenzt sich auf seine Alltagspersönlichkeit, die doch nur der kleinste Teil seiner Selbst ist. Die Folge ist, dass er sich auch räumlich in seinem physischen Körper gefangensetzt: er vergisst, dass er nur im Augenblick in diesem Haus wohnt. So identifiziert er sich mit seinem Körper, statt ihn mit seinem Wesen zu füllen. Damit begrenzt sich der Mensch auch zeitlich, denn unser physischer Körper hat einen Anfang und ein Ende. Je mehr sich der Mensch mit seinem endlichen vergänglichen Körper identifiziert, desto mehr vergisst er, dass er selber unendlich ist, ein ewiges Wesen, das von Zeit zu Zeit in die vergängliche Existenz hineintaucht, um eine bestimmte Aufgabe zu erfüllen, ein bestimmtes Ziel zu erreichen.

Mit der räumlichen und zeitlichen geht die potentielle Begrenzung einher. Der Mensch ist ständig müde, erschöpft, überfordert, denn die kleine Persönlichkeit ist begrenzt. Sie ist ja schließlich nur die Sonde, die ausgefahren wird – wie Fühler, die in Raum und Zeit hinein ausgestreckt werden. Die Energie liegt in unserer Seele verborgen. Unsere Seele hat Zugang zu einem fast unbegrenzten Potential, das sich nur dem eröffnet, der es wagt, sein selbstgewähltes Gefängnis zu verlassen. Der berühmte Atomphysiker Albert Einstein soll einmal gesagt haben, dass der Mensch unserer Zeit etwa 10% seines Potentials in Anspruch nimmt und die übrigen 90% brachliegen.

So lebt der Mensch unserer Zeit also in einer selbstgewählten Begrenzung, und dennoch spürt er gelegentlich etwas von der Weite und Freiheit seines Wesens, das sich durchsetzen will wie die Sonne, die ab und zu durch den Novembernebel durchdrückt. In solchen Augenblicken ahnt er auch etwas von den großen Aufgaben, die er sich eigentlich gestellt hat, und er ahnt etwas von den inneren Kräften, die ihm zur Verfügung ständen, wenn er sich nicht selber gefangen setzen würde. Er spürt ein inneres Drängen und er setzt sich hohe Ziele, die aber im Rahmen seiner Begrenztheit armselig, ja lächerlich wirken: das ist das Bild des Perfektionisten unserer Tage. Er setzt ungeheuer viel Energie ein für Ziele, die nur innerhalb seines begrenzten Horizontes wichtig erscheinen, von außen betrachtet aber lächerlich sind.

Es gibt Hausfrauen, die jeden Tag abstauben müssen, die nie aus der Küche gehen, solange noch Unordnung herrscht. Es gibt Bürolisten, auf deren Schreibtisch alles pedantisch genau sortiert ist, die einen Text wieder und wieder abfassen, weil ihnen jedesmal etwas ungenügend erscheint. Es gibt Eltern, die ihre Kinder ständig korrigieren »müssen«, weil diese ein Wort falsch aussprechen oder einen Grammatikfehler machen. Es gibt Perfektionisten in der Arbeit, in der Erziehung, in der Kleidung, ja sogar in der Freizeitbeschäftigung.
Auch Christina ist eine solche Perfektionistin. Bei ihr muss alles erstklassig, fehlerfrei, hieb- und stichfest sein. Der Perfektionist ist gnadenlos mit sich und mit den andern. Er fordert Höchstleistungen, die sich meist aufs Formelle, aufs Äußerliche beziehen und darum lächerlich wirken. Der Perfektionist blockiert sich meist selber. Er packt eine Arbeit gar nicht erst an, wenn er vermutet, er würde hinterher merken, dass er etwas hätte besser machen können. Oft liegt dieser Mechanismus allerdings völlig im Unbewussten.

Perfektion ist ein Zerrbild dessen, was eigentlich Sinn und Ziel unseres Lebens ist, nämlich Vollkommenheit. *Ihr sollt vollkommen sein, wie euer himmlischer Vater vollkommen ist*, hat Christus gesagt. Damit wird deutlich: Perfektionismus hat etwas mit dem kleinen Ego in seiner Begrenztheit, also mit dem Egoismus zu tun, Vollkommenheit jedoch mit dem Göttlichen.

Jeder Mensch trägt in seinem Wesen die Fülle des Göttlichen. Das ist das *Königreich der Himmel,* wie es Christus genannt hat. Und jeder Mensch trägt das Licht des Logos in sich, das ihm den Heimweg zu seinem wahren göttlichen Wesen zeigen will. Wie schon gesagt, erlebt jeder Mensch immer wieder Augenblicke, wo er etwas spürt von dem unendlichen Reichtum, der in ihm schlummert und sich entfalten will. Dann gilt es, einfach zuzulassen, ohne zu wissen, wohin es führt; anzunehmen, was sich von innen her entfalten will, ohne zu zensieren und zu steuern. Das sind die Augenblicke, wo wir in unserer Entwicklung einen Quantensprung erleben können, wo Evolution möglich wird.

Als Charles Darwin im neunzehnten Jahrhundert seine Evolutionstheorie entwickelte, ahnte er etwas vollkommen Richtiges: dass der Mensch im Verlauf seines irdischen Weges eine grandiose Entwicklung durchmacht. Was Darwin intuitiv richtig erfasste, hat auch er aufs Äußerliche, aufs Formale bezogen. Denn Evolution meint nicht die Entwicklung vom Tier oder gar von der Pflanze zum Menschen hin. Der Mensch hat sich nicht vom Einzeller über Jahrmillionen hinweg bis zum *homo sapiens* entwickelt. Er ist als der Sohn des Vaters ein ewiges göttliches Wesen, das aus der paradiesischen Unbewusstheit herausgetreten ist, um während vieler Inkarnationszyklen den Weg der Bewusstwerdung zu gehen. Keine Pflanze, kein Tier ist auf Bewusstwerdung hin angelegt. Die Pflanze blüht, das Tier lebt und verherrlicht seinen Schöpfer ganz selbstverständlich, aber unbewusst. Am Ende kehrt es wieder in die göttlichen Energien zurück, die es geformt haben. Allein der Mensch ist ewiges göttliches Wesen, das in den Dunst der Atmosphäre eintaucht, in Nacht und Nebel der Dualität sich verliert, bis er sich seines wahren Wesens bewusst wird. Dann beginnt seine Entwicklung, die darin gipfelt, dass er vollbewusst im göttlichen Plan mitwirkt. Das ist sein Evolutionsprozess, sein Weg vom unbewussten zum vollbewussten Menschenwesen.

Zu dieser Evolution ist der Mensch nur fähig, weil er – und *nur* er – den logoischen Aspekt des Göttlichen in sich trägt. Das heißt aber auch, dass er als logoisches Wesen nicht nur die Chance, sondern auch die Pflicht zur inneren Entwicklung hat: »Ihr *sollt* vollkommen sein ...«

Wir haben gesehen, dass der Perfektionist etwas vom Sinn und Ziel des Lebens ahnt, aber im Formalen steckenbleibt, in den Normen und Mustern, die das kleine Ego aufstellt. Demgegenüber bedeutet die Suche nach der Vollkommenheit die Befreiung zum Wesentlichen. Und wesentlich im Verlauf unseres irdischen Lebens ist, dass wir in unser wahres göttliches Wesen heimfinden. Dazu hilft uns der Logos. Er öffnet uns die Augen und gibt uns die Kraft, den Weg zur Vollkommenheit hin zu gehen. Es ist nicht meine Leistung (als kleine Persönlichkeit), wenn ich dieses Ziel erreiche, sondern *seine*. Es geht auch nicht darum, dass ich mich abmühe, dieses Ziel zu erreichen, sondern vielmehr darum, zuzulassen, dass das Göttliche durch meine derzeitige Persönlichkeit durchstrahlen kann.

Das göttliche Licht ist nicht unendlich weit entfernt, es ist mir nah, zum Greifen nah, jederzeit erfahrbar, denn es macht mein innerstes Wesen aus. Es wäre so einfach, so leicht, dieses Ziel der Vollkommenheit zu erreichen, denn das göttliche Wesen wartet abrufbereit unter der Oberfläche, bis es sich entfalten kann. Das einzige Hindernis stellt der Egoismus dar, den wir uns wie ein fremdes Gewand angelegt haben. Er schiebt sich in den Vordergrund, will zur Geltung kommen und glänzen; er macht sich wichtig und zieht damit alle Energie an sich. Ihn beiseite zu schieben kostet den größten Einsatz. Erst wenn das gelungen ist, kann die göttliche Fülle durchstrahlen.

In diesem inneren Kampf zwischen Egoismus und Selbstverwirklichung, in diesem Spannungsfeld zwischen Perfektionismus und Vollkommenheit steht der Künstler ständig. Solange er nach Ruhm und Geltung lechzt, ist er vom Egoismus beherrscht. Solange er seine Werke »verbessern« will, strebt er nach Perfektion. Wenn er bereit ist, zuzulassen, dass sich in ihnen das Göttliche in seiner Unendlichkeit, Schönheit und Fülle verwirklicht, hat er sein Ziel erreicht. Dann zerfließt die Grenze zwischen seiner momentanen irdischen Existenz und dem Absoluten SEIN. Dann taucht die derzeitige Persönlichkeit des Künstlers in sein wahres göttliches Wesen ein. »Mit Gott in Verbindung zu treten geschieht nicht durch die Willenskraft über das bewußte Denken, das ein Entwicklungsprodukt des physischen Bereichs ist und mit dem Körper stirbt. Es kann nur durch die inneren Seelenkräfte geschehen - durch das wirkliche Ich, das den körperlichen Tod überlebt. Diese Kräfte ruhen für das bewußte Denken, wenn sie nicht vom Geist erleuchtet werden. Wie Beethoven zu erkennen, dass wir eins sind mit dem Schöpfer, ist ein wunderbares, ehrfurchtgebietendes Erlebnis. Sehr wenige Menschen gelangen zu dieser Erkenntnis, weshalb es so wenige große Komponisten oder schöpferische Geister auf allen Gebieten menschlichen Bemühens gibt«. Diese Gedanken hat Johannes Brahms wenige Wochen vor seinem Tod dem jungen Amerikaner Arthur M. Abell gegenüber geäussert. (Zeitschrift *esotera* 6/97, S. 62).

Hat der Künstler heute sein Ziel erreicht, muss er möglicherweise morgen erneut darum kämpfen. Denn die Welt der Widersprüchlichkeit versucht ständig, ihre Schleier über seine Augen zu werfen. So ist der Künstler für uns ein echtes Vorbild im Ringen um die Vollkommenheit. Den großen Künstler zeichnet nicht aus, dass er viel »kann«, sondern dass er bewusst diesen inneren Kampf führt. Er wird zum Meister seines Fachs, wenn er seinen Egoismus meistert und bewusst dem Unendlichen SEIN dient. In diesem Sinn hat J. S. Bach über seine Werke den Leitsatz geschrieben: »*Soli Deo gloria* – Gott allein gebührt die Ehre«.

Zu denken, als Künstler würde man die Kunst meistern, wäre Überheblichkeit, wäre reiner Egoismus. Denn der Künstler steht immer mit leeren Händen da und lässt sich beschenken, um den erhaltenen Reichtum an andere weiterzugeben. Das Wissen, dass er nichts als Besitz in Händen hält, sondern in jedem Augenblick offen und bereit sein muss, zu empfangen und weiterzugeben, dieses Wissen um die Armut seiner Existenz macht ihn reich und reif. Auch darin wird der Künstler für uns alle zum Vorbild auf dem Weg zur Vollkommenheit, der eben zuerst durchs Sterben führt. Denn zugeben, dass *ich* nichts zu bieten habe, was von wirklichem Wert ist, das ist nicht nur ein mutiges und ehrliches Eingeständnis, es ist vielmehr der Todesstoß für den Egoismus. Nur damit schaffe ich Platz für den unendlichen Reichtum, der sich dann erst entfalten kann.

In den letzten Jahren wurde ich immer wieder an eine Grenze geführt, wo ich mir eingestehen musste: Ich kann nicht mehr, ich schaffe das nicht. In solchen Augenblicken geht es nur darum, dass die Persönlichkeit, die sich sonst so wichtig nimmt und so gerne aufbläst, sich ganz zurücknimmt. Dann kann das Größere durchwirken, dann kann das Licht durchstrahlen. In solchen Augenblicken begreife ich, was Paulus einmal gesagt wurde: *Hab das Vertrauen, dass ich das Unmögliche schaffe. Denn meine Kraft kann erst wirken, wenn du schwach sein kannst* (2. Kor 12:9). Wenn ich es schaffe, mir einzugestehen, dass ich mit leeren Händen dastehe, dann kann das Unerwartete und Unvorstellbare Wirklichkeit werden. Es sind die großen Feste meines Lebens, wenn ich mit meiner ganzen Existenz miterleben darf, wie sich GOTT verherrlicht in dieser Welt. Wenn Sie gerade an einer Arbeit sitzen, der Sie sich nicht gewachsen fühlen, empfehle ich Ihnen, folgende Übung zu machen:

Setz dich bequem hin, entspann dich, laß deinen Atem ruhig und tief fließen und spür die Ruhe und den Frieden, die dich empfangen, je tiefer du den Atem in den Leib fließen lässt.
Dann sag:
Ich bin bereit, die Herausforderung anzunehmen, die DU mir bietest. Was steht im Weg?
Will ich noch zu sehr zur Geltung kommen?
Will ich beliebt sein?
Will ich bekannt, berühmt, gefeiert werden?

Habe ich Angst, mittelmäßig zu sein oder zu versagen?
Habe ich Angst, in Frage gestellt oder angezweifelt zu werden? –
Ich öffne mich Deinem Licht und bin bereit, zuzulassen, dass DU durch mich wirken kannst.

Dann lassen Sie sich überraschen von dem, was Es bewirkt.

Liebe als Ausdruck der Vollkommenheit

Wir haben erkannt, dass Vollkommenheit das Ziel der menschlichen Evolution ist. Vollkommenheit ist nicht als Steigerung der menschlichen Höchstleistung zu verstehen, sondern als Einswerden mit dem göttlichen Geist-Ich, das wir auf der höchsten Ebene sind. Dieses Geist-Ich ist eine Wesenheit innerhalb des Absoluten Unendlichen SEINS, ohne Anfang und Ende, mit den gleichen Qualitäten ausgestattet, die für das Absolute Unendliche SEIN gelten. Es ist ein Gott in GOTT.
Vollkommenheit ist nicht – zeitlich verstanden – ein Schlusspunkt nach einer langen Reihe von Inkarnationen, sondern – qualitativ verstanden – das Heimfinden in das wahre Sein. Vollkommenheit spielt sich deshalb nicht jenseits der irdischen Existenz ab, sondern ist mitten in dieser Welt der Dualität erfahrbar, wenn ein Mensch sein wahres Wesen entfaltet.

Das göttliche Wesen äußert sich vor allem als Liebe, nicht als Gerechtigkeit und Macht. Das bringt Joshua Immanuel, der Christus, im Gleichnis vom verlorenen Sohn deutlich zum Ausdruck. Der Vater lässt in seiner Weisheit und Liebe den Sohn ziehen, auch wenn er dabei sein Erbe verschleudert. Er sieht zu, wie der Sohn im Schweinestall landet, wie er sich also mit seinen Gedanken, Emotionen und Handlungen »saumäßig« gebärdet. Er greift nicht ein, selbst wenn ihm der Sohn mit seinem ganzen Lebenswandel nur Schande macht. Er wartet mit Geduld und Liebe, bis der *verlorene Sohn* von selber heimfindet. Dann macht er ihm keine Vorhaltungen und hält ihm keine Strafpredigt, sondern empfängt ihn mit Liebe. Seine ausgebreiteten Arme sind der klarste Ausdruck seiner unendlichen Liebe. Er bestraft den Sohn nicht für das, was er in der Fremde falsch gemacht hat; er beschenkt ihn, weil er heimgefunden hat.

Wann endlich begreifen wir »Christen« diese klare Botschaft dessen, der die göttliche Vollkommenheit in menschlicher Erscheinungsform war? Er hat in seiner irdischen Existenz nichts anderes als diese unendliche Liebe in Wort und Tat verwirklicht. Er hat da vergeben, wo die andern verurteilt haben. Er hat den geheilt, den die andern abgeschrieben und ausgeschlossen hatten. Er hat selbst für seine Peiniger und Mörder gebetet. Er hat diese Liebe nicht nur gepredigt, er hat sie gelebt.

Schaut man die Geschichte des frühen Christentums an, dann wird deutlich, wie schwer es schon den ersten Christen gefallen ist, diese Liebe zu verwirklichen. Die Apostelgeschichte gibt uns deutliche Hinweise dafür, dass bereits unter den Jüngern und Aposteln der Egoismus blühte. Eifersüchteleien, Machtkämpfe und Intrigen waren auch hier an der Tagesordnung. Und das unter dem Eindruck der nachösterlichen Erfahrungen! Dass fast alle Jünger geflohen sind, als Joshua gefangengenommen, verurteilt und gekreuzigt wurde, ist peinlich genug. Es ist ein deutliches Zeichen dafür, dass sie seine Botschaft nicht verstanden, dass sie ihm nicht geglaubt hatten. Nach Ostern ist er ihnen nicht nur gelegentlich erschienen, er hat vielmehr längere Zeit mit seinen Jüngern und dem Kreis der Siebzig intensiv gearbeitet. Er hat sie gelehrt und wie ein guter Meister auf die Auseinandersetzung mit der Welt der Polarität vorbereitet. Aber bereits in der ersten Generation ist viel Unfähigkeit und Versagen zu spüren, und die frühe Christenheit gibt ein erschütterndes Beispiel dafür, dass nur wenige begriffen haben, worum es *ihm* ging. Streitereien um die reine Lehre beherrschten genau so das Feld wie die Angst vor falschen Einflüssen und unechten Bekenntnissen. Statt der Liebe kam die Dogmatik – aus Angst vor falscher Lehre.

Wo aber ist im Gleichnis vom verlorenen Sohn diese Angst und Enge zu spüren – und wo lässt sich etwas von Drohen und Strafen des Vaters finden? Wie ansteckend, wie befreiend wäre es gewesen, diese unendliche Geduld und Liebe des Vaters weiterzugeben, der Fehler und Versagen verkraftet, der warten kann, bis der *verlorene Sohn* von selbst heimfindet. Diese Liebe zu praktizieren ist ein Sterbeprozess. Wer dazu bereit ist, muss seine Vorstellungen und Erwartungen, seine Angst und sein Sicherheitsbedürfnis, seinen Machthunger und sein Geltungsbedürfnis, mit einem Wort: seinen Egoismus, sterben lassen. Es ist das Sterben, das Christus uns am Kreuz vorgelebt hat, und von diesem *Sterben mit Christus* redet der Apostel Paulus später in seinem Brief an die Römer (Röm 6:9). Doch zu diesem Sterben mit Christus war die offizielle Kirche noch nie bereit. Sie hat statt dessen lieber eine Theologie des Kreuzes entwickelt, wonach Christus am Kreuz gestorben ist, um uns von unseren Sünden zu erlösen.

Das Kreuz Christi ist ein Befreiungssymbol. Es steht nicht – wie man das immer verstanden hat – für Schuld und Sünde. Es symbolisiert nicht Gottes Forderung nach Recht und Gerechtigkeit und die stellvertretende Sühne des einen Gerechten. Denn das wäre nicht neutestamentliches, sondern immer noch alttestamentliches Denken. Das Kreuz weist auf das Ereignis der Zeitenwende hin. Es steht für die *Liebe* des Vaters, nicht für seine Gerechtigkeit. Diese Liebe ermöglicht dem verlorenen Sohn, sich aus der Knechtschaft zu befreien und heimzufinden. Diesen Befreiungsakt vollzieht Joshua Immanuel, der Christus, am Höhepunkt seines irdischen Weges beispielhaft. Er demonstriert die Freiheit des Geistes über die Materie. Wenn er uns auffordert, ihm nachzufolgen, ermutigt er uns dazu, uns aus falschen Abhängigkeiten und Bindungen an die Welt der Dualität zu befreien. Das meint der Ausdruck *sein Kreuz auf sich nehmen*.

Wir haben bereits früher festgestellt: Die Horizontale des Kreuzes steht für die Existenzebene, die Ebene des Phänomenalen. Die Vertikale stellt die Seinsebene dar, sie versinnbildlicht das, was wir in Wirklichkeit sind. Der Schnittpunkt beider Ebenen stellt das Christus-Ereignis dar: in dem Augenblick, wo wir uns bewusst werden, dass wir »*in* dieser Welt leben, aber nicht *von* dieser Welt sind«, beginnt das Licht des Christus-Logos in uns zu wirken. Das ist die Geburt des *Christus in uns*. Dieser Bewusstwerdungsprozess führt uns zur inneren Freiheit, zur Befreiung des Wesens aus der Gefangenschaft der Materie. So ist also das Kreuz das Symbol der Freiheit des Geistes über die Materie. Das Thema »Freiheit« wird uns in einem späteren Kapitel noch einmal gesondert beschäftigen. Wichtig ist zunächst die grundlegende Erkenntnis, dass uns das Kreuz nicht zeigen will, dass wir schuldig sind und durch Christus von unserer Schuld befreit werden, sondern dass es uns dazu ermutigen will, unser Kreuz auf uns zu nehmen, also unseren Egoismus zu kreuzigen und damit zu einem Ausgleich der Kräfte, zu einer inneren Harmonie zu finden. Nur dann wird Raum frei für das Wesentliche, das heißt das Wesen des Göttlichen: die Liebe. Diese Liebe zu verwirklichen schenkt unbegrenzte Freiheit. Darum ist das Kreuz letztlich das Symbol der Befreiung des Menschen.

Nach Jahrhunderten der Kreuzzüge und Religionskriege, nach Inquisition und Ketzerprozessen, nach dem zweitausendjährigen Erpressen und Morden im Zeichen des Kreuzes hätte die Welt ein Anrecht darauf, etwas von der göttlichen Liebe zu erfahren – von ihr nicht nur in Predigten zu hören, sondern sie zu spüren, zu erleben. Diese Liebe zu vermitteln wäre eigentlich unser Privileg als »Christen«, das wäre die richtig verstandene Mission: der ausgehungerten, sehnsüchtig suchenden Menschheit die Liebe des Vaters weiterzugeben. Das würde den *verlorenen Sohn*, den Menschen unserer Zeit, der die Orientierung verloren hat und sich nach Befreiung sehnt, gewinnen. Das würde ihn heimführen.

Wie sieht das konkret aus, wenn wir diese Liebe praktizieren? Nehmen wir als Beispiel den Kollegen, mit dem Sie seit längerer Zeit ein gespanntes Verhältnis haben. Immer wieder merken Sie, dass er hinter Ihrem Rücken gegen Sie hetzt und intrigiert. Vielleicht haben Sie sogar handfeste Beweise dafür, dass er Ihnen absichtlich schadet. Statt sich mit ihm auszusprechen, ärgern Sie sich und schimpfen in Ihrem Bekanntenkreis über ihn. Selbst wenn Sie das letztere vermeiden, werden Sie unweigerlich Wut- und Hass-Elementale erschaffen und ihn damit unbewusst auf der ätherischen Ebene bombardieren.

Der erste Schritt zur Veränderung ist, dass Sie unterscheiden lernen zwischen dem Menschen – Ihrem Kollegen – und dem, was er tut. Was er tut, ist ein Ausdruck seines Charakters, und der ist keinesfalls vollkommen, sondern im besten Fall im Wandel begriffen. Dennoch *ist* er ein göttliches Wesen, auch wenn davon noch wenig zu spüren ist, weil er noch völlig unbewusst lebt. Lassen Sie sich nicht länger von seinem Charakter abschrecken, versuchen Sie, hinter die Maske zu schauen; versuchen Sie, sein Wesen zu entdecken, zu spüren.

Das gelingt Ihnen am ehesten, wenn Sie versuchen, ihn mit den Augen des Christus-Logos anzuschauen. Sein Licht ist in Ihnen, aber auch in Ihrem Kollegen verborgen. Das eben macht das Göttliche in ihm aus. So werden Sie das Verbindende zwischen sich und ihm entdecken, ja Sie werden ihn lieben lernen, denn der Christus-Logos ist liebenswert. Lernen Sie, ihn anzunehmen und zu lieben – nicht was er tut, sondern was er ist: das logoische Wesen.

Lieben heißt also, den andern auf das hin anschauen, was er ist, nicht ihn bei dem behaften, was er tut. So bieten Sie ihm die größte Chance, aufzuwachen und an sich zu arbeiten. Aber es darf nicht Ihr Bestreben sein, ihn zu verändern. Ihre Aufgabe ist nur, ihn anzunehmen, ihn Selbst zu lieben. Je mehr Ihnen das gelingt, desto größer ist die Chance, dass der andere sich ändert. Denn die Liebe bietet ihm eine Basis an, auf der er es wagen kann, die harte Schale seiner Persönlichkeit zu sprengen. Wenn er spürt, dass er selbst angenommen ist, kann er es wagen, sein Verhalten in Frage zu stellen. Die Liebe schenkt ihm die nötige Kraft dazu.

Seit längerer Zeit kommt Hans zu mir in die Analyse. Er ist bereit, an sich zu arbeiten, er will sich entwickeln. Eines Tages bekommt er einen Kollegen, der nicht nur gegen ihn eingestellt ist, sondern ihn ganz offen im Betrieb schlechtmacht und denunziert. Ja er gibt zu, dass er Hans von seinem Arbeitsplatz vertreiben will und behauptet frech, Hans, der jahrzehntelange Erfahrung hat, sei für diesen Posten unfähig. Eine Horrorzeit beginnt für Hans, eine Zeit des inneren Kampfes, aber auch des Reifens. Jeden Morgen schickt er in seiner Meditation seinem Kollegen eine Rose und sagt ihm: »Ich liebe dich.« Nicht was du tust, sondern *dich*. Nach

Monaten geschieht das Unerwartete: nicht Hans muss gehen, der Kollege kündigt und quittiert seinen Posten. In diesem Fall hat sich nicht ein Mensch verändert, sondern die Situation. Der Kollege war offensichtlich zu festgefahren, zu hartgesotten, um seine Einstellung zu ändern. Immer jedoch wird die uneigennützige Liebe, die den andern annimmt, wie unmöglich er sich auch benehmen mag, etwas verändern.

Auch bei Ihnen wird es eine Änderung geben, denn die Liebe, die Sie dem andern entgegenbringen, eröffnet Ihnen selber eine ungeahnte Freiheit. Wie oft sagen Sie einem andern Menschen nicht das, was Sie wirklich sagen möchten, aus Rücksicht oder aus Angst, er könnte beleidigt sein, die Beziehung abbrechen und davonlaufen, oder Sie könnten Ihre Stellung verlieren. Das alles sind recht egoistische Motive, von denen Sie sich leiten, ja sogar gefangensetzen lassen. Aber diese egoistischen Motive bringen nichts, sie problematisieren nur das Ganze, denn der andere spürt etwas von Ihren unterschwelligen Absichten.
Wenn Sie den andern lieben, können Sie loslassen: Ihre Interessen, Ihre Erwartungen, Ihren Job, vielleicht auch den andern Menschen. Wenn Sie ihn wirklich lieben, geht es nur um *ihn*, nicht um Ihre eigenen Interessen. Das eröffnet Ihnen eine ungeheure Freiheit.
Wenn der andere beleidigt sein will, lassen Sie ihn!
Wenn er weglaufen, die Beziehung abbrechen will, lassen Sie es zu!
Wenn er Sie entlassen will, vergessen Sie Ihre Angst! – Das schenkt Ihnen Freiheit.
Aber vermutlich werden Sie gar keine negativen Erfahrungen machen. Wenn Sie dem andern in Liebe die Wahrheit sagen, auch wenn sie noch so hart ist, wird er sie annehmen können, ohne zurückschlagen zu müssen. Denn er spürt die Liebe, die echt, rein und uneigennützig ist. Die Liebe, die trotz aller Kritik am Verhalten des Menschen ihn selbst annimmt und ihn damit das große umfassende Ja des Vaters spüren lässt, der zum verlorenen Sohn ja sagt, der ihn uneingeschränkt liebt und ihn gerade deshalb loslässt, damit er seine Erfahrungen machen kann.

Sie merken, lieber Leser, lieben heißt loslassen, ob es nun um Erwartungen oder um Vorstellungen geht. Loslassen müssen wir aber auch Menschen, die wir an uns binden wollen.
Nehmen Sie als Beispiel Ihren heranwachsenden Sohn oder Ihre Tochter. Wie oft haben wir als Eltern fixfertige Vorstellungen von dem, was aus unseren Kindern werden soll. Wir sehen Begabungen, die in ihnen stecken, wir wissen, welche Schulen sie besuchen, welchen Beruf sie erlernen sollten, wir wissen genau, welcher Freund, welcher Partner der

rechte für sie ist und welcher absolut nicht zu ihnen passt. Aber der junge Mensch hat seine eigenen Vorstellungen, Gefühle und Ziele, er will *seinen* Weg, nicht unseren gehen. Er will *sich* verwirklichen, nicht unsere ungelebten Träume in die Tat umsetzen. Darum gilt es loszulassen, auch wenn es schmerzlich ist. Versuchen Sie, Ihren Sohn oder Ihre Tochter weder verbal noch gedanklich mit Ihren Erwartungen zu belasten. Wenn Sie den jungen Menschen lieben, lassen Sie ihn los. Was in Ihren Augen Fehler sind, gehört unter Umständen zum Lernprogramm, das er in diesem Leben bewältigen will. Es wäre sinnlos, ihm davon abzuraten, wenn er doch an diesen Fehlern reifen soll. Begleiten Sie ihn mit Ihrer Liebe und mit Ihrem Gebet.

Wenn Sie beten, erschaffen Sie konstruktive Elementale, die den geliebten Menschen wie Engel begleiten. Aber seien Sie auf der Hut! Bemühen Sie sich darum, nur Uneigennütziges zu erbitten! Bitten Sie darum, dass der Mensch, den Sie lieben, das Ziel seines Weges findet und dass er die Liebe des Vaters spürt, was ihm auch äußerlich widerfährt! Das heißt loslassen, und damit können Sie dem andern die größte Liebe erweisen. Haben Sie keine Angst, einen Menschen zu verlieren, den Sie loslassen! Wenn Sie dem andern Freiheit schenken, verlieren Sie ihn nie.

Lieben heißt also, den andern auf das hin anschauen, was er in Wirklichkeit ist: ein ewiges göttliches Wesen. Damit wird mein Leben nicht »ein wenig« schöner, interessanter, die Beziehung zu meinem Partner wird durch diese Liebe nicht »ein bisschen« besser. Nein, wenn ich mich um diese Liebe bemühe, fängt etwas ganz Neues an. Mit dieser Liebe kann sich das göttliche Wesen verwirklichen. Für Sie als derzeitige Persönlichkeit bedeutet dies, dass Sie dem Ziel der Vollkommenheit näherkommen.
Ein neues Gebot gebe ich euch, hat Joshua Immanuel, der Christus, gesagt, *dass ihr einander liebt, wie ich euch geliebt habe* (Joh 13:34). Er hat diese Liebe auf vollkommene Weise gelebt. Er war die reine Erscheinungsform der göttlichen Vollkommenheit.

Diese Liebe zu praktizieren heißt für uns, mit Hilfe des Logos unser wahres Wesen zu entdecken und zu verwirklichen, und es heißt auch, im andern das gleiche göttliche Wesen zu sehen. Nicht mehr am Äußerlichen hängenbleiben: an der Figur, am Aussehen, an der beruflichen Karriere, am Status, den der andere in der Gesellschaft hat; sich nicht mehr aufregen und abschrecken lassen von den Fehlern und Schwächen, Eigenarten und Untugenden, die sich der andere angewöhnt hat, sondern hinter die Kulissen schauen, das ewige göttliche Wesen entdecken. Das verändert alles. Das bringt eine neue Dimension ins Spiel. Das ewige göttliche Wesen ist liebenswert, es ist schön, rein, großartig, ganz gleich, wie die momentane Erscheinungsform ist.

Wenn die göttliche Dimension ins Spiel kommt, gewinnt alles, was auf der vordergründigen Ebene abläuft, einen Sinn. Dann ist schon das nicht zufällig, dass wir uns begegnet sind. Dahinter steckt ein Plan, eine Absicht. Dann ist das, was mich am andern aufregt, sinnvoll, wertvoll für mich. Es ist die Chance, die er mir bietet, die Chance, an der ich reifen kann. Diese Chance bietet er mir, weil er mich liebt.

Nelly ist Mitte dreißig, geschieden und ständig auf der Suche nach Liebe und Geborgenheit. Schon als einjähriges Kind wurde sie wegen eines Hüftleidens für anderthalb Jahre ins Gipsbett gelegt. Weil sie bei wohlhabenden Eltern aufwuchs, hatte sie ein Kindermädchen. Aber eigentlich sehnte sie sich nur nach der Liebe ihrer Mutter. Und genau auf diese Liebe musste sie immer wieder verzichten. Sie wurde zur Erholung in die Berge geschickt, weil sie kränklich war. Einer der pädagogischen Grundsätze im dortigen Kinderheim lautete: Kein Kontakt mit den Eltern, um Heimweh zu vermeiden. Doch genau das provozieren solche verständnislosen Maßnahmen: Heimweh. Später lebte sie jahrelang im Internat, weil sie sich in der staatlichen Schule nicht mehr hatte halten können. Immer wieder kämpfte sie nur um die Liebe der Mutter, die ihr jedoch ständig versagt wurde. Aus Protest gegen das lieblose Verhalten ihrer Umwelt reagierte sie mit psychischen Störungen. Heute steht sie als junge Frau völlig unselbständig da, klammert sich an andere Menschen, die ihr Geborgenheit geben sollen, und versucht, überall die Liebe zu bekommen, die ihr als Kind versagt geblieben ist.

Im Rahmen einer Geburtsrückführung gehe ich mit Nelly auch in den körperlosen Zustand vor der Zeugung zurück, um zu erfahren, welche Aufgaben und Ziele sie sich für dieses Leben gesteckt hat. In diesem Zustand kommt die Antwort jeweils von der Seelenebene; bei Nelly lautet sie klar und deutlich: »Ganz und gar lieben zu lernen«. Also nicht geliebt zu werden, sondern lieben zu lernen. Das bedingt ein totales Umdenken für Nelly. Sie, die überall Mitleid dafür erwartet, dass ihr als Kind Liebe und Geborgenheit versagt waren, sie, die sich heute bei allen Liebe und Nestwärme erbettelt, sie hat sich für dieses Leben vorgenommen, lieben zu lernen. Kein Wunder, dass sie überall aneckt! Kein Wunder, dass sie überall leer ausgeht! Ihr Verhalten passt nicht zu ihrem Lebensprogramm.

Aber noch etwas anderes macht dieses Beispiel deutlich: Die Menschen in Nellys unmittelbarem Umkreis, vor allem ihre Eltern, erscheinen für Außenstehende lieblos und hartherzig, weil sie diesem armen Menschenkind das Leben so schwer gemacht haben. In Wirklichkeit haben sie Nelly die Chance geboten, ihre Lebensaufgabe einzuüben. Wo können wir die bedingungslose Liebe besser üben als da, wo uns Härte und Widerstände entgegengebracht werden? Joshua Immanuel, der Christus, sagte: *Wenn ihr die liebt, die euch lieben – was habt ihr Besonderes davon? Liebt eure Feinde und betet für die, die euch verfolgen, damit ihr Söhne eures Vaters im Himmel werdet.* (Mt 5:45 ff)

Das wirft ein ganz neues Licht auf einen Menschen, der Ihnen, lieber Leser, das Leben schwer macht. Was auf der phänomenalen Ebene als Rücksichtslosigkeit, Lieblosigkeit, ja Gehässigkeit erscheint, kann – auf der Wesensebene betrachtet – Ausdruck tiefer Verbundenheit und Liebe sein. Denn es gehört wirklich große, tiefe Liebe dazu, eine abstoßende, erbärmliche Rolle zu übernehmen, um Ihnen die Chance zur Entwicklung zu geben. Als derzeitige Persönlichkeit weiß der andere meistens nicht, was er hier wirklich tut und weshalb er es tut. Wäre er bewusster, könnten Sie hinter allem Schweren, das er Ihnen zumutet, immer auch die Liebe spüren. Wichtig für Sie ist aber, dass *Sie* sich solche Zusammenhänge bewusst machen. Dann können Sie sogar danke sagen für das, was Sie eben noch geärgert und abgestoßen hat. Welten tun sich auf, von denen Sie vorher keine Ahnung hatten.

Liebt eure Feinde ... damit ihr Söhne eures Vaters im Himmel werdet, das heißt, damit ihr in dieser sichtbaren Welt als Söhne und Töchter eures himmlischen Vaters erscheint. Denn die Liebe ist der sichtbare, erfahrbare Ausdruck göttlichen Wesens.

Antigone will in Sophokles' gleichnamiger Tragödie ihren toten Bruder Polyneikes bestatten; er ist im Kampf gefallen, als er seine Vaterstadt Theben angriff. Als Strafe für sein Vergehen hat Kreon, der neue Herrscher von Theben, seine Bestattung verboten. Antigone aber widersetzt sich diesem Gebot und vollzieht die geheiligten Bestattungsriten, selbst wenn sie damit ihr eigenes Leben aufs Spiel setzt. »Nicht mitzuhassen, mitzulieben bin ich da.« Mit diesem Wort setzt sich Sophokles' Antigone souverän über die armselige irdische Gesetzlichkeit des Königs Kreon hinweg. In diesem Satz klingt eine absolute Stärke, eine ewige Wahrheit an, die allerdings im Strudel spätantiker Dekadenz schnell wieder verstummt.

Knapp fünfhundert Jahre später erhebt wieder ein *einsamer Prediger in der Wüste* seine Stimme: *Ein neues Gebot gebe ich euch, dass ihr einander liebt, wie ich euch geliebt habe. Daran werden die Menschen erkennen, dass ihr meine Jünger seid, wenn ihr einander liebt.* (Joh 13:34 f). Joshua Immanuel, der Christus, hat nicht nur gemahnt, er hat vorgelebt, was er seine Schüler gelehrt hat. Er hat gezeigt, wie es aussieht, wenn ein Mensch aus Fleisch und Blut diese Liebe praktiziert und damit die göttliche Vollkommenheit in menschlicher Existenz verwirklicht.

Inzwischen sind 2000 Jahre vergangen. Milliarden von Menschen haben sich nach ihm benannt, aber sie haben nicht nach ihm gelebt. Ob wir heute endlich begreifen, was er uns ermöglichen will? Nicht bessere Spielregeln des Zusammenlebens bietet er uns an. Er will uns zu einer anderen Qualität des Lebens führen. Denn die Bereitschaft zu lieben bringt uns mit unserem göttlichen Wesen in Verbindung. Lieben heißt die göttliche Vollkommenheit verwirklichen. Diese Liebe allein bringt Heilung für unsere kranke, zerrissene Welt. Sie hilft uns, den andern zu sehen, wie er ist, nicht wie er sich gibt. Dieser Bewusstseinswandel wird eine neue Menschheitsepoche einläuten.

Ich lade Sie ein zu folgender Meditation:

Stell dir vor, jemand kommt auf dich zu und legt dir ein kleines Kind in die Arme.
Das Kind schaut dich mit seinen strahlenden Augen an. Da merkst du, wie dein Herz aufgeht.
Das Kind bringt ein Leuchten, einen Glanz in dein Herz, und aller Kummer, aller Ärger, alles Dunkel weicht. Du spürst das Leuchten in der Mitte deiner Brust und erfährst die wohltuende Wärme, die dich erfüllt.
In diesem Augenblick weißt du: »Ich bin angenommen, ich bin geliebt. Dieses Kind schenkt mir die Lebensfreude zurück, und mit der Freude kommt neue Energie, neuer Mut in mir auf.«
Laß jetzt diese Freude, dieses Leuchten aus deinem Herzen ausstrahlen und sieh in dem Licht den Menschen, der dir im Augenblick am meisten zu schaffen macht. Sieh, wie dieses Licht ihn sanft umspielt und einhüllt, und sag ihm jetzt: »Ich liebe dich.«
Wenn du in dir noch einen Widerstand spürst, dann visualisiere eine wunderschöne Rose in deiner Hand, schenk ihm diese Rose und sag ihm: »Ich liebe dich.«

Wenn er noch immer ein trauriges oder ein ärgerliches Gesicht macht, wenn er noch immer einen hasserfüllten Gesichtsausdruck hat, dann konzentriere dich für einen Moment auf deine Augen; laß das Leuchten, das von dem Kind ausgeht, in deine Augen fließen. Dann schau wieder den Menschen an, der vor dir steht. Versuch, hinter die Maske zu schauen und sag: »Ich liebe dich – dich Selbst.«
Wiederhole diese Übung solange, bis du keine Mühe mehr hast, diesen Menschen anzunehmen.

Liebe und Sexualität

Helga ist eine Frau mittleren Alters. Vor Jahren schon hat sie die Beziehung zu ihrem Freund abgebrochen, obwohl sie ihn mir immer noch als großzügigen, verständnisvollen, hochbegabten, liebenswürdigen Menschen schildert. Als ich sie erstaunt frage »Wieso haben Sie die Beziehung abgebrochen, wenn Ihr Freund so ein großartiger Mensch ist?«, antwortet sie mir: »Das Problem lag bei der Sexualität, *sie hat mir die Liebe weggenommen.*«
Ein seltsamer Kampf : Sexualität contra Liebe. Wie ist das zu verstehen?

Ich habe Helga bereits im Kapitel »Werde, was du bist« vorgestellt. Ihr Kindheitstrauma ist die stark belastete Beziehung ihrer Eltern. Helga schildert mir ihre Mutter als duldende, leidende, kränkliche Frau, ihren Vater als aggressiv, brutal, rücksichtslos. Eigentlich sehnte sie sich als Kind nach der Liebe des Vaters; aber dieser Mann konnte Liebe offensichtlich nur sexuell geben. Da er sehr triebbetont war, hat er seine Frau oft regelrecht vergewaltigt. Andrerseits bot ihm diese stille Dulderin zu wenig Widerstand. So suchte er sich die Herausforderung in einer außerehelichen Beziehung, was natürlich die Gefühle seiner Frau verletzte. Helga sah ihre Mutter oft still vor sich hin weinen: teils wegen der rohen Triebhaftigkeit ihres Mannes im Bett, teils wegen seiner Liebschaften, die er ihr rücksichtslos zumutete.
Aus ihren Erfahrungen zog Helga den Schluss, dass die männliche Liebe etwas sei, was körperlich und psychisch Schmerzen zufügt. Daraus resultiert ihr Lebens-Script: Liebe tut weh. Was Wunder, dass sich Helga immer wieder nach einer Beziehung sehnt und mit Vorliebe ältere Partner hat, weil sie zeitlebens die Liebe des Vaters sucht, aber die Sexualität ablehnt? Denn die Sexualität war in jeder Hinsicht der schmerzliche Teil in der Beziehung ihrer Eltern. So wird die Sexualität für Helga selber zum wunden Punkt in der Beziehung, zum Gegenspieler der Liebe.

Angélique ist Studentin. Sie besucht ihren Freund in Skandinavien, weil er arbeitslos ist und kein Geld hat, zu ihr zu kommen. Wochenlang sehnt sie sich danach, mit dem Geliebten zusammen zu sein, wochenlang malt sie sich dieses Zusammensein in rosigen Farben aus. Als sie dann endlich in seinen Armen liegt, ist sie hell entsetzt darüber, dass er den Fernseher nicht abschalten will.
Was geht in Angéliques Freund vor sich? Worum geht es diesem Mann, wenn er mit seiner Freundin zusammen ist? Geht es wirklich um seine Freundin oder einfach um Befriedigung seiner Triebe? Auch in diesem

Fall belastet die Sexualität die Liebesbeziehung zweier Menschen. Wieso eigentlich? Steht die Sexualität wirklich gegen die Liebe, oder geht es in diesen Beispielen um falsch verstandene, falsch praktizierte Sexualität?

Millionen von Männern suchen ihre Triebbefriedigung und kümmern sich weder um die Bedürfnisse noch um die Gefühle ihrer Partnerin. Sie erwarten, ja fordern von ihrer Frau einen sexuellen Service, als hätten sie zum vornherein einen Anspruch darauf. Damit behandeln sie ihre Partnerin unwillkürlich als Prostituierte. Viele Frauen lassen den Sexualakt einfach über sich ergehen und machen so den Partner von sich abhängig. Ebenso üben Millionen Menschen – Männer und Frauen – Macht aus über ihren Partner, indem sie ihn durch andauernde Verweigerung in demütigende Situationen bringen. Denn jede Tat, jeder Dienst, jeder Akt macht abhängig und erzeugt falsche Bindungen, wenn die Liebe fehlt.

Wer liebt, setzt sich mit seinem Partner auseinander. Dann hat er es weder notwendig, sich zu verweigern, noch etwas einfach über sich ergehen zu lassen. Die Liebe gibt ihm die Kraft, Probleme anzusprechen und Lösungen zu finden. Denn die Liebe sucht das Du. Was also in den genannten Beispielen fehlt, ist Liebe. Die Sexualität verhindert nicht etwa die Liebe, sie braucht vielmehr die Liebe als Katalysator, um auf eine höhere Ebene transformiert zu werden.

Holger schwärmt von seiner jungen Freundin und dem beglückenden Zusammensein mit ihr. Nur etwas macht ihm zu schaffen: Immer wieder wendet sie sich plötzlich ab, wenn sie beide kuscheln. Das kann er nicht so recht verstehen. Außerdem, gesteht er mir, hat sie noch nie einen Orgasmus erlebt, obwohl sie schon einige Zeit eine sexuelle Beziehung miteinander haben. Dann erzählt er mir, dass seine Freundin bereits eine unglückliche Beziehung hinter sich hat. Nachdem es zwischen ihr und ihrem damaligen Freund zum ersten sexuellen Kontakt gekommen war, war plötzlich Schluss zwischen beiden. Diesen abrupten, unmotivierten Abbruch der ersten Beziehung hat Holgers Freundin noch nicht verarbeitet. Denn sie erlebt als Frau ganzheitlich; sie kann das Körperliche nicht vom Gefühlsmäßigen trennen, wie ein Mann das oft fertigbringt. Für die Frau ist Sexualität Ausdruck der Liebe und Hingabe an den einen Menschen. Aber zu diesem ganzheitlichen Erlebnis ist Holgers Freundin vermutlich gar nicht fähig, weil die erste sexuelle Erfahrung für sie ein Trauma war, das sie noch nicht verarbeitet hat.
Dazu kommt das Problem, dass Holgers Freundin Angst hat, über spirituelle Themen zu reden. Damit hat das, was die beiden Liebe nennen,

keine Basis, und ihrer Sexualität, die ohnehin schon traumatisiert ist, fehlt der wesensmäßige Rahmen.

Wenn Liebe ein Ausdruck der Vollkommenheit ist, dann ist sie nur echt, wenn sie bewusst praktiziert wird, das heißt, wenn der Liebende sich seiner Selbst bewusst ist. Dann ist eben die Liebe Ausdruck seines göttlichen Wesens.
Darum gibt es keine Liebe ohne Spiritualität, aber auch keine erfüllte Sexualität ohne Spiritualität. Liebe macht die Sexualität nicht »ein wenig« besser, sie gibt ihr vielmehr einen andern Stellenwert. Denn durch die Liebe wird die Sexualität zum Ausdruck der wesensmäßigen Vereinigung zweier Menschen. Man kann sogar sagen: Liebe verwandelt sexuelle Energie in spirituelle. So verändert also echte Liebe die menschliche Beziehung vollständig.

Wer liebt, hat Achtung – nicht vor Äußerlichkeiten (attraktiver Körper, soziale Stellung), sondern vor dem Wesen des andern. Denn es geht auch beim körperlichen Einswerden um die Begegnung zweier Wesen, die sich auf der untersten Schwingungsebene der Materie körperlich vereinigen. Wenn Angéliques Freund beim Sexualakt den Fernseher als Geräuschkulisse braucht, ist das für mich ein Zeichen dafür, dass er das Wesen seiner Freundin nicht ernst nimmt. Es ist sogar fraglich, ob er liebesfähig ist, denn er ist nicht bereit, sich ganz auf den Menschen einzustellen, mit dem er sich vereinigt.

Wer liebt, kann sich hingeben, auch als Mann. Denn Hingabe ist nicht eine geschlechtsspezifische Aufgabe, sondern eine spezifische Lebenshaltung. Sie gilt für Mann und Frau. Bei dieser Haltung stehe nicht *ich* im Vordergrund (mein Egoismus, meine Bedürfnisse und deren Befriedigung), sondern *du*, der geliebte Mensch.
Versuchen Sie einmal, diese Einstellung bewusst zu praktizieren, wenn Sie das nächste Mal mit Ihrer Partnerin/Ihrem Partner intim zusammen sind: Nicht du bist jetzt für mich da, sondern ich bin für dich da. Nicht ich will, sondern ich schenke dir. Aber was? Mich Selbst.

Wenn vom Selbst die Rede ist, kommt das zum Zug, was Sie in Wirklichkeit sind: das ewige göttliche Wesen, das fähig ist, Liebe zu verströmen. Denn Liebe, wahre Liebe, ist *die* entscheidende göttliche Qualität. Wenn Sie bereit sind, sich Ihrem Partner, Ihrer Partnerin hinzugeben, ist es, wie wenn Sie bei sich eine Türe öffnen, so dass die göttliche Liebe durch Sie durchfließen kann. Seien Sie unbesorgt, Sie verlieren nichts bei dieser Hingabe, im Gegenteil: Sie finden sich Selbst. Die Liebe, die Sie dem andern entgegenbringen, beschenkt auch Sie überreich. Sie werden das Glück erleben, das nichts Irdisches, Materielles vermitteln kann. Wahres Glück wird Ihnen geschenkt, wenn Sie das *Königreich der Himmel* in sich Selbst betreten. Dieses Geschenk werden Sie Ihrem Partner weitergeben, ja noch mehr: die Liebe wird Ihre Augen öffnen. Sie werden im andern das göttliche Wesen entdecken, das er in Wirklichkeit ist, und sich diesem göttlichen Wesen hingeben, mit ihm verschmelzen. Das ist die höchste Erfüllung, die Sie finden können.

Sie werden das Einssein erleben, von dem Joshua Immanuel, der Christus, gesprochen hat:
Ein Mann wird seinen Vater und seine Mutter verlassen und mit seiner Frau ein Leib sein (Mt 19:5). Hier geht es nicht um die körperlich-sexuelle Vereinigung, sondern um das wesensmäßige Einswerden. Wenn Sie bereit sind, alle Normen und Konventionen, alle Erwartungen, alle Ihre egoistischen Wünsche und Begierden beiseite zu schieben und sich hinzugeben, dann kann sich die Liebe verwirklichen, dann *werden* Sie zur Liebe. Das ist die höchste Stufe der Verwirklichung, das größte Glück, das Sie erleben können, denn Sie erleben im andern das logoische Wesen, das er – genauso wie Sie – ist, und Sie verschmelzen mit ihm. Es ist das Einswerden des Göttlichen.

Hier wird Sexualität nicht mehr um ihrer selbst willen praktiziert; sie ist vielmehr zum Weg geworden, und dieser Weg führt zum Einssein. Wenn zwei Menschen diese höchste Vereinigung erlebt haben, werden sie ihre Verbindung nie mehr auflösen wollen. Denn ihre Beziehung hat eine neue Perspektive erhalten. Sie haben den Himmel auf Erden erlebt, sie haben das Göttliche geschaut. Von jetzt an brauchen sie sich nicht mehr an Äußerlichkeiten zu stören, sie haben das Wesentliche gefunden: sie haben das Wesen des andern entdeckt. Nun ist nicht mehr wichtig, ob der andere hübsch, schlank oder attraktiv ist. Es geht vielmehr darum, ihm zu helfen, die innere Schönheit, die Schönheit des Wesens, mehr und mehr durch sein Gesicht durchstrahlen zu lassen.

Jeder Tag des Zusammenlebens wird zum Geschenk, wenn ich mir bewusst mache, dass mir in Wirklichkeit ein ewiges göttliches Wesen begegnet. Für dieses Zusammensein lerne ich dankbar zu sein, selbst wenn mir der andere zwischendurch Unangenehmes und Ärgerliches zumutet. Denn das göttliche Wesen, das er ist, ist nicht *gegen* mich, sondern *für* mich eingestellt. Es will nicht Lob und Anerkennung, es hat nur *ein* Interesse: mir zu helfen, auf meinem inneren Weg weiterzukommen. Es liebt mich rein und uneigennützig; darum nimmt es meinen Ärger, meinen Unmut, meinen Undank in Kauf, weil ich oft die Motive für sein äußerliches Handeln nicht verstehe. Je mehr sich jedoch mein Horizont weitet, desto tiefer und ungetrübter wird mein Blick für die Wirklichkeit, die mir in meinem Partner begegnet, und ein geheimnisvoller Glanz legt sich auf unsere Beziehung. Denn ich erlebe das Göttliche, das SEIN, in der Begegnung mit dem geliebten Menschen.

Reinkarnation und Karma

Das Thema von der Entwicklung des Menschen wirft auch die Frage nach der Reinkarnation auf. Durchlebt der Mensch mehrere Inkarnationen, oder kommt er nur einmal zur Welt? Dieses Thema ist in christlichen Kreisen bis heute tabu, seitdem es auf dem Konzil von Konstantinopel im Jahre 553 mit einem Mehrheitsbeschluss als unchristlich verdammt wurde. Trotzdem können wir nicht umhin, uns damit zu beschäftigen, nicht nur weil man zu allen Zeiten in fast allen Religionen davon wusste, dass der Mensch mehrere Inkarnationen durchlebt, sondern vor allem weil dieses Wissen uns auch im Neuen Testament begegnet.

Bevor Joshua den Blindgeborenen heilt (Joh 9:1 ff), fragen ihn seine Jünger: *Wer hat gesündigt? Er selber? Oder haben seine Eltern gesündigt, so dass er blind geboren wurde?*
Wie kann er selber verantwortlich sein, wenn er doch blind geboren ist? Es sei denn, er hat seine jetzige Blindheit in einer andern Inkarnation verursacht. Denn im Mutterleib, also vor seiner Geburt, kann er sich nicht versündigt haben.
Joshua widerlegt mit seiner Antwort nicht die Vorstellung von Reinkarnation; er bringt vielmehr einen anderen Aspekt zum Tragen, wenn er sinngemäß sagt: Er ist blind geboren, damit Gottes Herrlichkeit an ihm sichtbar wird. Er ist blind geboren, damit er diese Stunde erlebt, wo der menschgewordene LOGOS ihn heilt und ihm die Möglichkeit bietet, aus einer viel tiefgreifenderen, folgenschwereren Blindheit herauszufinden: der geistigen Blindheit und Nacht.

Ein anderer, wörtlicher Hinweis auf die Reinkarnation ist das Gespräch über Johannes den Täufer (Mt 16:14). Auf Joshuas Frage: *Für wen halten die Leute den Menschensohn?* (das heißt *mich*), antworten die Jünger: *Die einen für Johannes den Täufer, andere für Elia, noch andere für Jeremia oder einen der Propheten.* Also begegnet uns schon hier die Vorstellung, dass einer der alten Propheten wieder inkarniert sei. Bei Gelegenheit sagt ihnen Joshua: *Ich versichere euch: Elia ist schon wiedergekommen, aber die Menschen haben ihn nicht erkannt und darum mit ihm gemacht, was sie wollten.* Der Evangelist Matthäus fügt hinzu: *Da verstanden sie, dass er von Johannes dem Täufer sprach* (Mt 17:11–13). Man kann kaum deutlicher ausdrücken, was für Joshua und seine Jünger, aber auch für die Schriftgelehrten (Mt 17:10) selbstverständlich war.
Was meint nun der Begriff Reinkarnation genau? Wir haben erkannt: Ich bin eine ewige Seele und habe im Augenblick den physischen Körper,

den ich sehe. Wenn Sie sich im Spiegel anschauen und sich dann vorstellen, der Mensch, den Sie sehen mit dem bekannten Äußeren, den Eigenschaften, die Sie vom Alltag her kennen, werde irgendwann reinkarnieren, dann ist diese Vorstellung nicht korrekt. Was inkarniert, ist die Seele, die Sie *sind*, nicht die Persönlichkeit, die Sie zur Zeit ausgebildet haben. Es inkarniert also jeweils das Wesen, das sich in der momentanen Erscheinungsform darstellt. Selbst wenn ich damit rechne, dass sich die Seele immer wieder in ähnlicher Weise ausdrückt, können doch Aussehen und Geschlecht durchaus wechseln. Ich empfehle Ihnen jetzt, folgende Übung zu machen:

Schließ deine Augen und stell dir vor, dein Körper ist das Haus, in dem du zur Zeit wohnst.
Dein Haus ist wichtig und notwendig, solange du dich in der Welt der Formen aufhalten willst. Dein Haus ist sogar geprägt von dir, es ist ein Ausdruck deiner Selbst. Dein Körper ist ein Tempel. Aber nun konzentriere dich einmal auf dich selber, nicht auf dein Haus; spür dich Selbst im Haus. Stimm dich jetzt einmal ein auf den »Hausherrn« – das ist die Seele, die du bist.

Diese Seele ist nicht nur feinstofflich, sie ist formlos. Um in der Welt der Phänomene existieren zu können, braucht sie ihre drei Körper: den mentalen, den psychischen und den physischen. Diese Körper sind Formen, in denen sich die Seele vorübergehend ausdrückt. Sie sind vergänglich, wenn sie auch bedeutungsvoll sind für die Phase der Existenz. Die Seele ist unvergänglich, ewig, denn sie ist ein Strahl der Sonne, die jeder von uns auf der höchsten Ebene der Wirklichkeit ist.

Jeder von uns ist auf der höchsten Ebene des SEINS eine solche Sonne; alle Sonnen zusammen machen das Absolute Unendliche SEIN aus. Jedes dieser Wesen nimmt Teil an der göttlichen Vollkommenheit, allerdings unbewusst. Genauso wie es den jungen Menschen aus der Nestwärme des Elternhauses hinausdrängt, damit er seine Erfahrungen in der Welt machen kann, genauso ist die Seele aus der göttlichen Einheit aufgebrochen, um die Fremde kennenzulernen – die Welt der Dualität und Polarität, und in der Fremde sich ihrer Selbst bewusst zu werden.

Eine der wichtigsten Erfahrungen ist, dass alles, was ich denke, sage und tue, eine Folge hat. Wenn ich in den Bergen einen Stein, der vor meinen Füßen liegt, anstoße, kommt er ins Rollen, rollt den Abhang hinunter und erschlägt möglicherweise weiter unten einen Menschen. Ich habe

verursacht, dass der Stein ins Rollen kam, darum muss ich auch für die Folgen geradestehen.
Das gilt auch für andere Lebensbereiche: Ich habe Gedanken, Gefühle, Emotionen, ich sage oder tue etwas, das heißt, ich bringe etwas ins Rollen, ich verursache etwas und trage deshalb auch die Folgen. Das ist das Kosmische Gesetz von Ursache und Wirkung; in der östlichen Philosophie nennt man es »Karma«. Karma meint nicht die Strafe, die ein zürnender, rächender Gott über mich verhängt, weil ich Unrecht getan habe. Diesen zürnenden rächenden Gott gibt es gar nicht, denn das Wesen des Göttlichen ist *Liebe*. Karma meint einfach den Zusammenhang zwischen Ursache und Wirkung, wie es Paulus so lapidar ausgedrückt hat: *Was der Mensch sät, wird er ernten* (Gal 6:7).

Das bedeutet also: Nicht nur, was ich für mich selber tue, sondern auch das, was ich dem andern antue, fällt auf mich zurück. Das ist für unser egoistisches und egozentrisches Denken ungewohnt, sogar fremd. Wenn ich mich über einen Menschen ärgere, Wut und Hass gegen ihn entwickle, wenn neidische Gedanken in mir hochkommen, dann sind das jeweils Elementale, die ich erschaffe. Diese Elementale sind auf der feinstofflichen Ebene eine Wirklichkeit, die *wirkt*. Sie haben eine Form (darum kann sie der Hellsichtige wahrnehmen), und vor allem: sie haben die Energie, die ich ihnen verliehen habe. Sie existieren solange, bis sie das Ziel erreicht haben, für das sie erschaffen wurden. Wer also gehässige Gedanken hat, erschafft Hass-Elementale, die bei dem betreffenden Menschen ankommen und ihm schaden. Meistens beeinträchtigen sie über die Leber den Energiehaushalt des Betroffenen. Auf diese Weise wird in unserer modernen aufgeklärten Gesellschaft schwarzmagisch gearbeitet, und kaum jemand macht sich bewusst, was er anrichtet. Darum hat Christus in Mt 5:21 ff sinngemäß gesagt: Nicht der ist ein Mörder, der den andern erschlägt, sondern bereits der, der ihn hasst in seinem Herzen.

Was ebenfalls kaum jemand bewusst wird, ist die Tatsache, dass diese Elementale immer wieder zu ihrem Urheber zurückkehren, um neue Energie aufzutanken. Christus nennt diese Elementale *unreine Geister*. Sie schließen sich unterwegs mit gleichartigen zusammen, um ihre Wirkungskraft zu verstärken. Zum gleichen Zweck kehren sie außerdem immer wieder zu dem zurück, der sie erschaffen hat (vergleiche Mt 12:43–45). In diesem Augenblick denken wir wieder an den betreffenden Menschen, und Wut und Hass steigen erneut in uns auf. Bei dieser Gelegenheit hüllen uns die Elementale, die wir erschaffen haben, in ein negatives Energiefeld, das uns selber schadet.

Was der Mensch sät, wird er ernten: das ist Karma. Kein zürnender, rächender Gott straft uns für das Böse, das wir anrichten, seien es Gedanken, Gefühle, Worte oder Taten. Wir selber bestrafen uns, weil das Negative, das wir erschaffen, uns selber immer wieder einholt.

Das zeigt Steven Spielberg in seinem Film *Flat Liners* sehr klar. Ein junger Arzt erinnert sich nach einem wissenschaftlichen Experiment ganz deutlich daran, dass er als Junge mutwillig den Tod eines Spielkameraden verursacht hat. Nun beginnt eine Horrorzeit für ihn, denn er erlebt, wie dieser Junge ihn heute verfolgt und quält und ihn, so vermutet er, auf diese Weise bestrafen will. Bis er merkt, dass er selbst es ist, der sich Leid, Schmerzen und Schläge zufügt. Er selbst bestraft sich für das begangene Unrecht. Allerdings macht der Film auch das andere deutlich: Wer seine Fehler einsieht und bereut und um Vergebung bittet, wird befreit von seiner Last. Wir selber erschaffen uns also mit unserer Lebenseinstellung den Himmel oder die Hölle hier auf der Erde.

Das beschränkt sich nicht nur auf die eine Inkarnation, in der wir gerade leben. Die Elementale, die wir erschaffen, sind zählebig und überdauern oft unsere momentane Existenz. Ich kenne genügend Beispiele, die zeigen, dass Menschen in der derzeitigen Inkarnation unter dem Negativen leiden, das sie in einer früheren Existenz kreiert haben.
Dieses Wissen drückt sich in jener alttestamentlichen Drohung aus: *...ich verfolge die Schuld der Väter an den Söhnen und an der dritten und vierten Generation ...* (5. Dtn 5:9). Heute allerdings begreifen wir, dass hier kein rächender, strafender Gott am Werk ist, sondern dass das universelle Gesetz des Karma wirkt. Alles, was wir verursachen, hat eine Folge, nicht nur für den andern, sondern auch für uns selber. Denn wir führen nicht ein isoliertes Dasein; energetisch sind wir alle miteinander verbunden. Was den Nachbarn angeht, betrifft auch mich. Wenn er leidet, bin auch ich betroffen; wenn ich ihm schade, schädige ich mich selbst.

Ich möchte den Zusammenhang von Karma und Reinkarnation am biblischen Beispiel Elia – Johannes der Täufer illustrieren. Elia war eine Inkarnation aus dem Erzengelrang Michael, wie mir Daskalos einmal sagte. Sein Element ist das Feuer. Das zeigte sich nicht nur am Ende jener Inkarnation, wo er mit einem feurigen Wagen gen Himmel fuhr (2. Kön 2:11), sondern auch während seines irdischen Lebens an seinem hitzigen, ja geradezu gewalttätigen Temperament. Nach einer dreijährigen Dürrezeit versammelte er sein Volk auf dem Berg Karmel, um ihm zu zeigen, welches die richtige Religion ist.

Auch die Baalspriester waren zusammengerufen worden. Sie repräsentieren ein Stadium der religiösen Entwicklung, in dem man nicht unterscheidet zwischen Schöpfer und Geschöpf, sondern die Schöpfung, also Naturgottheiten, anbetet. Elia kämpfte für den unsichtbaren Gott, man könnte sagen: für das Absolute SEIN, das sich im Geschaffenen offenbar macht, aber nicht darin aufgeht.

Sowohl Elia als auch die Baalspriester bauten einen Altar auf; darauf sollte ein Tier geopfert werden. Elia spornte die Baalspriester an, um Feuer vom Himmel zu bitten, denn auf diese Weise sollte das Opfer entzündet werden. Die Priester tanzten sich in Ekstase, ritzten sich blutig, aber sie erreichten nichts. Um zu zeigen, wie sehr er im Einklang mit dem Göttlichen stand, ließ Elia das Opfertier dreimal mit Wasser übergießen. Dann betete er, und Feuer fiel vom Himmel und verzehrte den Altar mitsamt dem Opfer.

Das war eine klare Demonstration des verwandelnden Aspektes michaelischer Energie, die auf das Volk eine läuternde Wirkung hatte. So weit, so gut. Elia aber fiel in diesem Augenblick seinem feurigen Temperament zum Opfer und ließ – als abschreckendes Beispiel – vierhundert Baalspriester am Bach Kidron enthaupten.

Leben ist eine Eigenschaft des Göttlichen, darum ist es heilig, auch wenn es in der Welt der Existenz als Phänomen erscheint. Kein Mensch hat das Recht, Leben – auch als phänomenale Erscheinung – mutwillig zu zerstören. Wer es trotzdem tut, muss die Folge dessen tragen, was er verursacht. Wer Gewalt sät, schafft eine Welt von Elementalen, die er zu einem späteren Zeitpunkt selbst durchleiden muss. In der Inkarnation als Johannes der Täufer kommt dies deutlich zum Ausdruck.

Zum einen wird ihm das Element Feuer entzogen; er muss jetzt mit dem Element Wasser arbeiten, das für die andern nicht so bedrohlich ist und zudem sein eigenes Gemüt eher abkühlt. Zum andern wird er von Herodes eingesperrt und schließlich enthauptet.

Dieses Karma hatte er sich als Elia geschaffen, indem er die Baalspriester enthaupten ließ. In der Existenz als Johannes der Täufer fällt es auf ihn zurück. *Was der Mensch sät, wird er ernten.*

Viele Menschen begehen ein Unrecht nach dem andern, ohne dass sie jemand daran hindert; ja, es scheint oft, dass sie auch keine Konsequenz ihres Handelns zu tragen hätten. Andere bringt das in Glaubenszweifel, und sie fragen: Wo bleibt Gottes Gerechtigkeit, wenn einer dem andern das Leben schwer macht und dafür noch vom Schicksal belohnt wird? So reden kann nur, wer einen eng begrenzten Horizont hat, das heißt, nur mit der einen, gerade noch überschaubaren Inkarnation rechnet. Denn Karma, dieses ewige Gesetz von Ursache und Wirkung, ist untrüglich und unfehlbar. Aber es ist nicht auf eine Inkarnation begrenzt. Es zieht sich über einen ganzen Zyklus von Inkarnationen hin, bis es in Erfüllung gegangen ist.

Karma hat nichts zu tun mit Bestrafung. Wie könnte der Vater seinen Sohn dafür bestrafen, dass er sich in der Fremde verloren hat? Er liebt ihn nach wie vor. Mit unendlicher Geduld und Güte lässt er ihn seine Erfahrungen in der Fremde machen. Der Vater gibt den Sohn nie auf, wenn er sich auch noch so sehr verirrt. Er weiß, dass er irgendwann heimfindet, da der Sohn das Licht des Logos in sich trägt, das ihn immer wieder wachrüttelt, manchmal sogar aufschreckt. Wenn der *verlorene Sohn* eines Tages erwacht und heimkehrt, empfängt ihn der Vater mit offenen Armen. Aber solange er sich in der Fremde verliert, kommt er sich in dieser irdischen Welt verloren vor und hat vor allem Angst. Solange er auf andere neidisch ist und gierig auf das schaut, was sie haben, ist er gefangen in seinem Neid, seiner Gier. Solange er sich über andere ärgert und in seiner Wut und seinem Hass destruktive Elementale erschafft, wird er von seinen eigenen negativen Elementalen aufgefressen.

Das ist universelles Gesetz von Ursache und Wirkung, nicht Bestrafung. In der Bildsprache des Gleichnisses ausgedrückt, heißt das: Solange der Sohn sich zu den Schweinen hingezogen fühlt, muss er sich mit dem Schweinefutter begnügen. Das ist Karma. Aber selbst das Schweinefutter wird ihm als Nahrung versagt. Mit andern Worten: all die dunklen Elementale, die wir ständig mit unseren negativen Gedanken, Emotionen und Taten kreieren, machen uns in Wirklichkeit nicht satt, im Gegenteil, sie steigern unsern Hunger nur ins Unermessliche.

In unserer Wohlstandsgesellschaft versuchen viele Menschen, ihren Lebenshunger, ihre tiefe Sehnsucht nach Erfüllung im Materiellen zu stillen – und werden immer unzufriedener und unerfüllter. Je mehr sich der Mensch ans Materielle verliert, desto mehr ist er in der Welt der Dualität verloren. Bis er aufwacht und begreift, wer er ist, wozu er hier ist und wohin sein Weg führt. Genau um diesen Lernprozess, diesen Bewusstwerdungsprozess geht es. Für diese Lektionen benötigen wir offensichtlich viele Inkarnationen, denn wir erliegen in der Welt der Gegensätze immer wieder der Faszination des Dunklen und Negativen. Wir verlieren uns in der Fremde und verwechseln Haben und Sein, das heißt, wir verkennen, dass alles, was wir *haben*, vorübergehend ist; nur was wir *sind*, ist ewig.

Darum ist das letzte Ziel dieser langen Entdeckungsreise, sich seiner Selbst bewusst zu werden und damit in die Einheit zurückzufinden. Oft muss jemand – wie der *verlorene Sohn* im Gleichnis – erst tief sinken, bis der Leidensdruck groß genug ist. In der tiefsten Nacht und Verzweiflung bricht die Sehnsucht nach dem Vaterhaus auf. Dann beginnt der Heimweg, ein Weg voller Enttäuschungen und Rückschläge. Je bewusster ein Mensch wird, desto deutlicher erkennt er, was alles nicht stimmt in seinem Leben. Dann beginnt das Leiden an der eigenen unvollkommenen Persönlichkeit. Aber irgendwann sieht jeder in der Ferne die offene Tür des Vaterhauses, und das warme Licht, das ihm von dort entgegenstrahlt, ist stärker als alles Dunkel, in das er sich immer wieder verstrickt.

Wer die ausgebreiteten Arme des Vaters sieht und seine Liebe und Vergebung spürt, der wendet sich nicht mehr ab, den zieht's nach Hause. Der spürt in seinem Herzen ein Brennen, eine Sehnsucht und hört das Ja, das umfassende Ja des Vaters zu seinem ganzen langen Weg durch die Fremde. Wer die Liebe des Vater spürt, der weiß, dass sein Weg mit allen bitteren Erfahrungen, mit allen Umwegen und Verirrungen sinnvoll war, und es wird ihm klar, dass er zu nichts anderem ausgezogen ist, als um alle diese Erfahrungen zu sammeln. Dann aber beginnt das Fest, ein Fest ohne Ende, selbst wenn die äußere Existenz noch beschwerlich, ja vielleicht sogar ein Leidensweg ist.

Joshua Immanuel, der Christus, macht uns in seinem Gleichnis vom verlorenen Sohn implizit mit einem neuen, dem *finalen* Denkmuster bekannt. Dieses unterscheidet sich grundsätzlich von dem Muster, in dem wir Menschen meistens denken. Wir suchen nach Schuld und Schuldigen, denken also *kausal*, rückwärts gerichtet. Darum verstehen viele Karma als Bestrafung für begangenes Unrecht. Christus macht uns mit dem finalen, das heißt zielgerichteten göttlichen Denken bekannt. Es geht nämlich nicht um das, was hinter uns liegt. (Eben darum erinnern sich die meisten Menschen nicht an frühere Existenzen. Ohne fachkundige Hilfe könnten sie auch nicht sinnvoll mit dem Erinnerungsmaterial umgehen; sie würden ständig zurückschauen und sich an das Vergangene binden.) Entscheidend ist, was vor uns liegt: das Ziel, auf das wir zugehen. Das Ziel unserer Erdenreise ist das bewusste Heimfinden in die göttliche Einheit, also das Einswerden der derzeitigen Persönlichkeit mit der Seele und schließlich mit dem göttlichen Geist-Ich.

Das göttliche Wesen ist einmal aus der paradiesischen, aber unbewussten Einheit aufgebrochen, um die Dualität kennenzulernen. Es hat die göttliche Welt verlassen, die geprägt ist von Liebe und Licht, um in der Welt der Gegensätze Licht *und* Dunkel, Liebe *und* Hass, Gut *und* Böse zu erleben. Es hat sich in die Welt der Begrenztheit begeben, um in der Begrenzung sich seines unbegrenzten Wesens bewusst zu werden und in der Dualität zur Einheit, zu sich Selbst zu finden.
Das Ziel ist also, Selbstbewusstheit zu erlangen und mit ihr die Dualität zu meistern. So hat es die Schlange, das uralte Weisheitssymbol, dem Menschen im Paradies angekündigt: *Sobald ihr vom Baum der Erkenntnis esst, werdet ihr sein wie Gott und wissen, was gut und böse ist* (Gen 3:5). Der Preis hierfür ist die Vertreibung aus dem Paradies (Gen 3), also aus der paradiesischen Unbewusstheit.

Mancher, den ich auf seinem Weg der Bewusstwerdung begleite, klagt mir in der Anfangsphase, dass das Leben vorher viel einfacher, bequemer und darum angenehmer war. Das ist verständlich, denn nur der Unbewusste kann seinen Egoismus hemmungslos ausleben. Auf dem Weg der Bewusstwerdung lernt er seinen Egoismus kennen und Schritt für Schritt überwinden. Das eben ist mühsam. Aber nur so findet er zu sich Selbst. Er gibt seinen Egoismus auf und findet sein wahres Wesen. Dabei entdeckt er auch seine Individualität, seine Einmaligkeit. Diese bleibt erhalten, auch wenn er in die Einheit zurückgefunden hat: Er ist und bleibt das eine unverwechselbare Wesen im unermesslichen Ozean des SEINS, ohne Anfang und Ende, aber jetzt weiß er es, er ist sich seiner Selbst bewusst. Nun ist er bereit und fähig, Gott in seinem Leben zu verherrlichen, das heißt, sein unbegrenztes, göttliches Wesen in der irdischen Existenz zu verwirklichen.

Das bedingt allerdings einen umfassenden Verwandlungsprozess, der sich bis in die Molekularstruktur des physischen Körpers hinein niederschlägt, damit er die hohe Energie, die nun durch ihn durchströmt, verkraften kann.
Von diesem Transformationsprozess spricht der Apostel Paulus am Ende des Ersten Korintherbriefes: *Das Verwesliche muss anziehen Unverweslichkeit, und das Sterbliche muss anziehen Unsterblichkeit* (1. Kor 15:53). Die derzeitige Persönlichkeit muss sich in die permanente Persönlichkeit integrieren, anders ausgedrückt: das kleine Ego, das ich täglich präsentiere, muss sich in das Wesen, das ich bin, hinein auflösen. Dann kann sich das göttliche Wesen in der derzeitigen Existenz verwirklichen.

Von diesem Ziel redet auch Joshua, wenn er seinen Jüngern auf die Frage, wer schuld ist an der Blindheit des Blindgeborenen, sinngemäß antwortet: Er ist nicht blind, *weil* er oder seine Eltern gesündigt haben, sondern *damit* Gottes Herrlichkeit an ihm sichtbar wird (Joh 9:1 ff). Joshua lenkt auch hier den Blick seiner Jünger weg von der kausalen zur finalen Betrachtungsweise. Dann zählt nicht mehr, was der Mensch hinter sich hat, sondern nur noch, wohin der Christus-Logos ihn in seiner grenzenlosen Liebe und Güte führen will. Und plötzlich wird dieser Blinde am Wegrand zum Bild für den Menschen an sich, und seine körperliche Blindheit steht für die viel gravierendere geistige Blindheit. Von ihr befreit der Logos – das innere göttliche Licht – den Menschen, damit er fähig wird, Gott mit seiner ganzen Existenz zu verherrlichen.

Wenn sich die Persönlichkeit, die wir täglich zur Schau tragen, in die Seele, die wir sind, hinein integriert hat, ist der Egoismus erkannt und weitgehend überwunden. Dann steht nichts mehr im Weg, und der Mensch kann den letzten Schritt, die innere Hochzeit zwischen Seele und Geist-Ich, vollziehen. Von dieser Hochzeit haben die Alchimisten geschrieben, und die Mystiker und Meister aller Zeiten haben sie erlebt. Sie ist das Heimfinden in die göttliche Einheit, denn das Geist-Ich ist ein Logos auf der höchsten Ebene des SEINS. Ein Logos, nicht der LOGOS. Das bedeutet, dass der Mensch, der heimgefunden hat, qualitativ, nicht aber quantitativ eins geworden ist mit dem Christus-LOGOS. Das ist mit Auferstehung gemeint.

Auferstehung oder Weiterleben

Im Israel der alttestamentlichen Zeit wird noch nicht von einem individuellen Weiterleben nach dem physischen Tod geredet. Wir müssen uns darüber im Klaren sein, dass der Mensch jener Epoche in seiner Bewusstseinsentwicklung noch weit entfernt war vom Individualismus der Neuzeit. So lebte der Einzelne fest eingebunden in die größere Gemeinschaft der Familie und der Sippe. Diese Gemeinschaft bot ihm nicht nur Halt und Schutz, sondern stellte auch seinen Lebenshorizont dar. Im Vordergrund stand nicht das Leben des Einzelnen, sondern das der Gemeinschaft, und der Einzelne verstand sich als Teil von ihr. In diesem größeren Rahmen konnte man sogar von einem Weiterleben nach dem Tode reden, und zwar in dem Sinn, dass der Einzelne in seinen Kindern weiterlebte. Darum war es für jene Menschen so wichtig, Kinder zu haben und nicht kinderlos sterben zu müssen. Denn in den Kindern wurde die Begrenzung, die der Tod dem Menschen auferlegt, überwunden. Das Kind bedeutete und bedeutet bis heute die Zukunftsperspektive des Orientalen.

Andrerseits sprach man auch in Israel davon, dass »Jahwe noch über andere Lebensräume verfügt und dass er die Macht und Freiheit hat, Menschen dorthin zu entrücken«, schreibt der bekannte Alttestamentler Gerhard von Rad (*Theologie des Alten Testaments*, Bd. I, S. 418). So wusste man von Elias Himmelfahrt (2. Kön 2:1 ff) und sprach von der Entrückung Henochs (Gen 5:24). Und der Psalmenbeter, der sich zu Jahwe bekennt, hofft auf eine Entrückung (Ps 49:16) in die himmlische Herrlichkeit (Ps 73:23 ff).

Ich habe den Eindruck, dass man sich in Israel systematisch weigerte, sich mit der Frage auseinanderzusetzen, was den Menschen nach dem physischen Sterben erwartet, obwohl – oder gerade weil – die Israeliten zweifellos auch mit anderen Denkmodellen als den ihnen bekannten in Berührung kamen. Denn rings um diesen kleinen Staat herum existierten Hochkulturen, die längst das zyklische Denken von Leben, Sterben und Wiederkehren kannten. In diesem Umfeld konnten ihnen Fragen wie »Was folgt nach dem physischen Sterben? – Wie ist ein Weiterleben vorstellbar?« nicht fremd bleiben.

Erst die jüdische Apokalyptik wagt eine Aussage, die über die Grenze hinausweist, und spricht von Auferstehung. Zunächst ist nur von *Auferstehung der Frommen* die Rede (Jes 26:19), dann von der *Auferstehung*

aller, der einen zum ewigen Leben, der andern zur ewigen Abscheu (Dan 12:1–2). Wie immer man sich dieses »Erwachen aus dem Schlaf im Erdenstaube« vorgestellt hat, es geht wohl um ein Wieder-Lebendigwerden, ein Wiedererstehen der früheren Existenz.
In dieser Bedeutung begegnen uns dann im Neuen Testament die griechischen Wörter *anastasis* (Auferstehung) und *egerthänai* (auferstehen). In Mt 14 ist davon die Rede, dass viele Menschen im Volk Joshua als den von den Toten auferstandenen Johannes den Täufer ansehen. Sogar der Vierfürst Herodes befürchtet, dass Joshua kein anderer als der Täufer ist, den er enthaupten ließ. Hebr 11:35 spricht davon, dass Witwen, die Elia und Elisa (zwei Propheten der Frühzeit) begegnet sind, *durch die Auferstehung ihre Toten zurückerhielten.* Diese Textstellen verstehen also Auferstehung eindeutig als Zurückkehren ins physische Leben.

Anders die Jünger, welche die Verklärung Joshuas miterlebt haben. Sie fragen sich, was mit *Auferstehung von den Toten* gemeint sei. Denn Joshua hatte ihnen verboten, irgend jemand etwas von dem zu erzählen, was sie erlebt hatten, *bis der Menschensohn von den Toten auferstanden sei* (Mk 9:10). Hier werden also Auferstehung und Verklärung miteinander in Verbindung gebracht. Während der Verklärung haben die drei Jünger Petrus, Jakobus und Johannes miterlebt, wie Joshua in seine wahre Lichtnatur verwandelt wurde. Er hat sich ihnen als der präsentiert, der er in Wirklichkeit ist: der universelle LOGOS, reines göttliches Licht. Wenn sie darüber nicht vor seiner Auferstehung reden sollen, bedeutet Auferstehung wohl nichts anderes als den endgültigen Vollzug dieser Transformation.

Auferstehung bedeutet also *nicht*, wieder lebendig werden, wie man das auf Grund der Erzählung von der Auferweckung des Lazarus (Joh 11) vermuten könnte. Denn die Seele, das, was jeder wirklich ist, stirbt nie. Was stirbt ist lediglich der physische Leib. Das Menschenwesen wechselt beim physischen Tod auf die psychische Ebene über, später auf die noetische, und bereitet sich danach auf eine neue Inkarnation vor. Insofern lebt jedes Menschenwesen auch über das physische Sterben hinaus weiter, nur eben auf anderen, feinstofflichen Ebenen. Dieses Weiterleben ist eigentlich nichts Außergewöhnliches, denn die individuelle Seele trägt ja göttliches Leben in sich. Sie kann gar nicht sterben, sie wechselt nur immer wieder die Ebenen während des scheinbar unendlich langen Inkarnationenweges.
Dieses Weiterleben verläuft in relativ unbewusstem Zustand, und so wissen die meisten Menschen nichts von früher durchlebten Existenzen.

Denn sobald die Seele wieder in den »Nebel« der Dualität eingetaucht ist, verharrt sie wie betäubt, ja gelähmt in ihrer konkreten Erscheinungsform, der derzeitigen Persönlichkeit, bis der Mensch erwacht und sich seiner Selbst bewusst wird. Dann wird auch die Seele aus ihrer »tausendjährigen« Gefangenschaft befreit und kann ihr Potential entfalten.

Dieses Erwachen ist ein Bewusstwerdungsprozess und geschieht mit Hilfe des logoischen Lichtes, das in jedem schlummert: der Mensch begreift, dass er in Wirklichkeit ein göttliches Wesen ist, immer schon gewesen ist, auch wenn er das im Nebel der Dualität immer wieder vergessen hat. Darum ist es auch wichtig, dass dieser Prozess des spirituellen Erwachens gerade hier in der tiefsten Nacht der materiellen Existenz vollzogen wird, damit die Materie in Zukunft keine Macht mehr über das Menschenwesen hat. Je mehr der Mensch zu seiner wahren göttlichen Natur erwacht, je mehr er zu sich Selbst findet, desto mehr wird die momentane Erscheinungsform, die derzeitige Persönlichkeit, in das ewige göttliche Wesen, das er *ist*, hinein integriert. *Das Verwesliche muss anziehen Unverweslichkeit, und das Sterbliche muss anziehen Unsterblichkeit*, schreibt Paulus im 1. Kor 15:53. Die kleine vergängliche Existenz wird hineingenommen in das unbegrenzte göttliche Sein. Das ist Auferstehung: die Verwandlung in reines Licht, das Licht des Logos.

Auferstehung ist also nicht ein anderer Begriff für Weiterleben nach dem Tod. Denn dieser Inkarnationenzyklus spielt sich in der Welt der Dualität und Polarität ab, zu der eben sowohl die physische als auch die psychische und die noetische Ebene gehören. Auferstehung aber führt in die Welt des Lichts, das heißt auf die SEINS-Ebene. Außerdem verläuft Reinkarnation in relativer Unbewusstheit, wie wir gesehen haben, während Auferstehung absolute Selbst-Bewusstheit voraussetzt.

Diese Transformation hat Joshua Immanuel, der Christus, seine Jünger auf dem Berg der Verklärung schauen lassen. Sie durften dort seine Identität mit dem LOGOS erfahren, die sich aber erst nach seiner Auferstehung manifestierte. Joshua war sich dieser Identität während seines irdischen Weges ständig bewusst, aber er hat daraus keine Machtdemonstration gemacht. Er musste den Weg des Sterbens gehen, um uns die wahre Bedeutung der irdischen Existenz bewusst zu machen. Das irdische Leben ist Lehrplatz, nicht Erfüllung, nicht Selbstzweck. Darum müssen wir lernen, uns nach dem wahren Ziel auszustrecken und das Vorübergehende, Vergängliche loszulassen. Wir müssen lernen, bewusst zu sterben, um zum Leben zu finden.

Paulus formuliert das so (1. Kor 15:42 f): *Es wird gesät verweslich und wird auferstehen unverweslich. Es wird gesät in Schwachheit und wird auferstehen in Kraft. Es wird gesät ein natürlicher Leib und wird auferstehen ein geistlicher Leib.* Er vergleicht hier die irdische Existenz mit einem Samenkorn, das der Bauer aussät, also bewusst in der Erde sterben lässt, damit das Neue, die künftige Pflanze, wachsen kann. Dieser Prozess ist ein Bild für die Auferstehung. Das irdische Leben ist vergänglich. Paulus charakterisiert es mit den Begriffen *Schwachheit* und *Schande*, während er die Auferstehung mit den Attributen *unvergänglich*, *Herrlichkeit* und *Kraft* auszeichnet. Im Unterschied zur vergänglichen irdischen Existenz ist Auferstehung das unbegrenzte Sein in göttlicher Herrlichkeit und Vollmacht, das wir auch als Theose bezeichnen. Darum wird in Lk 20:36 formuliert: Sie sind *den Engeln gleich und durch die Auferstehung zu Söhnen Gottes geworden*, das heißt, sie haben in der Auferstehung ihre göttliche Natur verwirklicht und praktizieren wie die Engelwesen Dienst und Hingabe aus göttlicher Liebe heraus.

Darum gibt es auf der Ebene der Auferstehung kein Heiraten und Verheiratetwerden mehr (Lk 20:35), also keine abgrenzende Bindung, aber auch keine Liebe als einschränkende oder besitzergreifende Beziehung, anders ausgedrückt: keinen Egoismus mehr. Liebe ist dann nur Dienst und Hingabe für die andern, aber bewusst vollzogen. Die Engel praktizieren reine Liebe, aber sie wissen nicht, was Liebe ist. Sie kennen den Unterschied zwischen Liebe und Hass nicht. Sie sind nie den Weg der Inkarnationen gegangen und haben sich nie bewusst für die Liebe und gegen den Hass entschieden. Sie können nichts anderes als Liebe verwirklichen.

Nur der *verlorene Sohn*, der ins Vaterhaus zurückfindet, weiß, wer er ist und was er tut. Er hat sich bewusst entschieden, den Heimweg anzutreten. Er hat den schmerzlichen Prozess des Sterbens und Neuwerdens bewusst erfahren. Denn der Logos hat ihm die Augen geöffnet, er hat ihn zur Erleuchtung geführt.
Darum sagt Joshua aus seinem LOGOS-Bewusstsein heraus: *Ich bin die Auferstehung und das Leben* (Joh 11:25). Der Logos, das innere Licht ist es, das uns Auferstehung und Leben vermittelt. Leben meint hier nicht mehr eine phänomenale Erscheinung, also eine vorübergehende Existenz, sondern im Vollsinn des Wortes »Sein in GOTT«. Denn GOTT ist LEBEN.
Wer die Auferstehung erlangt hat, kann nicht mehr sterben (Lk 20:36). Das bedeutet, dass er nicht mehr zurückfallen kann in eine unbewusste

irdische Existenz, denn der Prozess der Selbst-Verwirklichung, die Theose, ist irreversibel. Wer sich einmal seiner wahren Gottes-Natur bewusst geworden ist, fällt nicht mehr zurück in menschliche Unbewusstheit und Identifikation mit den existenten Formen.

Ist Auferstehung das *Ende* einer langen Reise? Ich glaube nicht. Sie ist *Ziel*, aber nicht Ende. Wer an dieses Ziel gelangt ist, hat in das Göttliche SEIN heimgefunden, in dem er in keiner Weise begrenzt ist. Darum kann der Mensch, der die Theose, die Auferstehung erlangt hat, als vollbewusstes göttliches Wesen wieder inkarnieren, ohne noch einmal in Unbewusstheit zurückzufallen. Er wird seinen physischen Körper als Tempel achten und pflegen, aber nicht mehr vergötzen oder sich mit ihm identifizieren. Er wird seine drei Körper schätzen als Ausdrucksformen seiner Selbst. Er muss nicht mehr inkarnieren, um Karma zu erfüllen. Er kommt aus vollkommener Freiheit, als reine Liebe, um andern zu dienen, das heißt, um seinen Brüdern und Schwestern in ihrem schmerzlichen Prozess der Selbst-Findung ein Licht zu sein. Dann erfüllt er das Christuswort *Ihr seid Licht für die Welt* (Mt 5:14) vollbewusst.

Karma und Gnade

Immer wieder werde ich besonders in christlichen Kreisen gefragt: »Wo bleibt die göttliche Gnade und Vergebung, wenn ich selber für alles Unrecht, das ich begangen habe, geradestehen muss? Wird beim Karma nicht der fundamentale Glaubenssatz aufgegeben, dass Christus für unsere Sünden am Kreuz gestorben ist?«

Ich habe bereits versucht, deutlich zu machen, dass Joshua Immanuel, der Christus, selber nie sagte, er sterbe stellvertretend für die Sünden der andern. Zwar kündigte er sein Leiden und Sterben an (Mt 13:12; 26:2; Mk 8:31; Lk 9:22), sprach aber nie im Sinne eines Opfertodes davon. Vielmehr hat er uns am Kreuz die Freiheit des Geistes über die Materie und die Souveränität der Liebe über den Hass vorgelebt. Schon während seines irdischen Daseins hat er in göttlicher Vollmacht einem Menschen Sünden vergeben (Mt 9:2), ohne erst dafür zu sterben. Er ist in die Welt der Dualität heruntergestiegen, um *zu suchen und zu retten, was verlorengegangen ist* (Lk 19:10). So hat er selbst Sinn und Ziel seiner Inkarnation umschrieben.

Wenn es nun der Sinn unserer irdischen Existenz ist, Erfahrungen zu machen und an den Erfahrungen – gerade auch an den bitteren – zu reifen, dann wäre es sinnlos, uns um diese Möglichkeit zu bringen. Genau das bedeutet Karma: Die Erfahrung, dass alles, was wir verursachen, eine Wirkung hat. Aber es bedeutet auch die Chance, daraus zu lernen. Was hätte es dem verlorenen Sohn gebracht, wenn ihn der Vater mit einem vollen Geldbeutel vor dem Bordell erwartet hätte, weil der Sohn sein Geld bei den Huren verloren hatte? Was würde es uns nützen, wenn wir unbegrenzt neue Energie auftanken könnten, nachdem wir sie sinnlos vergeudet haben? Wir würden aus der Erfahrung nichts lernen. Was hätte es dem Sohn gebracht, wenn ihm der Vater ein festliches Menu in den Schweinestall hätte servieren lassen? Er musste erfahren, dass ihn das Schweinefutter nicht satt macht, sonst hätte er seine Lektion nicht gelernt.

Außerdem macht das Gleichnis deutlich, dass der Vater seinen Sohn nicht an die lange Leine nimmt. Er behandelt ihn wie einen erwachsenen Menschen und lässt ihm die Freiheit, davonzulaufen, ja sich zu verlaufen und zu verirren. Er weiß, dass der Sohn *Sein* Wesen in sich trägt und darum irgendwann heimfindet. Den Zeitpunkt darf der Sohn selber bestimmen, das gehört zu seiner Freiheit. Er soll lernen, gerade in der Welt der Gegensätze mit dieser Freiheit umzugehen. Wenn er sich dabei

Schmerzen und Leid einhandelt, kann ihm eben diese Erfahrung helfen, erwachsen zu werden, wenn er sich die Zusammenhänge bewusst macht. Älter wird jeder von alleine. Erwachsen werden aber bedeutet bewusst werden und bewusst Verantwortung für sein Leben übernehmen. Wenn ich mir meiner Selbst bewusst geworden bin und im Alltag vollbewusst mein göttliches Wesen – statt meinen Egoismus – verwirkliche, schaffe ich mir kein belastendes Karma mehr.

Wer aber noch nicht erwachsen ist, wer noch wie ein Kind in den Tag hineinlebt, kann doch eigentlich nicht verantwortlich gemacht werden für sein Verhalten. Ist es nicht unbarmherzig, ihn immer wieder bei seinen Fehlern zu behaften?
Tatsächlich hätte kaum ein Mensch eine Chance, aus dem ewigen Kreislauf von Ursache und Wirkung herauszufinden, wenn nicht der Vater in seiner unendlichen Liebe immer wieder Gnade vor Recht walten ließe. Es gibt genügend biblische Beispiele, die zeigen, dass die göttliche Gnade über dem Karma steht.

Der Prophet Jona muss den Bewohnern von Ninive den Untergang – als Folge ihres schuldhaften Lebenswandels – ankündigen. Da ordnet der König eine öffentliche Buße an, und Gott ändert sein Vorhaben: Ninive wird begnadigt. Das wiederum versteht Jona nicht, denn er ist noch ganz im Schuld- und Sühnedenken verhaftet (Jona 4).

Der Prophet Jesaja wird zu Hiskia, dem König von Juda, gesandt, um ihm den bevorstehenden Tod anzukündigen (2. Kön 20:1–6). Nun folgt eine geradezu rührende Szene, in der Hiskia Gott unter Tränen um Gnade bittet mit dem Argument: »Schau, ich bin dir treu geblieben und habe getan, was dir wohlgefällt!« Jesaja hat den Palast noch nicht ganz verlassen, da wird er zurückgeschickt mit der Botschaft: *Ich habe dein Gebet gehört und deine Tränen gesehen. Ich lasse dich wieder gesund werden ... und gebe dir fünfzehn Jahre Aufschub.*

Selbst in der Zeit, als sich das Volk Israel wie eine treulose Geliebte von Gott abwendet und fremdgeht, wird ihm zwar Strafe angedroht, zugleich aber auch versichert: *Wie könnte ich dich preisgeben, Ephraim, wie dich aufgeben, Israel? ... Mein Herz kehrt sich um in mir, mein Mitleid lodert auf. Ich will meinen glühenden Zorn nicht vollstrecken und Ephraim nicht noch einmal vernichten. Denn ich bin Gott, nicht ein Mensch, der Heilige in deiner Mitte, doch nicht dein Zerstörer.* (Hos 11:8 f)

Noch viel deutlicher kommt diese göttliche Liebe und Vergebung bei Joshua Immanuel, dem Christus, zum Ausdruck. Er befreit den Besessenen, obwohl er seinen Jüngern deutlich macht, dass diese Besessenheit eine Folge von dunklen Elementalen ist, die dieser Mensch erschaffen hat (Mt 12:22 ff, 43 ff). Das markanteste Beispiel ist der Schächer am Kreuz. Ein Mörder wird neben Christus gekreuzigt, der sich zweifellos mit seinem Morden Karma aufgeladen hat. Er bittet in der letzten Stunde seines Lebens Joshua um Gnade und bekommt die Zusage: *Heute noch wirst du mit mir im Paradiese sein* (Lk 23:43).

Den meisten dieser Beispiele ist gemeinsam, dass der Mensch sein Vergehen einsieht und um Vergebung bittet. Daraufhin werden sozusagen die karmischen Zusammenhänge gesprengt. Das steht durchaus im Einklang mit dem Karmischen Gesetz und ist ganz im Sinne des Bewusstwerdungsprozesses. Denn wer sein Unrecht einsieht und um Vergebung bittet, der ist eindeutig auf dem Weg der Bewusstwerdung. Wieder wird deutlich, dass es beim Karma nicht um ein Abbüßen von Schuld geht, sondern um einen Lern- und Reifungsprozess. Wer sein Unrecht einsieht, der hat schon einen wichtigen Teil seiner Lektion gelernt; darum kann ihm die Last des Karma abgenommen werden.

So steht also Karma nicht gegen die Gnade; es ist vielmehr ein Element der göttlichen Liebe. Wie ein weiser und liebevoller Mensch sein Kind Erfahrungen machen lässt, damit es daran reift – und seien die Erfahrungen auch schmerzlich –, so lässt das Absolute, Unendliche SEIN uns alle in der Welt der Gegensätze Erfahrungen machen. Zu diesen Erfahrungen gehört vor allem das Gesetz von Ursache und Wirkung. Weil es aber bei Karma nicht um ein Abbüßen von Schuld, sondern um einen Lernprozess geht, steht die Liebe über dem Gesetz, auch über dem karmischen.

Es ist zwar wichtig, dass wir unser Unrecht einsehen und um Vergebung bitten, denn das ist Voraussetzung für unsere Entwicklung. Die göttliche Gnade und Liebe ist aber von nichts, auch nicht von unserer Reue, abhängig. Sie wirkt vielmehr uneingeschränkt, grenzenlos. Das kommt darin zum Ausdruck, dass der Logos neun Zehntel unserer karmischen Last trägt, wie mir Daskalos einmal sagte. Nur ein Zehntel müssen wir selber tragen. Der Christus-Logos trägt die Sünde der Welt *(Agnus Dei qui tollis peccata mundi),* und er leidet täglich in jedem von uns – nicht am Kreuz auf Golgatha. Weil er uns den größten Teil unserer karmischen Last abnimmt, ermöglicht er uns, den Lernprozess zu durchlaufen (das ist mit dem letzten Zehntel, das wir selber zu tragen haben, gemeint), und befreit uns damit für den Weg der Verwandlung. Darin kommt die göttliche Gnade und Liebe am umfassendsten zum Ausdruck. Karma steht also nicht gegen die Gnade; vielmehr ermöglicht die Gnade erst die tägliche Arbeit am Charakter.

Das falsch verstandene christliche Dogma von der Erlösung am Kreuz löst eine statische Haltung aus: Christus ist für uns am Kreuz gestorben, denn wir sind Sünder. Daran ändert sich nichts. Das sind zwei statische Komponenten. Demgegenüber hatte Joshuas Reden und Handeln eine dynamische Komponente. Er hat Menschen geheilt oder von Sünde freigesprochen, *damit* sie ihr Leben grundlegend ändern. Er hat Menschen aus der karmischen Verstrickung herausgelöst und sie freigesetzt, *damit* sie an ihrem Charakter arbeiten und somit einen Verwandlungsprozess durchlaufen. Wie könnte der menschgewordene LOGOS auch anders handeln, wenn das universelle göttliche Gesetz Verwandlung und Entwicklung vorsieht?

Der Sinn der Reinkarnationstherapie

In den letzten Jahren haben immer mehr Menschen den Wunsch, etwas von den Existenzen zu erfahren, die sie früher durchlebt haben. Ist das eine Modeerscheinung – wie im Winter Badeferien in der Karibik zu machen oder im Sommer auf einem Gletscher Ski zu fahren? Oder steckt dahinter ein tiefer Sinn, ja sogar ein lebensnotwendiges Bedürfnis?
Wir haben erkannt, dass alles in uns gespeichert ist, was wir je erlebt haben. So müssen wir auch damit rechnen, dass sich uns die Erfahrungen vergangener Inkarnationen wie Muster eingeprägt haben und in unserem Unterbewusstsein wirken. Wir spüren aber nur Auswirkungen und wissen nichts Konkretes davon, können also nicht »greifen«, begreifen, was dahinter steckt.

Tom ist dreißig Jahre alt. Vor zehn Jahren hatte er eine Liebesbeziehung, die auseinanderging. Heute hat er große Mühe, sich wieder einem Menschen zu öffnen, und zugleich wächst in ihm die Angst davor, allein zu bleiben und einsam alt zu werden. Er sehnt sich nach einer Partnerin, und er sehnt sich nach Familienleben.

In der Rückführung erlebt er eine Existenz im ausgehenden Mittelalter. Er lebt sorglos und glücklich mit seiner jungen Frau, bis er in den Krieg ziehen muss. Er fällt im Kampf und muss seine geliebte Frau zurücklassen. Das kann er weder verstehen noch akzeptieren.
Das Muster der gewaltsamen Trennung wiederholt sich in der darauffolgenden Inkarnation. Wieder genießt er sein idyllisches, beschauliches Leben mit seiner jungen Frau, bis beide von Reitern gefangengenommen und auf eine Burg verschleppt werden. Die Frau muss arbeiten, er muss jahrelang im Kerker schmachten. Als sie wieder zusammenfinden, sind beide alt und verbraucht.
In der nächsten Inkarnation begegnet ihm dieses geliebte Wesen als seine Mutter. Die Liebe ist so stark, dass er als heranwachsender junger Mann eine Beziehung zu ihr eingeht, die natürlich verboten ist. Die einzige Lösung ist, dass er das Elternhaus verläßt. Wieder wird er also gezwungen, den geliebten Menschen aufzugeben. In der Fremde heiratet er, aber nur pro forma. Er stürzt sich in die Arbeit und kompensiert damit seine ungestillte Sehnsucht. Im Alter lässt er sich in der Nähe eines Klosters nieder, holt sich dort Bücher und beginnt zu lernen.
Dann erlebt er eine Inkarnation am Ende des letzten Jahrhunderts. Er heiratet zwar, führt aber nur eine Scheinehe. Seine Liebe gilt seinem Beruf in der Staatsverwaltung.

Auch im jetzigen Leben landet er als Akademiker hinter dem Schreibtisch. Er hat bereits eine tragische Liebesbeziehung hinter sich und ist auf dem besten Weg, sich in sein Schneckenhaus zu verkriechen.
Was hilft nun Tom das Wissen, das er in den Rückführungen gewonnen hat? Er versteht, weshalb er heute so schüchtern und verschlossen ist. Er kennt jetzt das Muster, das sich über Inkarnationen hinweg in ihm gebildet hat: »Ich habe kein Glück mit Frauen – Liebe tut weh, sie darf nicht sein.« Die logische Konsequenz ist, dass er sich in diesem Leben keine Liebeserfahrung zugesteht. Vermutlich brachte dies bereits die erste Beziehung vor zehn Jahren zum Scheitern, weil es unbewusst in ihm wirkte und ihn liebesunfähig machte. Dieses Muster funktioniert in seinem Unbewussten wie ein Störbefehl im Computer. Solange er es nicht löscht, steht er selber seinem Glück im Weg. Was ist also die Lektion, die er aus diesen karmischen Zusammenhängen lernen soll?

Zwar wissen wir im Augenblick noch nicht, weshalb er bereits in der ersten Inkarnation, in die er zurückgeführt wurde, seine geliebte Frau so früh verlassen musste. Sicherlich steht aber auch das in einem karmischen Zusammenhang. Jetzt gilt es für Tom, das Schicksal zu akzeptieren, statt – wie er es damals tat – verbittert zu gehen. Außerdem muss er lernen, dass Lieben nicht bedeutet, einen Menschen festzuhalten und zu besitzen, sondern sein Herz dem göttlichen Wesen, das der andere ist, zu öffnen. Diese Liebe können weder Kerkermauern noch der physische Tod verhindern. In diesem Sinn kann er jeden Menschen lieben, auch die eigene Mutter, doch darf diese Liebe nicht in jedem Fall in einem physisch-sexuellen Liebesverhältnis ausgelebt werden. So hätte Tom seine Mutter lieben können, ohne sie als Sexualpartnerin zu begehren. Weil er das nicht begriffen hat, fügt er sich selber Schmerzen und Leid zu. Im jetzigen Leben muss er lernen, was Liebe wirklich meint, und außerdem erkennen, dass er es selber ist, der sich Leid und Schmerzen zufügt und sich schließlich einsam macht. Wenn er das begreift, kann er das alte Muster löschen und ein neues Programm entwickeln, beispielsweise »In diesem Leben kann ich glücklich werden.«

Wolfgang hat große Probleme mit seiner Partnerin, genauer gesagt: sie mit ihm. Eigentlich möchte sie ihr Leben mit ihm teilen, aber sie hält es kaum noch aus, weil er sich wie ein Kind an sie hängt, sie in ihrer Handlungsfähigkeit einschränkt, ja förmlich gefangensetzt.
In der Rückführung findet er sich auf einem Bauernhof. In der damaligen Frau erkennt er seine jetzige Lebenspartnerin wieder. Obwohl eine tiefe Liebe die beiden verbindet, lässt sie sich eines Tages von einem Rei-

cheren fortlocken. Wolfgang will das nicht akzeptieren, er geht zum Hof des andern und will seine Frau zurückholen, wenn nötig mit Gewalt. Es kommt zu einem Handgemenge, bei dem er erschlagen wird.

Er weiß jetzt, warum er im jetzigen Leben eine panische Angst hat, seine Partnerin zu verlieren, und er begreift, dass Lieben nicht festhalten, sondern loslassen bedeutet. Hätte er seine Frau in der letzten Inkarnation losgelassen, müsste er es in diesem Leben nicht so schmerzlich lernen.

Und er macht bei dieser Rückführung noch eine andere großartige Erfahrung. Er sieht auf einmal seine derzeitige Partnerin nicht in ihrer physischen Gestalt, sondern als ewiges Lichtwesen und erlebt, wie er immer wieder mit ihr eins wird. Vermutlich sind die beiden sogar Seelen-Partner, das heißt auf der höchsten Ebene zwei Strahlen derselben Sonne. Jedenfalls hilft ihm diese Seins-Erfahrung zu erkennen, was er in Wirklichkeit sucht und liebt, nämlich dieses Lichtwesen. Er begreift, dass er dieses ewige Wesen, das seine Partnerin ist, nie verliert. Das hilft ihm, sie auf der physischen Ebene allmählich loszulassen.

Diana liebt ihren Freund. Sie fühlt sich sehr stark zu ihm hingezogen, hat aber immer wieder das gleiche unbegreifliche Erlebnis, dass sie sich förmlich verschließt, wenn er sich ihr sexuell nähert.

In der Rückführung erlebt sie, dass drei junge Männer sie vergewaltigen. Einer von ihnen ist ihr jetziger Freund. Er war auch damals ihr Freund, aber zu feige, sich für sie stark zu machen und sie zu beschützen. Darum ließ er nicht nur zu, dass sie vergewaltigt wurde, sondern beteiligte sich sogar selbst an dieser grausamen Handlung. Nun weiß sie, weshalb sie eine Aversion hat, wenn er sich ihr heute körperlich nähert. Außerdem fällt es ihr wie Schuppen von den Augen: Die Feigheit, an der sie damals verzweifelte, bringt sie auch heute wieder zur Verzweiflung.

Ein harter innerer Kampf beginnt: Will sie seine Schwäche in diesem Leben wieder in Kauf nehmen? Sie begreift, dass sie sich ihm heute nur öffnen kann, wenn sie ihm verzeiht, was damals geschah. Nachdem sie sich dazu entschieden hat, beginnt eine neue, wundervolle Beziehung zwischen beiden zu wachsen. Denn ihr Verzeihen, ihre bedingungslose Liebe, ist seine größte Chance, an seinem Charakter zu arbeiten.

Tamara fühlte sich schon als Kind ihrer Mutter gegenüber fremd und von ihr abgelehnt, während sie zu ihrem Vater von Anfang an eine tiefe Beziehung hatte.

In der Rückführung erlebt sie sich als bildhübsche Burgherrin. Sie liebt ihren Mann und meint, dass auch er ihre Gefühle teilt. In Wirklichkeit aber hat er eine Geliebte, darum ist ihm seine Frau mehr und mehr im Weg. Eines Tages entschließt er sich, sie zu vergiften. Auf dem Sterbebett sieht sie die Geliebte ihres Mannes in der Türe stehen und erkennt in ihr die heutige Mutter wieder. Kein Wunder, dass sich beide Frauen in der jetzigen Inkarnation mit gegenseitiger Ablehnung begegnen.

Der Lernprozess, den beide zu leisten haben, zeichnet sich deutlich ab: Die ehemalige Nebenbuhlerin kommt in dieser Inkarnation als Mutter wieder, um das früher begangene Unrecht gutzumachen. Wir sehen auch hier wieder, dass es beim Karma nicht um Bestrafung, sondern um einen Lernprozess geht. Wenn sie damals der Burgherrin mit Eifersucht und Hass begegnete und mithalf, sie zu ermorden, kann sie in dieser Inkarnation lernen, sie anzunehmen und zu lieben. Eine ausgezeichnete Voraussetzung dafür ist die Rolle der Mutter.

Aber auch Tamara hat einen Lern- und Reifungsprozess durchzumachen. Sie weiß jetzt zwar, weshalb sie in diesem Leben von Anfang an ihre Mutter abgelehnt hat. Jedoch mit dem Wissen allein ist es nicht getan. Jetzt kommt die Aufgabe zu verzeihen klar auf sie zu. Tamara spürt, dass sie keine Ruhe findet und keinen Schritt weiterkommt in ihrer Entwicklung, bevor sie nicht verziehen hat, was ihr angetan wurde. Als ich sie bei der Geburtsrückführung in den körperlosen Zustand vor der Zeugung führe und nach der Aufgabe frage, die sie sich für das vor ihr liegende Leben gestellt hat, sagt sie prompt: »All den blöden Menschen verzeihen.« Wenn ich in früheren Therapiestunden von Verzeihen sprach, wies sie dieses Thema jedesmal weit von sich.

Aber noch ein anderer Lernprozess kommt auf Tamara zu. In der therapeutischen Arbeit kam immer wieder das Thema Malen zur Sprache. Tamara erzählte mir, dass sie einerseits von ihrer inneren Stimme zum Malen gedrängt werde und andrerseits eine unbändige Wut in ihr hochsteige, wenn sie nur daran denke, einen Pinsel in die Hand zu nehmen. Aus Angst, in der Wut etwas zu zerstören, fange sie lieber gar nicht zu malen an.

Wir machen wieder eine Rückführung und suchen nach der Wut, die im Zusammenhang mit dem Malen hochkommt. Zunächst stößt Tamara auf eine Inkarnation als junger Eingeborener. Er soll in seinem Stamm Häuptling werden, hat aber einen Rivalen, der ihn aus dem Hinterhalt mit einem vergifteten Pfeil tötet. Im Sterben spürt er eine Riesenwut in sich aufsteigen: er hätte dieses Unglück vermeiden können, wenn er auf seine innere Stimme gehört hätte, die ihn gewarnt hatte.

Als Nächstes sieht sich Tamara als dreizehnjähriges jüdisches Mädchen in Prag während des Dritten Reiches. Wieder hatte die innere Stimme sie gewarnt vor Hitler und ihr geraten, frühzeitig zu fliehen. Aber was kann schon eine Dreizehnjährige allein unternehmen? So wird sie schließlich mitsamt ihren Eltern getötet.
Dann erscheint eine Existenz, die wohl vor der jüdischen liegt. Sie sieht sich als junge, hübsche Frau und ist glücklich verheiratet mit einem Mann, den sie über alles liebt, der aber früh an einer schweren Krankheit stirbt. Und da erscheint wieder die alte Wut, weil sie die Gefahr geahnt, aber nichts dagegen unternommen hatte.
Sie erkennt die Aufgabe, die sie in dieser Inkarnation bewältigen muss: Lernen, wieder auf ihre innere Stimme zu hören und im Leben entsprechend zu handeln. Lernen, ihr Schicksal in die Hand zu nehmen, statt abzuwarten, bis die Ereignisse sie überrollen. Dann wird keine ohnmächtige Wut mehr sie blockieren, sondern der Weg für eine schöpferische Tätigkeit wird frei sein.

Janine ist eine junge Frau von fünfunddreißig Jahren, sympathisch, gutmütig, wirkt aber ziemlich »abgestellt«, emotional verschlossen. Sie ist zwar intelligent, reagiert aber langsam, eher langweilig. Als Kleinkind hatte sie eine gute Beziehung zu ihrem Vater; im Alter von fünf Jahren jedoch hat sie sich ihm gegenüber völlig verschlossen. Sie war oft auf dem Bauernhof der Großmutter. Heute steigt ein beklemmendes Gefühl in ihr auf, wenn sie an diese Zeit denkt, und eine dunkle Erinnerung an dieses Anwesen befällt sie.
Wir machen eine Regressionssitzung und gehen in die Zeit zurück, als sie fünf Jahre alt war. Ich führe sie in der Tiefenentspannung auf jenen Bauernhof und erlebe eine Horrorszene mit. Der Onkel lauert dem ahnungslosen Mädchen auf, zerrt es in die Scheune und vergewaltigt es dort brutal. Weil sich das kleine Mädchen wehrt, schlägt er seinen Kopf auf den Boden und betäubt es damit. Als es aus seiner Ohnmacht zurückkommt, hört es ihn schreien:»Knöpf auf, knöpf auf!« Hier liegt der Ursprung der Knopf-Phobie, die Janine bis heute belastet.
Nun tritt auch zu Tage, weshalb sie sich damals ihrem Vater gegenüber verschloss. Als sie einige Zeit nach der Vergewaltigung in den Kindergarten kam, legte sie sich eine infantile Babysprache zu. Es war ein regressiver Schutzmechanismus. Der ahnungslose Vater sagte dann zu ihr: »Du musst richtig reden, sonst lachen dich die andern aus.«
Das wirkte zweifellos bedrohlich auf sie. Mit dieser Bemerkung riss ihr der Vater den Schutz, den sie sich mit der Babysprache zugelegt hatte, weg. Zudem: Was hieß richtig reden? Musste nicht ihr Unbewusstes diese

Bemerkung als Aufforderung verstehen, über das Horrorerlebnis »richtig«, das heißt offen zu reden. Das aber war unmöglich, denn sie spürte schon damals, dass die gesamte Verwandtschaft mütterlicherseits sich hinter den Onkel stellen würde. Anstatt zu reden, schwieg sie im Kindergarten erst recht ein ganzes Jahr lang beharrlich. Ihrem Vater gegenüber verschloss sie sich von da an ebenfalls, denn auch er war – wie der Onkel – ein männliches Wesen, und männlich bedeutete für sie eine Bedrohung. Das hatte ihr Unbewusstes aus seiner (ahnungslosen) Bemerkung erkannt.

Wir arbeiten so lange an der Vergewaltigungsszene, bis die Emotionen gelöscht sind. Anschließend fragen wir Janines innere geistige Führung, *wozu* sie das erlebt hat. Die Antwort lautet, dass damit etwas Karmisches gelöscht werden sollte.
Dann findet sich Janine in einer früheren Existenz als Mann wieder. Er liebt seine Kusine, eine junge Witwe mit zwei kleinen Kindern, und begehrt sie. Bei einem Besuch erklärt er ihr seine Liebe. Sie aber weist ihn zurück. Da überfallen ihn seine Triebe. Er zerrt sie ins Nebenzimmer und vergewaltigt sie.

Nach dem Gesetz von Ursache und Wirkung muss nun dieses Menschenwesen die Konsequenz für sein Verhalten tragen. Die karmische Aufgabe besteht darin, in einer künftigen Inkarnation den weiblichen Part zu übernehmen und dabei zu erleben, wie es ist, von einem kräftemäßig überlegenen Mann vergewaltigt zu werden. Das hat sie als Janine in der jetzigen Inkarnation erfahren. Frappierend ist dabei die Parallelität der Umstände: Beide Male wird die Betroffene nach nebenan gezerrt, und beide Male ist der Täter ein naher Verwandter.
Nachdem Janine diese karmischen Zusammenhänge begriffen und akzeptiert hat, kann sie sich, ohne zu zögern, innerlich mit ihrem Onkel aussöhnen.

Diese Beispiele machen deutlich, dass es in der Reinkarnationstherapie nicht einfach darum geht, Vergangenes aufzudecken. Entscheidend ist, dass es verarbeitet wird. Mit der gleichen Zielsetzung inkarnieren wir ja auch immer wieder, nämlich um vergangene Erfahrungen zu verarbeiten und daraus zu lernen, damit wir in unserem Reifungsprozess vorankommen. Je mehr Einblick der Mensch in frühere Existenzen gewinnt, desto mehr entdeckt er auch die karmischen Zusammenhänge zwischen damals und heute. Sie ziehen sich oft wie ein roter Faden durch mehrere Inkarnationen hindurch. Als Folge seines Karmas hat er ein Lernprogramm ins jetzige Leben mitgebracht. Diese Aufgabenstellung erkennt er, wenn er in den körperlosen Zustand vor der Zeugung geführt wird, was im Rahmen einer Geburtsrückführung geschieht.

Aber noch eine andere wichtige Erfahrung gehört in diesen körperlosen Zustand vor der Zeugung: Der Mensch erlebt sich in dieser Phase als geistiges Wesen, das kurze Zeit später in die Materie eintaucht. Er lernt also zu unterscheiden zwischen sich Selbst und der körperlichen Form, die erst später gebildet wird. Er erlebt, dass er *ist*, auch wenn er noch nicht existiert, und er wird sich seiner Selbst bewusst, bevor er in die Existenz eintritt.

Oftmals erlebe ich auch, dass der jeweilige Mensch in dieser Phase als weises, weit entwickeltes Wesen zu Wort kommt, während er außerhalb der Rückführung eine unreife, unterentwickelte Persönlichkeit präsentiert. Mancher erlebt sich in diesem körperlosen Zustand als strahlendes Lichtwesen, geborgen im unendlichen SEIN. Die gleiche Erfahrung macht fast jeder, wenn er bei einer Rückführung das Ende einer früheren Inkarnation wiedererlebt: er geht in ein warmes Licht hinein, in dem er sich vollkommen geborgen und glücklich fühlt, wie traumatisch auch immer das Sterben gerade verlaufen sein mag. Solche Erfahrungen sind ungeheuer wertvoll für den heutigen Menschen, der meistens in einer inneren Dissoziation lebt. Es sind Seins-Erfahrungen, die durch Worte nicht aufzuwiegen sind.

Bei der Aufgabenstellung fürs jetzige Leben treten immer öfter »Lieben« und »Vergeben« in den Vordergrund, besonders da, wo jemand in einer früheren Inkarnation viel Unrecht erlitten hat. Wenn wir begreifen, dass wir selber immer wieder von der Gnade und Vergebung Gottes leben (denn wir tragen unser Karma nur zu einem geringen Teil selbst), dann können wir nicht umhin, auch unseren Mitmenschen zu verzeihen.
Das macht Joshua Immanuel, der Christus, in seinem Gleichnis vom unbarmherzigen Knecht deutlich (Mt 18:21–34). Wir stehen Gott gegenüber unendlich viel tiefer in Schuld, als je ein Mitmensch uns gegenüber schuldig sein kann. Denn wir verleugnen immer wieder unser wahres göttliches Wesen und verhalten uns darum der Umwelt gegenüber rücksichtslos und lieblos. Wer also nicht vergeben kann, dem wird seine eigene karmische Last auch nicht abgenommen. Wir können nicht auf Verständnis, Großzügigkeit und Vergebung hoffen, wenn wir nicht genauso unseren Mitmenschen vergeben können (Mt 6:12). Das ist sicherlich keine leichte Aufgabe. Dennoch habe ich den Eindruck, dass immer

mehr Menschen einen Einblick in karmische Zusammenhänge bekommen, um eben das zu lernen: zu lieben und zu vergeben. Nur wenn der Mensch lieben lernt, wird er einen entscheidenden Schritt weiterkommen im Evolutionsprozess. Denn Gott ist Liebe ...

Schicksal als Chance

Vor Jahren begegnete ich einer jungen Familie, die gerade ihren zweijährigen Sohn verloren hatte. Sie waren in den Ferien nach Kanada geflogen und hatten sich mit Freunden zusammen ein Hausboot gemietet. Der Mann hatte eine gute Position in der Wirtschaft. Die Frau war mit Ehemann, zwei Kindern und Haushalt zwar ausgelastet, aber nicht erfüllt. Da schlug das Schicksal in jenem Kanadaurlaub zu. In einem unbewachten Augenblick kletterte der kleine Sohn über Bord. Bis sie ihn wieder aus dem Wasser herausfischen konnten, war er bereits tot.
Nun begann eine schreckliche Zeit für die ganze Familie. Jeder suchte nach Erklärungen, um nicht schuld zu sein am Tod des Jüngsten. Vor allem der ältere Bruder, der auf ihn hätte aufpassen sollen, machte sich Vorwürfe, die dann sehr schnell weggeschoben wurden und sich später in körperlichen Symptomen ausdrückten. Die Mutter wollte ohne ihren kleinen Sonnenschein nicht mehr weiterleben. Der Vater verdrängte seinen Schmerz und gleichzeitig seine ganze Gefühlswelt. In dieser Zeit lernten wir uns kennen. Nur langsam war es möglich, die eisige Mauer, die durch den Schock und den Verlust entstanden war, zu durchdringen und einen freundschaftlichen Kontakt herzustellen. Immer lag die erdrückende Warum-Frage der Mutter in der Luft: Warum musste das geschehen? Warum hat es gerade uns getroffen? Was haben wir Schlimmes verbrochen, dass wir so gestraft werden?

Behutsam nahmen wir unsere neuen Freunde mit auf eine innere Entdeckungsreise. Es war beglückend zu sehen, wie sie langsam Fuß fassten im Neuland. Bald einmal machten sie eine großartige Erfahrung: Sie begriffen, dass die Warum-Frage falsch war. Denn diese suchte immer nach der Schuld und letztlich auch nach dem Schuldigen. Statt dessen ging es darum, nach dem Sinn dessen zu suchen, was sie so schwer getroffen hatte. So wurde aus dem »Warum« die Frage »Wozu?«. Sie erkannten, dass ihr kleiner Sonnenschein wirklich ein weitentwickeltes Wesen ist, das nur zu dem Zweck zu ihnen gekommen war, sie aufzuwecken. Je früher, desto besser. Darum konnte er so bald wieder gehen, denn seine Aufgabe war nicht, sie als der kleine Sonnenschein jahrzehntelang zu erheitern, sondern etwas in Bewegung zu bringen. Und das tat er denn auch mit seinem frühen tragischen Tod.
Das ganze Gefüge von Vorstellungen und Theorien kam ins Rutschen; die Suche nach dem Schuldigen war beendet, denn es gab keinen Schuldigen. Der Tod des kleinen Sohnes verlor seinen Charakter als tragisches Unglück oder gar als Strafe Gottes. Sie begannen zu begreifen, dass sich

dahinter ein höherer Plan verbirgt, der nicht *gegen* sie, sondern *für* sie arbeitet. So lernten sie, ihre Blickrichtung zu verändern und nicht mehr zurück, sondern nach vorne zu schauen. Die Suche nach dem Sinn dessen, was sie erlebt hatten, veränderte ihr Leben von Grund auf. Sie sind aufgewacht und gerade dabei, zu sich Selbst zu finden.

Wie oft wird uns Menschen eine solche Chance geboten, aber wir tragen die »falsche Brille« und sind darum nicht im Stande, richtig zu beurteilen, was wir erleben.
Am Ende des theologischen Studiums hatte ich das Pech, in einem Fach durchzufallen. Das war nicht nur eine Schande für mich, das war ganz einfach unmöglich. Im Gymnasium hatte ich jedes Jahr eine Auszeichnung für gute Leistungen bekommen – und nun dieser Tiefschlag! Eine Welt brach für mich zusammen. Meine Familie schimpfte über den unverschämten Professor, der ihrem Sohn solch eine Schlappe verpasst hatte, wo ich doch sowieso vom Schicksal benachteiligt war, da ich mit zwölf Jahren den Vater verloren hatte.
Arme Familie! Sie kannte nichts anderes als das Schuld- und Strafdenken und hatte auch mich so geprägt. Erst viel später erkannte ich den Sinn dieses »ungerechten« Schicksalsschlages. Er traf zum einen meine Einbildung über mein Wissen und meine Intelligenz, also meinen Egoismus, der meine innere Entwicklung nur blockiert hätte. Zum andern kam eines Tages ein geheimnisvolles Zeitpuzzle zum Vorschein: Weil ich in einem Fach durchgefallen war, konnte ich erst ein halbes Jahr später mein Studium abschließen und somit erst dann das Vikariat beginnen. Ich wäre eigentlich gerne in eine südbadische Gemeinde gegangen, wurde aber in einem Dorf in Nordbaden eingesetzt, wo gerade eine Stelle frei geworden war. In diesem Dorf begegnete ich der Frau, mit der ich schon seit vielen Inkarnationen verbunden bin und die auch in diesem Leben meine Partnerin geworden ist. Wäre ich nicht durchs Examen gefallen und schon ein halbes Jahr früher fertig geworden, wäre diese Stelle nicht frei gewesen. Dann wäre es viel mühsamer geworden, meine jetzige Frau zu finden. Gemeinsam mit ihr konnte und kann ich das verwirklichen, was ich mir für dieses Leben vorgenommen habe. Erst viel später ging mir also auf, dass hinter dem ungerechten Schicksalsschlag eine ungeheuer liebevolle Fügung steckte.

Sie denken vielleicht: Du hast gut reden, bei dir hat sich ja alles in Wohlgefallen aufgelöst. Wie steht's aber mit den Menschen, die an einer schweren Krankheit leiden und wissen, dass sie nicht mehr gesund werden, Menschen, die gelähmt sind oder Aids haben?

Vor einiger Zeit lernte ich eine bildhübsche junge Frau kennen, die infolge eines Autounfalls querschnittgelähmt ist. Ich sprach sie, eine strahlende, lebensfrohe Frau, die ernsthaft behindert ist, vorsichtig daraufhin an, wie sie mit diesem schweren Schicksalsschlag fertig werde. Sie schaute mich spitzbübisch an und sagte: »Glauben Sie nur nicht, dass ich immer so war, wie Sie mich jetzt erleben. Ich hatte viele Verehrer, spielte aber nur mit den Männern. Ich ging gern tanzen, ließ mich ausführen und einladen. Ich wollte genießen und nehmen, aber nichts geben. Weil ich gut aussah, bemühten sich die Männer um mich, aber ich schätzte es nicht. Alles war selbstverständlich für mich. Im Rückblick muss ich sagen, dass ich ein ziemlich unzufriedener, negativer Mensch war. Dann kam der Unfall, und ich war von einem Augenblick auf den andern gelähmt. Da erst begriff ich, was mir vorher alles geschenkt worden war, ohne dass ich es geschätzt hatte. Jetzt war es zu spät. Oder doch nicht?
In den Wochen, als ich im Gipsbett lag, lernte ich, die Liebe zu schätzen, die mir Menschen entgegenbrachten, und ich lernte, sie zu erwidern. Ich weiß, dass ich knapp am Tod vorbeigegangen bin, und ich sehe es als Chance an, dass ich noch lebe. Ich weiß heute, dass das Leben ein Geschenk ist. Ich habe mich während des endlosen Spitalaufenthalts entschieden, aus meinem Leben etwas zu machen, auch wenn meine Möglichkeiten jetzt begrenzter sind. Ich habe ganz neue Fähigkeiten bei mir entdeckt, die mich vorher nie interessiert hätten. Heute sehe ich das Leben mit anderen Augen an, und offen gesagt: Ich bin heute glücklicher.«
Betroffen hörte ich ihr zu. Ihre strahlenden Augen bestätigten mir, was sie sagte. Sollte ich sie wegen des Schicksalsschlages bedauern? Sie sprach es nicht aus, aber aus ihren Worten hörte ich klar heraus, dass sie dafür dankbar ist. Eigentlich müsste ich sie eher beglückwünschen dafür, dass sie die Chance wahrgenommen hat, die ihr geboten worden war.

Jeder Schicksalsschlag erschüttert uns und rüttelt uns wach, während wir sonst so gerne in den Tag hineinleben. Plötzlich ist nichts mehr selbstverständlich, das Leben funktioniert nicht mehr einfach. Auf einmal ist alles in Frage gestellt. Jetzt besteht die Chance, dass wir zur Besinnung kommen und über unser Leben nachdenken: Wozu bin ich hier? Was für einen Sinn hat das Leben noch, wenn ich eingeschränkt, behindert oder todkrank bin? Welchen Sinn hat das Leben überhaupt?

Wenn ein Mensch wagt, die Sinnfrage zu stellen, ist der erste entscheidende Schritt zur Veränderung getan. Denn viele Menschen vegetieren »Sinn-los« dahin, sie funktionieren einfach wie ein Teil einer großen Maschine. Um aus dieser Lethargie aufzuwachen, müssen sie stolpern und manchmal sogar an die Grenze der Existenz geführt werden. Hier besteht dann die Chance, dass sie aufwachen und begreifen, dass sie mehr sind als ein Zahnrad in der Maschinerie unserer Gesellschaft. Hier besteht die Chance, dass sie erfahren, wer sie wirklich sind, und zu sich Selbst finden. Nun lösen sie falsche Muster auf und befreien sich aus unechten Abhängigkeiten und Bindungen; oftmals ändern sie ihr Leben von Grund auf. In solchen Fällen hat der Schicksalsschlag seinen Sinn erfüllt, sein Ziel erreicht. Nicht selten verschwindet bei diesem Wandel sogar das Symptom, wenn es sich etwa um eine Krankheit oder um einen Misserfolg in der Beziehung oder im Beruf handelt.

Bei unabänderlichen Schicksalsschlägen, die wie zum Beispiel tödliche Krankheiten oder Unfälle an die Grenze der Existenz führen, haben die Betroffenen vielleicht ihr Ziel in diesem Leben bereits erreicht, oder aber es ist keine weitere Entwicklung mehr möglich, weil die jetzige Persönlichkeit mit ihrem Egoismus jegliche Entwicklung blockiert. Die derzeitige Persönlichkeit verhält sich oft wie ein eigensinniger, bockiger Esel. Wozu also noch länger auf dem störrischen Esel sitzen bleiben, der keinen Schritt mehr weitergeht? In diesem Fall ist es besser, vom Esel zu steigen und sich eine neue Möglichkeit des Weiterkommens zu suchen. Genau das tut oft die Seele, denn sie hat den Weitblick und weiß, worum es wirklich geht, wenn sie in der Welt der Dualität inkarniert ist. Nur der Esel (die derzeitige Persönlichkeit) versteht das nicht, denn er merkt nicht, wie störrisch er ist.

Ein Mensch wird sozusagen mitten aus dem Leben herausgerissen, und alle Mitbetroffenen stehen fassungslos da und fragen: »Wie kann Gott das zulassen? Wo bleibt Gottes Gerechtigkeit …?« Nie fragen sie nach Gottes Liebe und suchen kaum nach dem Sinn des schweren Schicksalsschlages. Sonst müssten sie ihre Augen öffnen und ihren Horizont erweitern.
Vielleicht hatte der, der gegangen ist, keine Möglichkeit mehr, sich weiterzuentwickeln, weshalb die Seele im Einklang mit dem Logos und anderen zuständigen Wesenheiten beschloss, diese Existenz zu beenden und eine neue Chance vorzubereiten. Oder der unerwartete Tod eines geliebten Menschen hat den Sinn, die anderen aufzurütteln, wie wir das beim ertrunkenen zweijährigen Kind gesehen haben. Nie aber ist das Schicksal blindwütend, sinnlos. Es ist immer Ausdruck einer weisen Führung, auch wenn es im ersten Augenblick grausam oder bösartig erscheint.
Den Sinn erkennen wir oft nicht, solange wir nur die momentane Existenz im Auge haben und sie als das Einzige und Höchste ansehen. Den Sinn

erkennen wir erst, wenn wir einen Blick über die Grenzen der derzeitigen Existenz hinaus wagen. Dann bekommen wir eine Ahnung von dem, was Leben überhaupt ist: ein unübersehbarer Entwicklungsprozess. Dann erst erkennen wir im Schicksalsschlag die Chance, weiterzukommen auf diesem Weg, um das Ziel der Vollkommenheit zu erreichen.

Wenn Sie gerade von einem Schicksalsschlag betroffen sind, kann Ihnen vielleicht die folgende Übung weiterhelfen:
Schließ deine Augen und entspann dich in der gewohnten Weise. Dann mach dir deutlich: Du bist nicht dein Körper und bist auch nicht an seine begrenzte Form gebunden. Stell dir vor, du bist ein Energiefeld. Mit jedem Ausatmen dehnst du dieses Energiefeld weiter aus. Beim Einatmen nimmst du die nötige Energie dazu aus dem Kosmos in dir auf.
Dehn dich aus, soweit du kannst: hinaus über das Haus, das Dorf, die Stadt, das Land, in dem du lebst. Dehn dich aus, bis du den Planeten Erde unter dir kleiner und kleiner werden siehst. Genieß die Weite und die Freiheit, die sich dir jetzt eröffnet. Werde eins mit dem unendlichen Licht, das dich umgibt.
Nun such einmal die Stelle auf dem Planeten Erde, wo du im Augenblick inkarniert bist. Betrachte aus dem Abstand heraus deine momentane Lebensphase. Aus der Weite heraus kannst du vielleicht die Aufgabe erkennen, die du dir für dieses Leben gestellt hast. Mit dem nötigen Abstand kannst du das Schicksal besser verstehen, das zu tragen dir auferlegt ist.
Bitte darum, dass dir deutlich wird, was sich ändern soll in deinem Leben.
Dann bitte um die Kraft, dass du den nächsten Schritt schaffst.

Die innere Freiheit finden

Rolf und Isabelle sind sehr sozial eingestellt und darum immer bereit zu helfen, wo Not am Mann ist. Da ihre beiden Söhne schon volljährig sind und ihnen keine großen Sorgen bereiten, haben Rolf und Isabelle wieder freie Kapazitäten. Da begegnen sie Franco, einem Italienerjungen, der fast so alt ist wie ihre eigenen Söhne. Franco hat sein bisheriges Leben bei verschiedenen Pflegeeltern verbracht, da ihn seine leibliche Mutter kurz nach der Geburt freigab. Seinen leiblichen Vater kennt er gar nicht. Bei den letzten Pflegeeltern verbrachte er den Großteil seiner Kindheit und Jugendzeit, bis es plötzlich Unstimmigkeiten gab und Franco von einem Tag auf den andern auf der Straße stand. Warum ihn nicht aufnehmen? Franco braucht eine Familie, er kann noch nicht alleine leben, und Rolfs Familie ist von der ganzen Struktur her ideal für diese Aufgabe.

Rolf und Isabelle haben gehofft, dass ich Franco helfen würde, seine traumatische Kindheit aufzuarbeiten. Aber Franco, ein reizender, liebenswerter Junge, hat Angst davor. Das ist nur zu verstehen, denn was Franco als Kind erlebt hat, war sehr schmerzlich, und keiner schaut freiwillig wieder das an, was ihm schon einmal Schmerzen bereitet hat. Fatal ist nur, dass immer wieder Probleme in der Schule und an der Lehrstelle auftreten: Auf Grund seines mangelnden Selbstwertgefühles stößt Franco schnell an eine Grenze; dieses fehlende Selbstwertgefühl hängt natürlich auch mit seiner Kindheit zusammen. Dieses Kindheitstrauma aufzuarbeiten wäre dringend notwendig; aber man kann eben niemand zu etwas zwingen, nicht einmal zu seinem Glück. Das muss ich Rolf und Isabelle immer wieder deutlich machen. Man kann keinem Menschen Hilfe aufzwingen, auch wenn sie noch so nötig wäre. Erst wenn Franco von innen heraus bereit ist, seine Probleme aufzuarbeiten, wird die Arbeit auch erfolgreich sein.

Der Mensch ist frei, sich sein Glück oder Unglück im Leben selber zu kreieren. Das anzunehmen fällt uns schwer, vor allem, wenn es um einen Menschen geht, der uns am Herzen liegt. Dennoch: Diese Freiheit hat er als göttliches Wesen.
So hat er sich auch freiwillig entschieden, in die niederen Schwingungsebenen zu inkarnieren. Und er hat als der *verlorene Sohn* das Privileg, sich so lange an die Welt der Dualität zu verlieren, bis er sich nach der Einheit sehnt und heimkehren will. Auch dann liegt es in seiner freien Entscheidung, wieviel Zeit er sich für diesen Heimweg nimmt, wie viele Umwege er beschreiten will, wie mühsam, wie beschwerlich er es sich

machen will. Er kann selber entscheiden, wie lange er den Sehnsuchtsschrei der Seele aushalten will, und das bedeutet auch, wie lange er unter der inneren Entfremdung psychisch und physisch leiden will. Ich habe oftmals den Eindruck, dass der Leidensdruck fast unerträglich groß werden muss, bis jemand bereit ist, den Weg nach innen anzutreten.

Natürlich sucht jeder den Grund für sein Leiden im Außen, also außerhalb von sich selbst. Er macht seine Mitmenschen, das Schicksal oder Gott verantwortlich. In Wirklichkeit ist es fast immer seine freie Entscheidung, zu leiden und sich eigensinnig und dickköpfig gegen die Hilfe zu wehren. Denn auch das gehört zur Freiheit des Menschen, dass er sich über den wahren Sachverhalt, über die Hintergründe seiner Lebensumstände etwas vormachen kann. Außerdem ist er frei, seine mentalen und psychischen Fähigkeiten einzusetzen, um zu erklären, weshalb jetzt gerade nicht der günstige Zeitpunkt sei, um an sich zu arbeiten. Ich kenne viele Menschen, die wahre Meister im Verdrängen der Probleme sind.

Schließlich hat der Mensch auch die Freiheit, seine irdische Existenz eigenmächtig zu beenden. Wohlgemerkt: nicht das Recht, sondern die freie Entscheidungsmöglichkeit. Diese Entscheidung zum Suizid kommt immer vom Egoismus, also vom kleinen Ego, das plötzlich nicht mehr aushalten will, was sich das göttliche Wesen als Lebensaufgabe ausgesucht hat. Wie auch immer – das kleine Ego hat nicht das Recht, aber es hat die Möglichkeit, sich für den frühzeitigen Abbruch des Lebensexperiments zu entscheiden.

Ich habe allerdings vor kurzem von einem Selbstmordkandidaten gehört, der im letzten Moment, als es praktisch zu spät war, sich entschied, doch noch leben zu wollen. Da haben sich höhere Wesen eingeschaltet und den Selbstmord, der eigentlich bereits unausweichlich war, verhindert. Sie haben eingegriffen, um diesem Menschen zu einem Bewusstwerdungsschritt zu verhelfen. Grundsätzlich aber hat der Mensch die Freiheit, sein irdisches Leben nach bestem Wissen oder Nicht-Wissen selber zu gestalten, also im Extremfall seine irdische Existenz eigenmächtig zu beenden. Zu diesem Schritt ist ein Mensch allerdings nur fähig, solange er noch nicht weiß, dass das Leben als Ausdruck des LEBENS heilig ist.

Bis jetzt haben wir von der Entscheidungsfreiheit des Menschen gesprochen, die ich »Freiheit wozu« nennen will. Der Mensch hat die Freiheit, sich auf seinem Weg *für* oder *gegen* etwas zu entscheiden. Unsere Existenz in der Welt der Dualität lässt sich mit einer großen Wanderung vergleichen. Wir haben die Freiheit, solange unterwegs zu sein, wie wir wollen. Selbst wenn wir in gewissen Momenten das Ziel der Wanderung erkennen und es uns dann vorwärtsdrängt, können wir Umwege machen oder uns faul an den Wegrand legen, statt den direkten Weg zu wählen. Wir können uns auch mutwillig in Gefahr bringen, statt behutsam und verantwortungsvoll mit unserem Körper umzugehen. Mit unseren Eskapaden verlieren wir höchstens Energie und Zeit, und Zeit ist relativ. Sie zählt in den höheren Welten nicht.

Diese Entscheidungsfreiheit haben wir, weil wir göttliche Wesen sind und uns das »göttliche Spiel« auf Erden leisten können. Es geht letztlich darum, ob wir als derzeitige Persönlichkeit bereit sind, die Erfahrungen zu machen und zu verarbeiten, welche die Seele für diese Inkarnation vorgesehen hat. Jede Inkarnation hat ihre eigene Aufgabe und somit auch ihre ganz spezifische Chance. Es geht also darum, ob wir bereit sind, diese Chance wahrzunehmen. Dafür oder dagegen können wir uns entscheiden. Und bei dieser Entscheidungsfreiheit spielt unser kleines Ego ganz groß mit.

Emilie erzählt mir stolz und im Brustton der Überzeugung: »Ich habe einen Selbsterfahrungskurs gemacht. Jetzt spiele ich nicht mehr den 'Dackel' für meinen Mann, er kann seinen Dreck selber machen. Ich bin jetzt frei.« Tatsächlich gehört auch das zur Freiheit des Menschen, was Emilie für sich in Anspruch nimmt. Welches »Selbst« sie erfahren hat, frage ich mich allerdings. Wo das große göttliche Selbst ins Spiel kommt, geht es nur noch um Liebe, Dienst und Hingabe. Was Emilie hier propagiert, ist Egoismus in Reinkultur.

»Ich brauche ... ich will ... ich habe Anspruch auf ... ich lasse mir das nicht bieten ...« – solange wir so reden und denken, sind wir noch ganz gefangen im Egoismus, der sich mit Erwartungen, Forderungen, Wünschen und Begierden ständig in den Vordergrund schiebt. Wer zu seinem Wesen findet, wird frei vom Egoismus. Er hat es nicht mehr nötig, ständig zu betonen, was er will und braucht und worauf er Anrecht hat. Er beklagt sich nicht mehr darüber, dass ihm dies oder jenes vorenthalten wird. Er kann die Dinge dieser Welt gebrauchen, sogar genießen, aber er ist nicht mehr von ihnen abhängig, das heißt, er ist frei geworden: frei von der Welt der Dualität.
Nun geht es nicht mehr um die Entscheidungsfreiheit, von der ich vorher gesprochen habe, sondern um die Wesensfreiheit. Nur wer zu seinem Wesen gefunden hat, ist wirklich frei. *Wenn euch der Sohn freimacht, seid ihr in Wirklichkeit frei*, sagt Christus (Joh 8:36). Der Sohn ist der

Logos, das göttliche Licht in uns, das uns den Heimweg zu unserem göttlichen Wesen zeigt. Wer zu seinem Wesen findet, wird frei von Vorstellungen, Erwartungen und Forderungen. Er kann den andern annehmen, wie er ist, und ihn loslassen, wenn er sich anders entwickeln will. Wer zu seinem Wesen findet, muss nichts mehr auf den andern projizieren. Er kann ihm genau die Freiheit schenken, die er selbst in seinem Wesen findet, damit der andere auch seinen Weg gehen und sich Selbst verwirklichen kann.

Wer zur Freiheit des Wesens findet, kann auch etwas tun, was andere nicht billigen. Denn er ist nicht mehr abhängig von ihrem Beifall. Aber gerade an diesem Punkt ist die Grenze zum Egoismus sehr fließend. Mancher glaubt, er sei völlig frei, wenn er sich etwas leistet, was »man« nicht tut. In Wirklichkeit praktiziert er vielleicht reinen Egoismus. Wer zur inneren göttlichen Freiheit gefunden hat, kann beispielsweise Fleisch essen, obwohl – oder gerade weil – alle Esoteriker um ihn herum das verurteilen. Aber er kann genauso gut darauf verzichten, wenn er von innen heraus weiß, dass er mit seinem Verzicht einem andern Menschen weiterhilft.

Er kann auch auf etwas verzichten, wenn er weiß, dass er sich andernfalls unnötig in einen negativen Einflussbereich begeben würde. Nehmen wir als Beispiel die Diskussion über das *Götzenopferfleisch* im frühchristlichen Korinth (1. Kor 14). Es war offensichtlich üblich, dass Privatleute Fleisch bekommen konnten, das vom Tempelopfer übrig war. Die Christen in Korinth meinten, dass sie solches Fleisch unbedenklich essen könnten, weil sie ja nicht mehr an die heidnischen Götter glaubten. Paulus aber warnt sie, indem er ihnen sagt, dass sie noch nicht so stabil dastehen und schneller, als sie glauben, wieder in ein fremdes Energiefeld hineinrutschen können.

Die Wesensfreiheit ist reine göttliche Freiheit. Gott hat keine Erwartungen an uns. Er lässt uns ziehen, wenn wir davonlaufen wollen, und Er freut sich, wenn der *verlorene Sohn* heimkehrt. Diese göttliche Freiheit ist unvoreingenommen und unbelastet: unbelastet von Erwartungen und Vorstellungen, wie wir Menschen sie haben. Sie ist frisch wie der Tau am Morgen.

Wer zu dieser göttlichen Freiheit gefunden hat, behaftet den andern nicht bei dem, was gestern falsch gelaufen ist, und erwartet nicht heute etwas Besseres, sondern nimmt den andern so, wie er ist. Das wirkt befreiend.

Das gibt dem andern Mut, einen Schritt nach vorne zu tun, und weckt in ihm die Sehnsucht, selber zu eben dieser Freiheit zu finden.

Diese Wesensfreiheit kennt keinen Zwang und keine Bindung. Überall da, wo im geistigen Bereich mit Zwang gearbeitet wird, wo Menschen in Abhängigkeiten gezogen und gehalten werden, ist man noch weit entfernt vom Wesen des Göttlichen.

Ich hoffe, dass Ihnen, lieber Leser, auch klar ist, wie unsinnig es ist, wenn jemand sagt: »Ich habe mich von Gott gelöst, jetzt bin ich frei.« Er kann sich im besten Fall von den Vorstellungen, die er von Gott hat, lösen. Das ist sogar ein notwendiger Schritt auf dem Weg der Selbstverwirklichung. Aber von GOTT kann sich niemand lösen. Solange jemand noch in der inneren Entfremdung von seinem göttlichen Wesen lebt, ist er noch weit entfernt von der wahren Freiheit. Denn erst der wird frei von allem, der eins geworden ist mit dem SEIN.

Wir haben jetzt die beiden Formen von Freiheit näher kennengelernt: die Entscheidungsfreiheit und die Wesensfreiheit. Die zweite ist nicht etwa eine Weiterentwicklung der ersten; beide stehen sich vielmehr diametral gegenüber. Wer zur Freiheit des Wesens gefunden hat, kann seine Gedanken und Emotionen beherrschen. Das können Sie selber prüfen:

Setzen Sie sich still hin und versuchen Sie, äußerlich und innerlich ruhig zu werden. Dann prüfen Sie sich:
Kann ich meine Gedanken zur Ruhe bringen, oder beherrschen sie weiterhin das Feld und stören die Stille?
Oder angenommen, eine ärgerliche Nachricht trifft ein. Bleibe ich gelassen?
Kann ich – aus einem Abstand heraus – beobachten, wie die Emotionen hochsteigen?
Kann ich sie beherrschen, oder überfallen sie mich?
Bin ich ihnen ausgeliefert und realisiere erst im nachhinein, was geschehen ist?
Erst wenn Sie diese Ruhe, Gelassenheit und Beherrschung erreicht haben, sind Sie frei. Dann erst haben Sie Macht über Ihre verschiedenen Körper; dann sind Sie in der Lage, ein höheres Bewusstsein in Ihren Körpern zu verwirklichen.
Die Entscheidungsfreiheit ist eine Freiheit für oder gegen etwas: Ich kann mich dafür entscheiden zu arbeiten, zu ruhen, zu helfen, zu danken – oder dagegen. Ich kann mich dafür entscheiden, nach dem Sinn meines Lebens

zu suchen, das heißt, meinem Leben einen Sinn zu geben, oder ich kann mich dagegen entscheiden und stumpf vor mich hinleben. Diese Möglichkeit macht den willkürlichen Aspekt der Entscheidungsfreiheit deutlich und zeigt, dass sie letztlich ein Ausdruck des Egoismus ist.

Die Wesensfreiheit ist Ausdruck des Göttlichen. Zu ihr gehören die Präpositionen von und zu: Wer zu seinem Wesen gefunden hat, ist frei vom Egoismus und damit von den Bindungen und Abhängigkeiten der Welt der Dualität, also frei für Dienst und Hingabe. Es gibt nichts Schöneres, nichts Beglückenderes, als einem andern Menschen etwas zuliebe zu tun, ohne Erwartungen zu haben.

Wer zu seinem Wesen gefunden hat, nimmt vieles nicht mehr in Anspruch, was andere als Freiraum für sich beanspruchen. Die Wesensfreiheit hebt also in gewisser Weise die Entscheidungsfreiheit auf, denn sie ist die praktizierte Freiheit des Göttlichen.

Wer zu seinem Wesen gefunden hat, muss sich nicht erst entscheiden, ob er lieben will. Er ist zur Liebe geworden. Und nur wer liebt ist frei, vollkommen frei …

Mitleiden als bewusstes Leiden

Wenn wir von Mitleid reden, meinen wir meist eine Mischung aus Verständnis, Betroffenheit und Mitgefühl für den andern und sein Schicksal. Es tut einem Menschen, der Schweres durchmachen muss, gut, zu spüren, dass andere mit ihm fühlen. Das muss nicht mit Worten ausgedrückt werden. Oft ist ein verständnisvoller Blick, ein Händedruck oder Händehalten ausdrucksvoller als viele Worte. Der andere ist dankbar dafür, wenn wir Verständnis haben für Fehler oder Versäumnisse, die ihm unterlaufen, oder für sein Versagen, das bedingt ist durch den Schicksalsschlag, der ihn getroffen hat. Dieses Mitleid betrifft vor allem die Ebene der Persönlichkeit des anderen, die aus der Balance geraten ist, leidet und ihr Leiden meistens deutlich zum Ausdruck bringt. Es handelt sich also um Mitleid mit dem Egoismus des andern, der getroffen, angeschlagen ist.

Aus dem Mitleid als verstehendem Mitfühlen wird oft ein Mit-Leiden mit dem andern, dann nämlich, wenn ich sein Problem zu meinem mache, also seine Sorgen und seine Belastung übernehme.
Ein Freund ist unheilbar krank. Immer, wenn ich an ihn denke, spüre ich auch auf mir etwas Schweres lasten, als ob die Krankheit mich befallen hätte.
Der Nachbar hat seine Frau verloren. Immer, wenn ich ihm begegne, befällt mich eine Traurigkeit, denn sein Schicksal belastet auch mich. Der Tod seiner Frau erinnert mich an mein eigenes Sterben, aber auch daran, dass meine Frau schon gestorben sein könnte. Wenn ich mich mit dem Sterben nicht auseinandersetze, sondern es verdränge, belastet mich jeder Todesfall in der Nachbarschaft.

Ich nenne dieses Mit-Leiden unbewusst, weil es ganz auf das Phänomen fixiert ist und weder nach dem Hintergrund noch nach dem Kontext fragt. Was der andere erleidet, erschüttert mich, aber ich begreife nicht, dass das im karmischen Sinn die Folge von etwas ist, was er ausgelöst hat. Ich bin betroffen vom Tod des andern, weil ich die Wirklichkeit des Lebens leugne.

Im Unterschied dazu gibt es ein Mit-Leiden, das sich auf einer ganz anderen Ebene abspielt.
Ich lese in einer Illustrierten, dass in China Tiere seltener und sogar aussterbender Arten als Leckerbissen im Restaurant serviert werden: je rarer das Tier, desto größer die Gier. Aber nicht nur das – die noch lebenden

Tiere werden auf offener Straße zerlegt, und die Gäste genießen das abscheuliche Schauspiel. Ich muss gestehen, dass ich keinen Bissen von diesem Fleisch hinunterschlucken könnte. Aber davon abgesehen frage ich mich, wie abgestumpft Menschen sein müssen, dass sie solche Perversitäten genießen können. In solchen Augenblicken höre ich den Verzweiflungsschrei der Kreatur, die einer gottverlassenen Menschheit ausgeliefert ist. Denn solche Gier und Lust am Perversen ist Ausdruck dafür, dass der Mensch den Zugang zu seinem göttlichen Wesen vollständig verloren hat.

In vielen westlichen Industrieländern wird im Augenblick ein Programm durchgezogen, das man mit dem Begriff »Gesundschrumpfen« bezeichnen kann. Banken, Industrie und Staat entlassen laufend Arbeitskräfte, angeblich, um die Wirtschaftskrise aufzufangen. Andrerseits sind die Leute in der Chefetage nicht bereit, auch bei sich selber zu sparen, im Gegenteil: sie versuchen gerade jetzt, soviel Profit wie nur möglich herauszuschlagen. Dieses Verhalten ist nicht nur rücksichtslos und verantwortungslos, es ist auch dumm. Denn jeder vernünftige Mensch sieht, dass die Lawine der Arbeitslosigkeit auf die Dauer so nicht aufzufangen ist.

Neben diesem wirtschaftspolitischen Gesichtspunkt gibt es noch den menschlichen. Wieviel Angst, Verzweiflung und Hoffnungslosigkeit wird im Augenblick mutwillig heraufbeschworen und wäre doch vermeidbar, wenn der Mensch seine Gier und Gebundenheit an die Welt der Materie erkennen und auflösen würde! Dazu müsste er sich Selbst erkennen, seine göttliche Natur, und im weiteren den Sinn und das Ziel seiner irdischen Existenz. Die ganze Misere, in der die Menschheit des ausgehenden zwanzigsten Jahrhunderts steckt, rührt daher, dass sie intellektuell gewaltige Fortschritte erzielt, geistig aber ihre Identität verloren hat.

So gewiss der *verlorene Sohn* die fast unbegreifliche Freiheit hat, seinen Irrweg fortzusetzen und unter Umständen seine eigene Existenzmöglichkeit auf dem Planeten Erde zu zerstören, so gewiss leidet der Logos an der Zerrissenheit des Menschen. Hier begegnen wir dem wahren Leiden des Christus-LOGOS, das am Kreuz Joshuas sich in menschlicher Sprache Luft verschafft hat, aber nicht begrenzt ist auf jenes Ereignis. Das Leiden Gottes dauert bis zum heutigen Tag, solange nämlich der Mensch verleugnet, dass er ein Teil GOTTES ist. Angesichts der Unmenschlichkeit unseres Jahrhunderts wird uns klar, dass es sich sogar ins Unermessliche gesteigert hat.

Dieses Leiden kann ich nicht übersehen oder überhören, denn es spielt sich auch in mir ab. Der Logos als das innere Licht lässt mir keine Ruhe, je weiter er mich auf dem Weg der Bewusstwerdung voranbringt. Je mehr er mir hilft, zu mir Selbst zu finden, desto klarer erkenne ich die Kluft, die Diskrepanz bei meinen Mitmenschen. Sie sind ja meine Brüder und Schwestern, göttliche Wesen wie ich. Sie sind wie ich im Absoluten SEIN daheim, und genau wie in mir leuchtet der Logos auch in ihnen. Aber sie haben ihre wahre Heimat vergessen; sie verkennen ihre göttliche Natur. Darum benehmen sich die einen unbeherrschter als Tiere, während andere Illusionen nachjagen oder sich an Vergängliches klammern, das sie eines Tages doch zurücklassen müssen.

Dieses Leiden des Logos kann ich nicht von mir wegschieben, ich höre es immer lauter, je tiefer Er mich in Sein Mysterium hineinführt. Ich höre es, wenn ich aktuelle Zeitungsberichte über Umweltprobleme oder über die politische Lage in Ex-Jugoslawien, in Albanien oder in verschiedenen Staaten Afrikas lese. Ich höre es, wenn ein Klient mir gegenübersitzt und hasserfüllt über seine geschiedene Frau herzieht. Ich spüre dieses Leiden des Logos, wenn ich in die leeren, unerfüllten Gesichter auf der Straße oder im Tram schaue, und ich spüre es besonders schmerzlich, wenn sich mein kleines Ego am Steuer gerade wieder über einen blöden Autofahrer mokiert hat.

Das ist das wahre Leiden Gottes, das sich nicht am Kreuz auf Golgatha, sondern bis zum heutigen Tag in jedem von uns vollzieht, wenn Sein Licht verschmäht wird, das uns die Augen öffnen will für die Wirklichkeit des Lebens, wenn mein Wesen – ein Ausdruck Seiner SELBST – im Gefängnis des Egoismus schmachtet.

Dieses millionenfache Leiden Gottes kann ich nicht übersehen, und ich kann mich ihm nicht entziehen, im Gegenteil: ich bin um so mehr involviert, je mehr sich das Licht des Logos in meinem Leben verwirklicht. Das ist *bewusstes* Mit-Leiden, bewusstes Teilhaben am Leiden Gottes. Es ist viel schmerzlicher als das unbewusste, von dem ich vorher gesprochen habe. Denn es erlaubt mir nicht, am Phänomen hängenzubleiben, sondern zwingt mich, das Problem zu sehen, das dahintersteckt: die Zerrissenheit des Menschen, die Ursache ist für so viel Leid, Schmerz und Unrecht unserer Zeit. Zu sehen und nichts verändern zu können zeigt mir meine Ohnmacht. Im Grunde genommen fühle ich mit der Ohnmacht des Logos, der uns erleuchten will, während wir uns eigenmächtig im Dunkel dieser Welt verrennen.

Und doch: Ich bin nicht so ohnmächtig, wie es scheint. Das bewusste Mit-Leiden drängt zum Handeln – auf der mentalen Ebene: Ich lerne, das Licht, das in mir wirkt, einzusetzen für meine Brüder und Schwestern, für die Welt, in der ich lebe. Ich lerne, mich mit meiner ganzen Existenz dafür zu engagieren, dass sich Gott verwirklichen kann »als mich« in dieser Welt.
Ich lade Sie ein, mit mir folgende Übung zu machen:

Stell dir vor, du stehst vor einem wundervollen Kristall, der so groß ist wie du. Er wird von einem geheimnisvollen Licht angestrahlt. Das Licht bricht sich in den tausend Facetten des Kristalls.
Berühre jetzt die Oberfläche des Kristalls und spür, wie er weich und durchlässig wird, so dass du ganz leicht in ihn hineintreten kannst.
Nun bist du mitten im Kristall und füllst ihn vollständig aus.
Mehr und mehr wirst du selber zum Kristall, bis du ganz eins geworden bist mit ihm.
Mach dir bewusst, dass jetzt du *erstrahlst in dem wundervollen Licht, das dich umfließt.*
Du bist Licht, und jede Facette deines Wesens strahlt dieses göttliche Licht aus.
Spür auch die Festigkeit und Widerstandskraft deiner Selbst: Nichts und niemand kann dir etwas anhaben, nichts und niemand kann dich erschüttern.
Deine Stärke liegt in deinem Wesen,
deine Strahlkraft kommt vom Licht, das in deinem Herzen reflektiert wird.
Laß dieses Licht jetzt hinausstrahlen in die dunkle Welt, laß es dorthin leuchten, wo es gebraucht wird: wo Menschen aufwachen und zu ihrem wahren Wesen finden sollen.

Organtransplantation im Licht spirituellen Bewusstseins

Die BUNTE stellte vor kurzem unter dem Titel »Deutsche Helden 96« den Leiter eines Transplantationszentrums als Nierenspender vor. »Nur wer selbst zur Organspende bereit ist, ist glaubwürdig«, sagte er. Tatsächlich wird Organspende heute immer dringlicher, denn es gibt immer mehr Menschen, die ohne eine Transplantation keine Überlebenschance haben. In verschiedenen Ländern ist die Suche nach Organspenden bereits zur Jagd nach Organen ausgeartet. In Amerika verschwinden immer wieder Kinder auf offener Straße oder in Vergnügungsparks und dienen als unfreiwillige Organspender. Es ist ein offenes Geheimnis, dass Menschen, die einen Organspender-Ausweis bei sich tragen, bei einem Verkehrsunfall auf jeden Fall am Leben erhalten werden müssen, bis sie im Spital sind – nicht damit sie gerettet werden können, sondern damit ihre Organe dem noch lebenden Organismus entnommen werden können. Liest oder hört man gewisse Horrorgeschichten aus jüngster Zeit, wird man den Eindruck nicht los, dass es mehr und mehr Institutionen am Rand oder bereits jenseits der Legalität gibt, welche die Mitmenschen als »Ersatzteillager« für Organtransplantationen ansehen.
Lassen wir einmal den kriminellen und den lukrativen Aspekt solcher Aktionen beiseite, so zeichnen sich zwei Problemkreise ab, die ich im Rahmen dieses Buches ansprechen möchte. Den ersten nenne ich »Leben verlängern um jeden Preis«.

Die medizinische Forschung hat in den letzten hundert Jahren viele früher unheilbare Krankheiten und Seuchen besiegt und damit nicht nur die Lebenserwartung des Menschen enorm verlängert, sondern auch die Lebensqualität beachtlich erhöht. Eine Frage wird dadurch allerdings immer brisanter: Wo ist die Grenze dessen, was noch sinnvoll ist? Anders ausgedrückt: Die Versuchung, das physische Leben um jeden Preis zu verlängern, wird immer größer. Dahinter verbirgt sich natürlich die uralte Angst des Menschen vor dem Sterben. Mit Hilfe seines Verstandes hat der Mensch auf allen Gebieten Unglaubliches erreicht. Aber die Urangst vor dem Sterben kann der Verstand nicht beseitigen, im Gegenteil: er schürt sie noch. Denn der Verstand kann nicht über die Schwelle des Sterbens hinausschauen, weil er selber der Welt der irdischen und darum vergänglichen Formen angehört. Die Folge davon ist, dass man das Leben um jeden Preis verlängern will.

Der Trend zur Organtransplantation ist also nicht nur eine Folgeerscheinung des prometheischen Strebens des Menschen, das Unmögliche möglich zu machen. Er ist auch eine Konsequenz der geistigen Verarmung unserer Zeit, in der die Menschen den Zugang zum LEBEN verloren haben und sich darum an den äußeren Erscheinungsformen des Lebens festhalten. Bezeichnenderweise tritt dieses Phänomen vor allem in der westlichen, der sogenannten christlich-abendländischen Welt auf, die das Konzept der Reinkarnation ablehnt. Ausgerechnet die christliche Kultur, die durch die Inkarnation des Christus-LOGOS eines Besseren belehrt sein müsste, steht geistig so armselig da. Ausgerechnet das Christentum, das jahrhundertelang den Andersgläubigen den »rechten« Glauben aufzwingen wollte, erkennt nicht den geistigen Notstand, in dem es dahinvegetiert.

Kein Hindu hat Angst vor dem Sterben, denn er weiß, dass das momentane Leben nur eine Etappe auf dem unendlichen Weg durch die Zeiten ist. Ich weiß auch von keiner Klinik in Indien, wo das Problem der Organtransplantation besteht. Nicht nur, weil man dort kein Geld hat für solche teuren Eingriffe, sondern auch, weil man sich dort nicht so krampfhaft an der momentanen Existenz festhält wie hier im Westen. Um so grotesker ist es, dass bereits westliche Organjäger nach Indien gehen und dort von den Ärmsten der Armen Organe kaufen, um sie im Westen wieder teuer zu verkaufen. Wie unwürdig und peinlich in jeder Hinsicht!

Ein anderer Versuch, das Leben als phänomenale Erscheinung um jeden Preis zu verlängern, begegnet uns in Amerika. Dort gibt es Menschen, die an einer unheilbaren Krankheit leiden, gegen welche die heutige Medizin machtlos ist. Darum lassen sie sich einfrieren. Sie hoffen, dass sich die Medizin soweit entwickeln wird, dass ihre Krankheit am Tag X geheilt werden kann, was ihnen die Möglichkeit geben soll, an dem Punkt weiterzufahren, wo sie ihren Körper auf Eis legen ließen.
Vielleicht schmunzeln Sie über so viel Naivität und Unwissenheit. Aber hinter diesem einfältigen Festhalten am Phänomen Leben steckt die gleiche Angst vor dem Sterben, die sich auch hinter der Organtransplantation verbirgt. Vielleicht drückt sich darin aber auch das verschüttete Wissen aus, dass die Seele tatsächlich unsterblich ist – aber eben die Seele, das heißt wir Selbst, nicht der materielle Körper. Je mehr dieses Wissen unserem Bewusstsein verlorengegangen ist, desto abstrusere Formen hat es angenommen.

Der zweite Problemkreis betrifft die Organe selbst. Es entspricht der rein materialistischen Sicht der westlich-abendländischen Welt, dass man den menschlichen Körper als ein kompliziertes Gebilde ansieht, das aus einzelnen Komponenten zusammengesetzt ist, und meint, das Zusammenspiel der einzelnen Komponenten garantiere das Funktionieren des ganzen Organismus. Zu diesem materialistischen Konzept gehört, dass man einzelne Bestandteile auswechselt, wenn sie nicht mehr funktionstüchtig sind. Hat man also ein krankes Organ, das den ganzen Organismus beeinträchtigt oder gefährdet, muss es durch ein gesundes ersetzt werden, das ein potentieller Spender liefert. Das funktioniert nach dem gleichen Prinzip, nach dem wir mit unserem Auto in die Werkstatt fahren und ein defektes Teil ersetzen lassen.

Für die moderne Schulmedizin liegt das Problem darin, dass das Ersatzteillager den großen Bedarf nicht mehr abdecken kann, weil die Nachfrage ständig steigt. Unterdessen hat die Forschung entdeckt, dass das Schwein dem Menschen genetisch am nächsten steht. Darum züchtet man in englischen Labors bereits Schweine für Transplantationszwecke und hofft, dem Menschen eines Tages zum Beispiel die Niere eines dieser Tiere einpflanzen zu können.

Das alles klingt für einen Forscher ungeheuer spannend und ist sicherlich für einen nierenkranken Menschen, der jede Woche zwei- bis dreimal dialysiert werden muss, ein Hoffnungsschimmer. Was aber nicht berücksichtigt wird, ist die Tatsache, dass der gesamte menschliche Körper mit allen Organen ein Ausdruck der Seele ist, die ihn bewohnt. Wir haben ja erkannt, dass die Seele sich die drei Körper (den noetischen, den psychischen und den physischen) ausbildet, die sie für die nächste Etappe ihres Inkarnationszyklus braucht. Diese Körper sind genau abgestimmt auf die Seele, die sie bewohnt; sie tragen ihren Stempel und entsprechen dem Lernziel, das der neuen Persönlichkeit gesteckt wird.

Wir können also den physischen Körper nicht isoliert für sich betrachten, denn er ist eine individuelle Ausdrucksform eines ganz bestimmten Wesens und entspricht der Schwingungsfrequenz dieses Wesens. Man kann sogar sagen, der physische Körper sei der niederste Ausdruck unser Selbst. Darum kann man nicht einfach die Organe eines tödlich verunglückten Menschen oder gar eines Tiers einem andern Menschen einpflanzen, selbst wenn die medizinisch-technischen Probleme (Blutgruppe, Antikörper) gelöst sind.

Ich möchte das an einem einfachen Beispiel verdeutlichen. Stellen Sie sich vor, dem berühmten David Michelangelos sei eine Hand abgeschlagen und völlig zertrümmert worden. Nun gibt es irgendwo in Italien eine

Marmorstatue, die ein Unbekannter geschaffen hat. Wenn man dieser Statue die entsprechende Hand abtrennen würde, könnte man damit Michelangelos David wieder vervollständigen. Aber kein Kunstsachverständiger würde dem zustimmen. Selbst wenn beide Statuen aus Marmor sind und beide Marmorarten die gleiche chemische Zusammensetzung haben, besteht doch ein großer Unterschied: Beide Statuen tragen das Gepräge ihres Schöpfers, und der David trägt die unverwechselbare Handschrift des großen Meisters. Da lässt sich nichts ersetzen oder austauschen!

Genauso trägt jeder menschliche Körper die Handschrift des individuellen göttlichen Wesens, das ihn bewohnt und belebt. Der ganze Organismus ist minutiös abgestimmt auf das Wesen, das sich durch ihn ausdrückt, und kein Organ ist einfach durch ein fremdes zu ersetzen, weil das fremde Organ nicht ohne weiteres in das bestehende Energiegefüge hineinpasst. Das wird in der modernen Medizin viel zu wenig oder gar nicht berücksichtigt. Darum kommt es so häufig vor, dass ein Organismus das gespendete Organ abstößt.

Organtransplantation ist also eine sehr unsichere, weil fragwürdige Angelegenheit. Viel wichtiger und erfolgversprechender wäre es, wenn die Mediziner bereit wären, ihren Patienten bei der Frage »Warum versagt mein Organ, und wozu habe ich dieses Leiden?« weiterzuhelfen. Wenn wir einmal begreifen, dass nichts zufällig oder gar sinnlos ist, was uns widerfährt, kommen wir um diese Frage nicht herum. Denn jede physische Krankheit ist ein Zeichen dafür, dass der Energiehaushalt gestört ist. Unstimmigkeiten, die im mentalen oder im psychischen Bereich sitzen, schlagen sich meistens im physischen nieder. Wenn wir in unserem Denken oder im Emotionalbereich aus dem Gleichgewicht geraten sind, muss unser physischer Leib die bitteren Folgen tragen.

So kann also eine Organschwäche die Folge davon sein, dass sich die Seele nicht mehr zu Hause fühlt, weil die derzeitige Persönlichkeit die Verbindung zur Mitte verloren hat. Es ist wirklich reine Symptombehandlung, wenn einfach ein Organ ausgetauscht wird, statt dass man nach der tieferen Ursache beziehungsweise nach dem Sinn des Leidens fragt. Darum bringt hier – wie so oft – die rein somatische Behandlung keinen Erfolg, denn sie übersieht die Tiefendimension der menschlichen Existenz. Es fehlt die ganzheitliche Sicht, die um die Zusammenhänge von Ursache und Wirkung weiß und – statt die physische Auswirkung punktuell zu behandeln – nach der tieferen Ursache sucht, um *diese* zu beheben.

Wenn Sie in Ihrer Wohnung einen Kurzschluss haben, hat es keinen Sinn, die durchgebrannte Sicherung zu ersetzen, ohne der Ursache des Kurzschlusses nachzugehen und sie zu beseitigen. Sonst brennt die Sicherung immer wieder durch. Genauso wichtig ist es, nachzuforschen, wo die Energie im komplizierten Gefüge unserer menschlichen Existenz falsch läuft, statt einfach Symptome zu behandeln. Auf der Suche nach der Ursache werden wir möglicherweise in eine frühere Inkarnation geführt. Unter Umständen zeigt sich dabei, dass jemand in einer vergangenen Existenz mit seinem Denken, Fühlen und Handeln das Ziel seines Kommens völlig verleugnet hat. Dann ist sein momentanes Leiden karmisch bedingt und lässt sich durch keine Organtransplantation beheben. Im Gegenteil: Wenn ein Mensch die Folgen eines Lebens, das aus dem Gleichgewicht geraten war, zu tragen hat, kann und darf ihm das niemand abnehmen. Jeder seriöse Geistheiler sieht und akzeptiert das und wird diese Grenze respektieren.

Ich selber hatte seit jeher einen schwachen, empfindlichen Magen und litt schon oft an Schleimhautentzündung. Diese Symptome traten meistens auf, wenn ich mich von Menschen oder Institutionen zu etwas gezwungen fühlte. In einer Rückführung erlebte ich, dass ich bereits in mehreren Inkarnationen mit diesem Problem konfrontiert war. Während der Römerzeit beispielsweise wurde ich rekrutiert, um eine Burg zu stürmen und die wehrlosen Insassen zu töten. Als ich mich dagegen wehrte, rammte der Anführer der Kohorte seine Lanze in meinen Leib und brach damit meinen Widerstand. So bildete sich in mir das Muster aus: »Wenn ich Widerstand leiste, schlägt sich das auf den Magen nieder und kostet sogar das Leben.«
Solch ein Muster haftet nicht am ehemaligen Körper, es »ruht« in *uns*; es ist sozusagen im »Programm« versteckt und wirkt auch dann noch, wenn das Programm in einer neuen »Hardware« läuft. Darum ist es wichtig, solch ein morbides Muster zu entdecken und zu löschen, sonst wirkt es sich auch in der derzeitigen Existenz wieder fatal aus. In meinem Fall war die Lösung also nicht eine Magenoperation, sondern dass ich mir das alte Muster bewusst machte und es löschte. Dabei kommt es nicht darauf an, ob das Muster auf einem reellen Erlebnis in einer früheren Inkarnation basiert oder ob es als Bild beziehungsweise Phantasie in mir vorhanden ist. Jedenfalls geht es meinem Magen gut, seitdem dieses Muster gelöscht ist.

Ich möchte mich nicht grundsätzlich gegen Organtransplantation wehren, denn ich sehe dabei sehr wohl den menschlichen Aspekt. Wenn ein Mensch, der mir sehr nahe steht, schwer nierenkrank wäre, würde ich höchstwahrscheinlich eine Niere spenden. In einer solchen Konstellation spielt weder das lukrative Motiv eine Rolle noch geht es um – falsch verstandenes – Heldentum; es geht nur um Liebe. Diese Liebe bietet die größte Chance für eine erfolgreiche Transplantation. Denn die Liebe des Spenders kann das Organ auf die entsprechende Schwingungsfrequenz bringen, so dass der kranke Körper es eher annimmt.

Die entscheidende Voraussetzung für ein gutes Gelingen ist also nicht eine strukturelle Entsprechung im physisch-materiellen Bereich, sondern die geistige Einstellung des Spenders. Denn sie bestimmt die Schwingungsfrequenz im organischen Bereich. Ich rede hier also von *der* Liebe, die nicht fordert und nicht rechnet, von *der* Liebe, für die es eigentlich keine Worte gibt. In ihr spiegelt sich das Wesen des Göttlichen wider, darum sprengt sie auch alle menschlichen Maßstäbe. Wo sich diese Liebe verwirklichen kann, löst sie einen geheimnisvollen Verwandlungsprozess aus, der sich selbst in der Molekularstruktur niederschlägt. Dieser alchimistische Prozess lässt sich rational nicht belegen oder erklären, aber er ist Tatsache. Wo ein Mensch eins wird mit dem Göttlichen, werden die Gesetzmäßigkeiten der Welt der Dualität aufgehoben. Das gilt für alle Lebensbereiche, aber im besonderen für den Bereich der Organspende. Die Liebe ist die einzig sinnvolle Voraussetzung für eine erfolgreiche Transplantation. Das bedingt allerdings ein individuelles Vorgehen. Die Liebe ist zwar grenzenlos, aber sie meint immer das konkrete Gegenüber. Echte Liebe hilft dem andern sogar, zu seiner Identität und Individualität zu finden.

In der Chirurgie eines modernen Krankenhauses spielt die Individualität sowenig eine Rolle wie die Motivation aus Liebe. Hier wird nach Angebot und Nachfrage verfahren, also fast immer anonym und nach materiellen Gesichtspunkten ausgerichtet. Wer aus Liebe ein Organ spendet, sieht den konkreten Menschen, der Hilfe braucht. Das Materielle spielt insofern eine Rolle, als der Spender die Freiheit gegenüber der Materie praktiziert, die der Christus-LOGOS bis hin zum Kulminationspunkt seines irdischen Weges am Kreuz vorgelebt hat. Da steht keine Angst vor dem Sterben im Weg, aber auch kein Festhalten am eigenen Körper. Da zählt nur noch die Erfahrung der Geborgenheit im Absoluten SEIN. Aus dieser Erfahrung heraus kann ich geben, was der andere braucht. Denn ich weiß, dass meine Existenzgrundlage nicht in der Vollzahl der Organe liegt, sondern im LEBEN selbst. Diese Erfahrung des Einsseins hilft mir loszulassen, was der andere braucht, und zwar aus Liebe. Denn Liebe ist die Verwirklichung des göttlichen Wesens. Deshalb bereitet die hohe Schwingung der Liebe die Molekularstruktur des Spenderorgans für eine erfolgreiche Transplantation vor.

So ist also die Liebe des Spenders die eine wichtige Voraussetzung für eine sinnvolle Transplantation. Die andere Voraussetzung betrifft die Seite des Empfängers: Die Transplantation ist nur erfolgreich, wenn sie im Einklang mit dem Karmischen Gesetz erfolgt.

Vertrauen contra Angst

In unserer modernen Wohlstandsgesellschaft schleicht ein unsichtbares, aber überall spürbares Gespenst umher: die Angst. Jeder dritte, mit dem ich spreche, hat Angst, in der Rezession seinen Arbeitsplatz zu verlieren. Es ist freilich nicht zu übersehen, dass die meisten Betriebe und Institutionen Stellen abbauen, um Geld einzusparen. Arbeitgeber erklären offen, dass sie Arbeitnehmer, die über vierzig sind, zu teuer zu stehen kommen. Darin zeigt sich ganz klar, dass Erfahrung, Zuverlässigkeit und andere menschliche Werte im Augenblick nicht gefragt sind. Was zählt, ist allein das Geld, das nämlich bei jüngeren Arbeitskräften eingespart werden kann. Natürlich ist diese Haltung erschreckend und verantwortungslos. Aber wozu in Panik ausbrechen, wozu Angst haben? Mit der Angst können wir nichts verhindern, im Gegenteil. Wer Angst hat, erschafft auf der feinstofflichen Ebene Elementale, Gedankenformen, die sich früher oder später materialisieren.

Wer Angst hat, erschafft also praktisch mit seiner eigenen Energie das Phantom, vor dem er Angst hat. Wie viele Frauen haben Angst davor, überfallen und beraubt zu werden, wenn sie abends allein durch eine dunkle Straße gehen müssen. Irgendwann geschieht es dann tatsächlich. Das gibt ihnen hinterher die Bestätigung, dass sie recht hatten mit ihrer Angst, und sie sagen: »Ich habe es vorausgeahnt, dass es so kommen würde.« In Wirklichkeit haben sie mit ihrer Angst die Gefahr angezogen.

Ich weiß natürlich auch, dass immer mehr Menschen mit einem kriminellen Charakter unterwegs sind. Aber es braucht einen Anstoß von außen, damit diese negative Veranlagung aktiviert wird. Dieser Anstoß ist die Angst des potentiellen Opfers. Wer Angst hat, sendet entsprechende Wellen aus, und diese locken den Täter zu seinem Opfer hin.

Jeder Hundebesitzer weiß, dass sein Hund vor allem bei den Menschen knurrt und bellt, die Angst haben. Der Hund nimmt die Ausstrahlung ihrer Angst auf, er spürt ihre Unsicherheit. Das gibt ihm die Berechtigung, anzugeben. Nicht anders steht es unter uns Menschen: Wir nehmen die Ausstrahlung des andern wahr und reagieren darauf.

Das gleiche gilt für das weite Gebiet der Krankheiten. Es gibt unzählige Menschen, die jahre- oder gar jahrzehntelang insgeheim Angst haben, eine unheilbare Krankheit wie Krebs zu bekommen, und dann eines Tages die Diagnose erhalten, dass sie wirklich daran erkrankt sind. Natürlich sind sie überzeugt, dass sich ihre Vorahnung bestätigt hat. Dass sie selber ihre Krankheit kreiert haben, können sie sich hingegen kaum vorstellen.

Vor Jahren habe ich ein besonders drastisches Beispiel für die Fähigkeit des Menschen, sich selber zu Grunde zu richten, gehört: In Amerika sprang ein Mann auf einen anfahrenden Güterzug auf, um auf billige Weise eine größere Strecke zurückzulegen. Er versteckte sich in einem der Waggons und merkte erst, nachdem er die Türe hinter sich geschlossen hatte, dass er in einen Kühlwagen geraten war. Von innen konnte er nicht mehr öffnen. Also stellte er sich darauf ein, dass er in den nächsten Stunden erfrieren würde. Er holte sein Notizbuch heraus und beschrieb minutiös genau, wie er langsam starb. Fachleute haben später bestätigt, dass seine Beschreibung tatsächlich dem Erfrierungstod entspricht. Tragisch war dabei nur, dass das Kühlsystem gar nicht eingeschaltet war.
Der Mensch ist also nicht nur fähig, mit seiner mentalen Kraft Gefahren und Krankheiten anzuziehen; er ist sogar fähig, seinen eigenen Organismus zum Kollabieren zu bringen. Mit andern Worten: er kann sich selber ohne Gift und ohne Waffe umbringen – allein mit der Kraft der Elementale, die er erschafft.

Unter diesem Blickwinkel wird deutlich, wie unsinnig es ist, täglich das »Schreckgespenst« Angst zu nähren. Denn mit der Angst züchten wir auch das, wovor uns graut. Andrerseits unternimmt kaum jemand, der unter solcher Angst leidet, einen entscheidenden Schritt, um Probleme zu beseitigen und Missstände abzuschaffen. Alle haben Angst vor Umweltkatastrophen, aber kaum jemand lebt deshalb umweltbewusster. Alle haben Angst davor, dass die Wirtschaft zusammenbricht, aber kaum jemand ist bereit, freiwillig auf etwas zu verzichten.

Anstatt etwas zu verändern, schließen wir lieber eine Versicherung ab. Es gibt kaum etwas, wofür oder wogegen man sich heute nicht versichert. Der Versicherungsboom unserer Zeit ist das große Geschäft mit der Angst. Dadurch wird die Lage nicht verbessert, im Gegenteil. Wenn wir eine Krankenversicherung abschließen, sind wir dadurch nicht sicher vor Krankheit, sondern nur abgesichert gegen die Un-Kosten, die anfallen, weil die meisten, die mit der Krankheit der andern etwas zu tun haben, un-mäßig bezahlt werden wollen. Wenn wir eine Rechtsschutzversicherung abschließen, sind wir damit nicht sicher, dass es recht zugeht in unserer Welt; wir sind nur dagegen versichert, dass der andere das Recht missbraucht. Wenn wir eine Diebstahlversicherung abschließen, tun wir das nicht, um Diebstahl zu verhindern, sondern weil wir damit rechnen, dass wir einander bestehlen. Wenn wir eine Lebensversicherung abschließen, erwarten wir bestimmt nicht, dass dadurch unser Leben sicher wird; wir versichern uns vielmehr gegen das Wahnsinnsgeschäft, das heute mit dem Sterben gemacht wird. Wie unsinnig ist das alles! Wir versichern uns nicht vor Schaden, Unglück oder Tod, denn das ist gar nicht möglich. Wir versichern uns nur gegen die horrenden Ausgaben, die im Zusammenhang mit einem Missgeschick oder einem Todesfall entstehen.

Aber seien wir uns im Klaren darüber: Die Forderungen, über die wir uns beklagen, erheben letzten Endes wir selber. *Wir* haben diesen Teufelskreis kreiert und »drehen« eifrig mit: Wir haben Angst vor unmäßigen Kosten, denn wir haben das Maß verloren. Aus Angst vor diesen Kosten wiederum zahlen wir im Voraus schon Unsummen an die Versicherungen. So dreht sich das Rad, bis wir es stoppen oder – darunterkommen.

Die Angst, das Sicherheitsbedürfnis und auch die Maßlosigkeit sind Zeichen unserer Zeit. Die Ursache davon ist die Entwurzelung des modernen Menschen. Wenn das Wurzelwerk eines Baumes nicht mehr fest verankert ist im Boden, reißt ihn der nächste Sturm um. So unsicher, so wackelig steht der moderne Mensch da. Er hat das Maß verloren, darum fordert er für jede Kleinigkeit einen maßlosen Preis. Aber noch mehr: der Mensch unserer Zeit hat das Gespür und die Wertmaßstäbe für das, was wichtig und unwichtig ist, verloren. Darum klammert er sich ans Materielle, insbesondere ans Geld. Er vergisst, dass Geld ein Mittel zum Leben ist, aber nicht der Lebensinhalt. Der moderne Mensch will das große Geld machen, um sich immer mehr leisten zu können, um mehr zu sein als die andern, um Macht über sie zu haben. Dabei vergisst er, dass die andern, die er ausbeutet oder an deren Ausbeutung er sich indirekt beteiligt, seine Brüder und Schwestern sind, Kinder desselben Vaters, die sich – genauso wie er – in dieser Welt verloren haben.

Je gieriger der Mensch wird, desto mehr muss er sich absichern. Denn er muss damit rechnen, dass sich die andern von seiner Gier anstecken lassen und ihm wegnehmen wollen, was er an sich gerissen hat. Mit der Gier wächst die Angst. Dabei handelt es sich eigentlich nicht um eine Angst vor etwas: vor Verlust, vor kriminellen Übergriffen usw. In diesem Zusammenhang sprechen wir besser von Furcht. Denn Angst ist nicht greifbar, nicht zu bestimmen und darum nicht einfach mit Argumenten zu eliminieren. Es nützt nichts, wenn ich einem Menschen sage: »Du brauchst keine Angst zu haben vor einem Einbruch. Du hast ja einen Hund und eine Warnanlage am Haus.« Diese Argumente werden seine Angst nicht zerstreuen. Es nützt nicht einmal etwas, wenn ich ihm erkläre, dass er sich mit seiner Angst das Unglück selber konstelliert. Er wird meine Gedanken intellektuell erfassen, mir vielleicht sogar zustimmen; aber die Einsicht wird ihn nicht von der Angst befreien. Denn die Angst sitzt nicht im Intellekt, sondern viel tiefer in uns. Angst ist etwas Unheimliches, Numinoses, denn sie hat mit dem Numinosen, mit dem Göttlichen, zu tun. Der Mensch des zwanzigsten Jahrhunderts hat Angst, weil er seine Mitte verloren, weil er den Zugang zu seinem göttlichen Wesen aufgegeben hat. Er hat Angst, weil er sich nicht mehr geborgen fühlt im Göttlichen, das doch sein innerstes Wesen ausmacht. Darin besteht seine Ent-Wurzelung. Darum nützt es nichts, ihm die Angst auszureden oder gar austreiben zu wollen. Er wird eher sterben vor Angst, als dass er sich die Angst einfach nehmen ließe. Statt dessen muss ich ihm helfen »heim zu finden«. Seine Angst rührt daher, dass er sich verloren hat in der Materie, während er doch in Wirklichkeit Geist ist. Er wird sich solange verloren vorkommen und darum Angst haben, wie er sich als Geist-Wesen mit der Materie identifiziert. Erst wenn er zu seinem wahren göttlichen Wesen findet, wird er erfahren, dass er geborgen ist, was auch immer von außen auf ihn zukommen mag. Angst lässt sich nicht durch Argumente vertreiben, aber sie verschwindet, wenn ein Mensch sich wieder geborgen fühlt im Unendlichen SEIN. Dann wächst Vertrauen in ihm.

Vor Jahren war ich im Rahmen eines Stellenwechsels einen Monat lang arbeitslos und hatte auch meine Kranken- und Unfallversicherung aufgegeben. Wir beschlossen in der Familie, gemeinsam nach Taizé zu fahren, um an diesem besonderen Ort geistig aufzutanken. Unterwegs wurde uns bewusst, dass bei einem Unfall keine Versicherung für die Kosten aufkommen würde. Auf dieser Reise habe ich Vertrauen gelernt, was ich vorher nicht nötig gehabt hatte. Denn in all den Jahren kirchlicher Tätigkeit war ich ja rundum abgesichert.

Als ich vor vier Jahren endgültig mein kirchliches Engagement aufgab, geriet ich erst recht in eine schwere Vertrauenskrise. Ich war ja nicht alleinstehend, ich hatte eine Familie zu ernähren. Meine Frau konnte zur Not ihren Lebensunterhalt selber verdienen, wenn meine Praxis zu wenig einbrachte. Aber unsere beiden Töchter steckten noch mitten in der Ausbildung. War es unter diesen Umständen verantwortbar, sich selbständig zu machen? Der Verstand argumentierte mit nüchternen Zahlen:

Vorher hatte ich eine Dienstwohnung, die nichts kostete; von jetzt an mussten wir Tausende von Franken für die Miete aufbringen, hatten aber kein festes, sicheres Einkommen mehr. Die Umstellung hätte kaum krasser sein können.

Und wieder ging es darum, dass ich Vertrauen lernte, obwohl ich keine Garantien in der Hand hatte, dass es wirklich gut gehen würde. Ich merkte, wie leicht es ist, als festangestellter, gutsituierter Pfarrer zu predigen über das Christuswort *Sorgt euch nicht, was morgen sein wird. Schaut die Vögel am Himmel an; sie säen nicht, sie ernten nicht, sie sammeln nicht in Scheunen, und euer himmlischer Vater ernährt sie doch. Ihr seid doch viel mehr wert als die Vögel ...* (Mt 6:26, 34). Es ist leicht, solche Bibelworte zu zitieren, aber es ist etwas anderes, sie ernst zu nehmen und in die Tat umzusetzen. Wenn man auf äußere Garantien verzichten muss oder verzichtet, merkt man erst, ob man Angst oder Vertrauen hat.

Sie denken vielleicht: Wie kann man so kindlich-naiv ans Leben drangehen? Ich bin heute überzeugt, dass wir wieder dieses kindliche Vertrauen lernen müssen. Unser kleines Ich ist ein unerfahrenes Kind, das in der Fremde verloren ist wie ein Kind, das sich in einem großen Einkaufszentrum von der Hand der Mutter losgerissen hat. Es ist wichtig, dass wir uns das eingestehen, dann können wir wieder nach der Hand greifen, die uns führen will. Das kleine Ich bin ich, der auf der Ebene der Widersprüchlichkeit existiert – mehr schlecht als recht, weil ich den Halt und die Orientierung verloren habe. Mit der Mutter ist nichts Außenstehendes, Fremdes gemeint, sondern ich Selbst, das, was ich wirklich *bin*, das Ewige, Bleibende im Unterschied zur momentanen Existenz. Wir können es Seele, göttliches Wesen oder Höheres Selbst nennen; die Begriffe sind weitgehend austauschbar. Es geht immer um mich Selbst, also um das, was ich bin, immer schon bin – im Unterschied zum Phänomen »ich«, das im Augenblick in dieser Welt existiert.

Das »kleine ich« muss wieder heimfinden ins »große Ich«. Anders ausgedrückt: ich muss wieder zu meiner Mitte, zu mir Selbst finden. Denn nur hier finde ich Halt im Sturm der Zeit. Nur hier lerne ich wieder Vertrauen, wenn ich erfahre, dass ich geborgen bin, was mir auch äußerlich widerfahren mag.

Ich erzähle Ihnen jetzt das indianische Märchen von den Fussies: Vor langer Zeit lebten in einem Dorf auf dieser Erde lauter kleine Menschen.

Sie waren sehr glücklich und zufrieden. Man sah es ihren Gesichtern an und spürte es in ihren Häusern, weil man sich dort einfach wohlfühlte. Die kleinen Menschen trugen immer ein Säckchen mit warmen, weichen Fussies bei sich, um jederzeit davon verschenken zu können. Wenn einer den andern traf und ihm eine Freude machen wollte, schenkte er ihm ein Fussy. Wenn er ihm sagen wollte: »Du, ich mag dich!«, drückte er ihm ein Fussy in die Hand. Die warmen, weichen Fussies gingen den Menschen nie aus; jeder hatte Freude daran, Fussies zu verschenken, und jeder freute sich darüber, wenn er wieder welche bekam.

Außerhalb des Dorfes wohnte in einer kalten Höhle ein großer, grüner Kobold. Er war sehr einsam und bekam von niemand eine Freude gemacht. Ihn störte es, dass die kleinen Menschen im Dorf sich dauernd Fussies schenkten, wenn sie einander trafen. Er hielt die Schenkerei für einen Unsinn. Er wollte gar niemand eine Freude machen, statt dessen hatte er oft Böses im Sinn. Eines Tages fing das Gift in seinem Herzen an zu kochen. Da lief er ins Dorf hinunter. Der erste Mensch, der ihm begegnete, lachte ihn freundlich an: »Schön, dich wieder einmal zu sehen, du warst schon lange nicht mehr bei uns.« Dabei hielt er ihm ein Fussy hin. Der Kobold war zunächst fast ein wenig verlegen, dann aber sagte er: »Hast du dir schon einmal überlegt, dass dir die Fussies ausgehen können, wenn du ständig davon verschenkst? Schau, jetzt hast du schon eines weniger im Säckchen, und wenn du nicht sparsamer damit umgehst, hast du bald keine mehr.« Der kleine Mensch schaute ihn mit großen Augen an: Nein, das hatte er sich noch nie überlegt, dass ihm die Fussies ausgehen könnten. »Aber, was meinst du,« wollte er den Kobold noch fragen, aber da schlurfte der schon mit seinen großen Füßen davon. Noch lange stand der kleine Mensch wie angewurzelt da; er war ganz traurig geworden. Als er auf dem Heimweg einen Freund traf, schenkte er ihm zum erstenmal kein Fussy. »Du, ich muss mit meinen Fussies sparsamer umgehen, sonst habe ich bald keine mehr«, sagte er ihm. »Du hast recht«, meinte der andere nachdenklich, »sie könnten uns ausgehen«.

Von jetzt an schnürten immer mehr kleine Menschen ihre Säckchen mit warmen, weichen Fussies fest zu; manche schlossen sie zu Hause im Schrank ein oder legten sich gleich darauf, um die Fussies zu hüten. Weil sie im Schrank lagerten, wurden die Fussies allmählich kalt und hart. Die kleinen Menschen aber waren nicht mehr glücklich und unbeschwert wie früher; manche wurden sogar krank und hatten große Schmerzen zu ertragen. Alle waren traurig, dass sie keine Fussies mehr geschenkt

bekamen, denn jeder hütete seine eigenen aus Angst, sie könnten ihm ausgehen.
Da hatte einer einen schlauen Einfall. Er ging zu seinem Nachbarn und sagte: »Ich hätte gerne ein paar Fussies von dir, ich gebe dir dafür einen Sack Kartoffeln.« Ein anderer ging und bot eine Kiste Äpfel für ein paar Fussies an. So fingen die kleinen Menschen an, mit ihren Fussies zu handeln.
Der Kobold beobachtete von seiner Höhle aus genau, was im Dorf vor sich ging, und lachte sich ins Fäustchen: »Ich habe doch gewusst, dass die Menschen nicht besser sind als ich. Man muss nur ein wenig Gift in ihre Herzen streuen, und schon werden sie geizig und gierig!« Den kleinen Menschen im Dorf ging es immer schlechter, schließlich starb sogar einer an seiner Krankheit.

Da hörte eine gute Fee im Wald, was geschehen war, und wollte den Unglücklichen helfen. Sie nahm die Gestalt der kleinen Leute an und ging mit einem Sack voll Fussies in ihr Dorf. Auf dem Marktplatz, wo viele zusammenstanden, verschenkte sie lauter warme, weiche Fussies. Die Menschen machten große Augen, als ihnen wieder jemand Fussies schenkte, manche waren arg misstrauisch. Einer fragte die Fee: »Hast du keine Angst, dass dir die Fussies ausgehen, wenn du so viele verschenkst?« – »O nein,« antwortete die Fee, »ich habe doch genügend davon.« Eine Weile schaute er sie nachdenklich an, dann ging er wortlos nach Hause, holte ein Fussy aus dem Kasten und schenkte es seinem Freund.
An jenem Tag holten noch ein paar andere kleine Menschen ihre Säckchen mit Fussies heraus und fingen wieder an, einem andern eines zu schenken. Manche blieben misstrauisch und hüteten ängstlich ihre Fussies. Andere aber verschenkten wieder ihre warmen, weichen Fussies und wurden glücklich und froh; denn die Fussies gingen ihnen nie mehr aus.

Im Wandel für die Welt von morgen

»Alles ist in Fluss«, hat einst der griechische Philosoph Heraklit gesagt. Das gilt für den Makrokosmos wie für den Mikrokosmos, den Menschen. Innerhalb von sieben Jahren macht der menschliche Organismus einen vollständigen Verwandlungsprozess durch, bei dem alle Zellen – außer den Gehirnzellen – systematisch erneuert werden.
Nur der Mensch selbst, die Persönlichkeit, die in diesem Organismus lebt, wehrt sich vehement gegen einen Verwandlungsprozess, denn jede Veränderung bedeutet ein Sterben des Alten. Das gilt für die Zellstruktur wie für die Persönlichkeitsstruktur. Wir halten uns für aufgeschlossen, dynamisch, beweglich, aber wenn es darum geht, auf etwas zu verzichten (auf eine Gewohnheit, einen Anspruch, eine Bequemlichkeit oder gar auf Besitz), dann wehrt sich der Egoismus verzweifelt. Und doch kann er diesen Verwandlungsprozess auf die Dauer nicht verhindern, denn Verwandlung ist ein Ziel der irdischen Existenz. Wenn es der Sinn unserer Inkarnationen ist, dass wir Erfahrungen sammeln, dann müssen diese Erfahrungen in einem Lernprozess verarbeitet werden. Das bedingt die Bereitschaft zur Veränderung.

In der ersten Hälfte des zwanzigsten Jahrhunderts wollte man den Fortschritt damit erzielen, dass man gesellschaftspolitische Strukturen veränderte. In der zweiten Hälfte dieses Jahrhunderts versuchte man, soziale Strukturen zu ändern. Beide Versuche hatten jedoch keinen bleibenden Erfolg. Denn die Intention dieser Prozesse verlief von außen nach innen. Man wollte zuerst die Verhältnisse ändern, dann den Menschen. In Wirklichkeit muss es umgekehrt verlaufen: Zuerst muss sich der Mensch wandeln, dann verändert er auch die sozialen und gesellschaftlichen Strukturen, in denen er lebt. Dieser Prozess ist heute dringlicher denn je. Wir stehen genau an dem Punkt, an dem die griechisch-römische Kultur und vorher schon die ägyptische und die mesopotamische einst gestanden hatten: wir sind am Ende angelangt, beim Zerfall der christlich-abendländischen Kultur.

Neben dieser gesellschaftspolitischen Bedrohung zeichnet sich eine weitere, ebenso schwerwiegende ab: Wir sind heute auf Grund unserer wissenschaftlich-technischen Errungenschaften in der Lage, über kurz oder lang die Lebensmöglichkeiten auf dem Planeten Erde zu zerstören. Zwar ist auch diese Situation nicht neu. Man hat in Spanien Höhlenzeichnungen gefunden, die etwa 20'000 Jahre alt sind. Sie zeigen, dass der Mensch bereits damals auf dem technischen Entwicklungsstand war, den er heute wieder erreicht hat. Ja, es gibt sogar Hinweise dafür, dass man damals schon die Kernspaltung kannte. Wie auch immer, es ist denkbar, dass der Mensch schon einmal – vielleicht sogar schon mehrmals – seine Lebensbedingungen auf der Erde zerstört hat.

Bei dem Bewusstseinsstand, den er heute erreicht hat, weiß der Mensch aber, was er tut, und vor allem ist er bei einem Stadium seines Evolutionsprozesses angelangt, wo er sich seiner Selbst bewusst werden kann. In dieser Bewusstwerdung seiner Selbst, seiner wahren göttlichen Natur, sehe ich die einzige Chance für eine Zukunft auf dem Planeten Erde. Sie wird dem Menschen helfen, eine andere Einstellung zum Leben überhaupt, zur Arbeit, zu seiner Umwelt und zu seinen Mitmenschen zu entwickeln.

Viele Menschen haben eine vollständig negative Grundeinstellung zum Leben. Das zeigt sich in konkreten Situationen. Am Morgen stehen sie schon schlecht gelaunt auf, und alles geht ihnen auf die Nerven: das Wetter, der Verkehr, die vielen Menschen – vor allem diejenigen, die es wagen, sie zu morgendlicher Stunde bereits anzusprechen. Die Arbeit ist ihnen zuwider, jede Anstrengung ist ihnen zuviel. Am liebsten würden sie davonlaufen, aber wohin schon? Es ist ja doch überall gleich. Und das stimmt tatsächlich. Denn die »Welt« von negativen Elementalen, die solche Menschen um sich herum erschaffen, nehmen sie überallhin mit. Darum sind sie für ihre Umgebung eine Zumutung. Oft ist ein Schicksalsschlag für einen negativen Menschen die einzige Chance, aufzuwachen. Von bleibendem Erfolg ist ein solches Ereignis allerdings nur, wenn er in sein wahres Wesen hinein erwacht.

Dann erkennt er nicht nur, wer er ist und wozu er auf der Welt ist; er begreift auch, dass er selber seines Glückes Schmied ist, weil er das geistige Potential dazu in sich trägt. Dann erst wird das Leben interessant, weil er ein positives Interesse an seiner Umgebung entwickelt. Dann wird die Natur zu einem einzigen großen Paradiesgarten, weil er jetzt ihre Schönheit erfasst. Dann wird jeder neue Tag zu einem Geschenk, gleichgültig, ob etwas Schönes oder etwas Schweres auf ihn zukommt; denn er ist dankbar für die Chance, die ihm in dieser irdischen Existenz geboten wird. Dann bietet ihm die Arbeit, die er sich ausgesucht hat, einerseits die Möglichkeit, seinen Lebensunterhalt zu verdienen, und sie wird andrerseits zum täglichen Übungsfeld, auf dem er lernt, sich mit Unangenehmem auseinanderzusetzen und Beschwerliches hinzunehmen; denn er begreift, dass wir letztlich nur an den Hindernissen reifen.

Der Mensch, der zu seiner göttlichen Natur erwacht ist, wird verantwortungsbewusster mit der Natur umgehen, da er begreift, dass er als Mensch Verantwortung trägt für die Welt, in der er lebt. Denn er muss sie nicht nur für seine Kinder erhalten, sie wird die physische Ebene sein, die er selber für seine nächste Inkarnation braucht. Es besteht auf allen Ebenen die Möglichkeit, sich zu entwickeln; aber die größte Chance haben wir auf *der* Ebene, wo Geist verdichtet ist zu Materie. Denn hier begegnen wir den größten Widerständen.

Der alttestamentliche Schöpfungsmythos gibt dem Menschen den Auftrag: *Macht euch die Erde untertan und herrscht ...* (Gen 1:28). Den ersten Teil dieses göttlichen Auftrags hat der Mensch sehr gerne erfüllt. Er hat ihn als Freibrief verstanden, die Erde auszubeuten. Es wird Zeit, dass wir auch den zweiten Teil ausführen; denn Herrschen heißt Verantwortung tragen. Dazu sind wir als logoische Wesen in der Lage, ja noch mehr: wir sind dazu verpflichtet. Wir tragen in uns das Licht des Bewusstseins. Dank diesem Licht können wir lernen, verantwortungsvoll mit der Erde umzugehen. Das erst macht unsere Würde aus: dass wir nicht rücksichtslos zerstören, sondern pflegen und erhalten, was uns anvertraut ist.

Im Jahr 1855 hat die Regierung der Vereinigten Staaten von Amerika dem Indianerstamm der Duwamish nahegelegt, Land an weiße Siedler zu verkaufen. Häuptling Seattle reiste daraufhin nach Washington und unterbreitete dem amerikanischen Präsidenten die Gedanken seines Stammes zu den Forderungen der Weißen. In dieser Rede heißt es unter anderem: »Was die Erde befällt, befällt auch die Söhne der Erde. Der Mensch schuf nicht das Gewebe des Lebens, er ist darin nur eine Faser. Was immer ihr dem Gewebe antut, das tut ihr euch selber an.« (Seattle, *Wir sind ein Teil der Erde*, S. 26). Es spielt keine Rolle, ob diese Rede historisch ist. Die Gedanken, die darin ausgedrückt sind, zeugen von einer umfassenden Weisheit und sind heute so gültig wie eh und je.

Der Mensch des dritten Jahrtausends muss lernen, mit anderen zu teilen, was ihm anvertraut ist. Die Zeit des Kolonialismus ist vorbei, in der sich einzelne Nationen zu Weltmächten aufspielten und sich das Recht anmaßten, andere Völker zu unterdrücken und auszubeuten, wobei sie sich oft auf Gott beriefen. Unterschwellig treibt der Geist des Kolonialismus weiterhin sein Unwesen. Er hat sich freilich ein anderes Gewand angezogen, er gibt sich jetzt zeitgemäßer, aber die Gier der Ausbeuterei schaut unter der karitativen Verhüllung deutlich hervor.

Die reichen Länder gewähren heute den armen Nationen Entwicklungshilfe. Sehr oft schließen sie aber in eben diesen Ländern gleichzeitig Geschäfte ab, die das Dreifache der Entwicklungsgelder einbringen. Ein Beispiel: Vor Jahren hat die Weltbank einem mittelamerikanischen Land einen Kredit zum Bau eines Staudamms gegeben. Zum Zeitpunkt der Vergabe wussten die Verantwortlichen bereits, dass der Kredit in dunkeln Kanälen verschwinden würde. Trotzdem wurde der Kredit gewährt, denn er brachte der reichen Welt hohe Zinsen ein. Tatsächlich wurde der Staudamm nie gebaut. Solche Vorfälle sind beschämend. Wann endlich lernen wir, zu teilen statt zu raffen?

Sie werden mir vielleicht entgegnen, lieber Leser, dass es heute verschiedene Hilfsorganisationen gibt, die ständig für die Ärmsten sammeln. Aber Sie wissen auch, dass nur der kleinere Teil dieser Spendengelder schließlich in den Notstandsgebieten ankommt. Den größten Teil verschluckt die Hilfsorganisation. Also leben schließlich die Reichen von den eigenen Spendengeldern. Was übrigbleibt, ist ein Almosen, für das Elend in der Welt nicht mehr als ein Tropfen auf den heißen Stein. Wann endlich lernen wir, zu teilen statt Almosen zu verteilen?
Es ist keine Schande, dass wir reich sind, aber wie wir mit dem Reichtum umgehen, ist beschämend.

Vor Jahren hat eine Gruppe von Wissenschaftlern, die sich als *Club of Rome* zusammenfand, mit Zahlen belegt, dass niemand auf dieser Erde hungern oder verhungern müsste, wenn wir alle bereit wären, die Güter dieser Erde zu teilen. Das wird jedoch erst möglich sein, wenn sich in den reichen Ländern ein Bewusstseinswandel vollzieht: Wenn wir begreifen, dass die Armen dieser Erde unsere Brüder und Schwestern sind und nicht Bettler vor unserer Tür. Wenn wir merken, dass die Güter dieser Erde Lebens-Mittel sind, die wir *alle* auf der physischen Ebene brauchen, aber nicht Lebens-Inhalt, den wir an uns reißen und horten müssen. Und vor allem wenn wir einsehen, dass wir morgen das Karma zu tragen haben, das wir uns heute kreieren. Häufen wir in diesem Leben rücksichtslos Reichtum an, so müssen wir in einer nächsten Inkarnation erfahren, was Armut ist, damit wir endlich lernen, dass wir alle zusammengehören. Unsere Familie ist die Menschheit, nicht die Nation und schon gar nicht die nächste Verwandtschaft.

Dieses Wissen hilft uns, Feindbilder abzubauen und Feindseligkeiten zu beenden. Die letzte Konsequenz eines veränderten Bewusstseins wäre, dass wir aufhören, die Erde und ihre Güter wie einen Besitz zu verkaufen.

»Die Erde ist unsere Mutter«, heißt es in der Rede des Häuptlings Seattle, »wie kann man seine Mutter verkaufen? ...Wenn wir die Frische der Luft und das Glitzern des Wassers nicht besitzen – wie könnt Ihr sie von uns kaufen?«

Solches Denken entspringe einer Illusion, werden Sie vielleicht sagen. Aber noch viel illusionärer ist das Verhalten, das wir heute an den Tag legen. Wir verkaufen diese Erde, Quadratmeter um Quadratmeter, als wäre sie unser selbstverständlicher Besitz. Was aber besitzen wir morgen, wenn wir hier Abschied nehmen müssen? Es wird eine Generation kommen, die das begreift, und sie wird ein neues Zeitalter der Menschheitsgeschichte eröffnen.

Was aber heute schon fällig ist und nicht bis morgen warten kann, ist die Bereitschaft, Feindbilder abzubauen und Feindseligkeiten zu beenden. Wir müssen uns bewusst machen, dass der Mensch hinter der Grenze und der Soldat hinter der Grenzlinie unser Bruder ist. Zum Feind wird er erst, wenn ich ihn dazu mache.

Verweigere ich dem Mitmenschen, der in Bedrängnis ist, meine Hilfe, gerät er in Panik und schlägt wild um sich. Nehme ich ihm weg, was er zum Leben braucht, weil ich in unersättlicher Gier immer mehr fordere, bangt er um sein Leben und wehrt sich seiner Haut. Wenn ich den andern bedrohe – gleichgültig ob mit Worten oder mit Waffen –, wecke ich nur seine Aggressionen. Wenn er dann entsprechend reagiert, nenne ich ihn meinen Feind, vergesse aber, dass ich mit meinen Elementalen die Feindseligkeiten erst heraufbeschworen habe. Darum ist es eine Illusion zu denken, wir könnten uns heute noch mit Waffen oder mit Armeen absichern. Wir verschleudern nur weltweit Unsummen von Geld und erschaffen damit Elementale von Hass und Feindseligkeit, die früher oder später wie ein Bumerang zurückkommen.

Ein Beispiel soll für unzählige andere stehen. Jedes Jahr werden im griechischen Teil Zyperns zum Jahrestag der türkischen Invasion Militärparaden abgehalten. Sie machen nicht nur Eindruck, sie wirken auch bedrohlich. Die Konsequenz bleibt nicht aus: einmal erschießen die türkischen Zyprioten einen griechischen Landsmann, der sich im Grenzbereich aufhält, ein andermal werden in Istanbul die Fenster am Sitz des griechisch-orthodoxen Patriarchen eingeworfen. Und jeder sucht und findet die Schuld beim andern, sonst müsste er sich selber ändern. Außerdem könnte er den andern nicht mehr als Feind ansehen.

In Wirklichkeit sind wir alle Brüder und Schwestern; da wir aber unsere eigene Identität verloren haben, erkennen wir unsere Geschwister nicht mehr. Darum ist es höchste Zeit, dass wir uns unserer eigenen Herkunft bewusst werden. Dann können wir die Grenzen niederreißen und einander die Hände reichen. Dann können wir die Waffen niederlegen und die Armeen abbauen.

Die größte Waffe gegen die Feinde in der Welt ist nicht die militärische Aufrüstung, sondern die Liebe. Sie ist die einzige Kraft, die stärker ist als Hass und Bösartigkeit.

Jeder Vater kennt die Trotzreaktion, die er bei seinem Kind auslöst, wenn er mit Drohungen und Repressalien arbeitet und zum Beispiel sagt: »Wenn du jetzt nicht deine Schulaufgaben machst, darfst du nachher nicht mit deinen Freunden spielen.« Das Kind wird sich dem Druck beugen, es wird die Schulaufgaben mechanisch erledigen, aber nichts davon profitieren. Denn es verschließt das Herz und schränkt so seine Lernfähigkeit ein. Das trotzige Kind begegnet uns auch noch im Erwachsenen, sogar in den Kaderpositionen von Wirtschaft und Politik. Aber hier lässt es sich nicht mehr einschüchtern, sondern schlägt zurück. Denn Druck erzeugt Gegendruck, und Machtdemonstrationen provozieren den Gegenbeweis.

Wie grundlegend anders ist die Lebenseinstellung, die der Christus-Logos vertrat, als er sagte: *Liebet eure Feinde* ... Die Liebe ist – rational betrachtet – eine »unmögliche Möglichkeit«, aber sie ist die einzige Chance, aus der Sackgasse unserer Zeit herauszufinden, weil durch sie die göttliche Wirklichkeit ins Spiel kommt.

Wer liebt, verzichtet auf Drohen und Strafen, auf Macht und Gewalt. Er räumt dem andern einen Freiraum ein, in dem er sich entfalten kann, ja er hilft ihm sogar, seine Lebensbedingungen zu verbessern. Denn er begreift, dass er im andern sich Selbst begegnet, und diesem Selbst gilt seine Achtung, seine Liebe. Der Mensch der Zukunft wird lernen, zu sich Selbst zu finden, statt sich in der Welt der Polarität zu verlieren. Er wird lernen, zu lieben statt zu erwarten und zu fordern.

In ihrer Entwicklungsgeschichte stand die Menschheit einmal an dem Punkt, wo sie – wie das kleine Kind – nur in der dritten Person von sich reden konnte. Wie das Kind eines Tages »ich« sagen lernt, hat die Menschheit in den vergangenen Jahrtausenden das Ich-Bewusstsein erlangt. Heute ist es an der Zeit, dass sich der Mensch seines wahren göttlichen Wesens bewusst wird. Dann erkennt er, dass die momentane Inkarnation nur eine Phase im großen Prozess des Lebens ist. Er erfährt sich als die Konstante innerhalb des Prozesses der Verwandlung: als das Subjekt, nicht mehr als das Objekt der Inkarnationen. In diesem Stadium wird die Persönlichkeit eins mit der Seele, das heißt, das persönliche Ich weitet und dehnt sich aus in das Seelen-Ich. Aber auch das ist nicht das Endstadium. *Ihr sollt vollkommen sein, wie euer himmlischer Vater vollkommen ist* – zu diesem Ziel will uns der Christus-LOGOS führen. Vollkommenheit ist Freiheit, Unbegrenztheit, Allgegenwart. Sie ist auf der Stufe des Überbewusstseins erreicht, wenn die Seele eins geworden ist mit dem Geist-Ich und damit teilhat an den göttlichen Qualitäten.

Jetzt können wir nur an einem Ort bewusst sein und wirken. Im Zustand des Einsseins können wir bewusst an vielen Orten gleichzeitig sein, denn auf dieser Stufe gibt es keine Begrenzung mehr. Das Karma ist erfüllt, die Aufgaben sind gelöst, jetzt kann sich das göttliche Wesen frei entfalten. Immer wieder begegnen uns große Meister, die auf dieser Stufe angekommen sind und aus Liebe freiwillig inkarnieren. Sie verkörpern das Ziel der Entwicklung und ermutigen uns, den nächsten Schritt zu wagen.

Der Mensch als göttliches Wesen hat sich einmal freiwillig für den Weg der Inkarnationen entschieden. Nun kann er auf der Stufe der Existenz nicht umhin, zu *werden*, was er *ist*.

Ich lade Sie jetzt noch einmal zu einer Phantasiereise ein, die allerdings schon morgen Wirklichkeit werden kann, wenn Sie dieses innere Erlebnis in der äußeren Welt verwirklichen.

Entspann dich vollständig und laß dich mit jedem Mal, da du ausatmest, tiefer in dich hineinsinken, bis du ganz unten angekommen bist auf dem Grund deines Beckens. Laß dich vertrauensvoll in die große, weite Schale des Beckens hineingleiten. Das Becken ist wie zwei große Hände, die dich tragen und schützen. Es sind die Hände Dessen, Der dich liebt, unendlich liebt, und nie fallen lässt, wenn noch so viel schief läuft in deiner momentanen Existenz.
Diese beiden Hände laden dich nun zu einer kleinen Entdeckungsreise ein: Sie tragen dich über eine Landschaft hinweg, die dir zunächst noch vertraut ist. Dann siehst du unter dir nur noch das weite, silbrig glitzernde Meer. Du fühlst dich auf der ganzen Reise sicher und geborgen. Schließlich wirst du auf einer Insel abgesetzt, die du noch nicht kennst.

Laß jetzt einmal alle Vorstellungen und Erwartungen los, die du dir in der alten Welt angeeignet hast; sei offen für neue Erfahrungen, die du hier machen kannst. Es ist eine paradiesisch schöne Landschaft, die du betrittst. Nichts und niemand stört den Frieden, der dich hier empfängt. Die Menschen, die dir begegnen, haben eine offene, herzliche Art. Sie schauen dich mit liebevollen Augen an, und sie helfen dir jederzeit, wenn du Fragen oder Probleme hast.
Es gibt hier keine Gesetze und keine Verbote, und doch ist das Leben hier viel einfacher, viel harmonischer, denn die Menschen haben Achtung voreinander und vor dir. Ihr Herz ist offen, darum spüren sie deine Wünsche und Bedürfnisse und helfen dir, wo sie können. Du merkst, dass man hier keine Angst kennt; denn keiner versucht, dem andern etwas zuleide zu tun. Die Menschen auf dieser Insel begegnen einander vertrauensvoll. Das gleiche Vertrauen bringen sie auch dir entgegen. Alles ist hier möglich: die Menschen versuchen mit ihrem Geist, mit ihrer Phantasie und mit ihrem guten Willen alle Probleme zu lösen. Sie beklagen sich nicht und schimpfen nicht. Es macht ihnen Spaß, auch das anzupacken, was schwierig ist.

Nach kurzer Zeit fühlst du dich hier heimisch und rundum wohl.
Aber du kannst hier nicht bleiben. Du wirst in deine bisherige Welt zurückgerufen.
Laß dich wieder vertrauensvoll in die beiden Hände hineinsinken. Sie tragen dich sanft und sicher in deine Alltagswelt zurück.
Jetzt fang an, in deinem Alltag umzusetzen, was du auf der Insel gelernt hast. Sag nicht: Das ist hier nicht möglich. Denn alles ist möglich, wenn du *dazu bereit bist.*
Begegne den Menschen mit offenem Herzen, dann werden sie wagen, auch ihr Herz zu öffnen. Begegne den Menschen so, als würdest du in einen Spiegel schauen und darin dein eigenes göttliches Wesen erkennen. Denn in Wirklichkeit ist der andere du Selbst.
Hab Vertrauen in das göttliche Wesen des andern. Das wird ihm helfen, zu sich Selbst zu finden. Wirf deine Angst und dein Misstrauen über Bord. Hab Vertrauen in die Hände, die dich immer tragen. Laß dich nicht abschrecken von Gesetzen und Verboten. Auch in deinem Alltag wird letztlich nur die Liebe Türen öffnen und Ketten sprengen.
Fang an, deine alte Welt in ein Paradies zu verwandeln. Die Kraft dazu liegt in dir Selbst.

Worterklärungen

assoziieren – In der Traumdeutung nach C. G. Jung liefert der Träumer spontane Kommentare zu wichtigen Stichwörtern des Traumes. Diese Assoziationen sind eine wesentliche Verstehenshilfe für den Traum.

Die *derzeitige Persönlichkeit* ist die konkrete Erscheinungsform, in der sich die Seele in der raum-zeitlichen Existenz präsentiert. Sie ist wie ein Gewand, das sich die Seele angelegt hat, um sich im Hier und Jetzt erfahrbar zu machen.

Elementale sind Gedankenformen, die wir in unserem Mentalbereich erschaffen und die als Energieformen so lange Realität besitzen, bis sie das Ziel erreicht haben, für das sie gebildet wurden.

Erzengel sind gemäß Daskalos »logoische und heilig-geistige Wesen, die die Universen erbauen, beherrschen und sich in dieselben projizieren ... Sie besitzen All-Weisheit, All-Liebe, Allmacht und absolutes Selbstgewahrsein« (Daskalos, *Esoterische Praxis*, S.172). Sie sind – nach dem Gleichnis vom verlorenen Sohn – unsre himmlischen Geschwister.

Exosomatose bezeichnet sowohl das willentliche, also bewusste Verlassen des physischen Körpers wie auch das unwillkürliche, also unbewusste während des Traumes.

Geist-Ich meint den größten, umfassendsten Teil meiner Selbst, der nie die höchste göttliche Ebene verlassen hat, sondern immer am Absoluten SEIN teilhat.

Graphischer Dialog ist ein Dialog ohne Worte mit Malstiften oder Pinsel und Farbe auf Papier.

Das *Höhere Selbst* ist diejenige Dimension meiner Selbst, die der göttlichen Ebene angehört und die darum mehr Weisheit, Vollmacht und Liebe besitzt als das »niedere Selbst«. Das »Höhere Selbst« entspricht in etwa dem Wesen oder der Seele, das niedere Selbst entspricht der derzeitigen Persönlichkeit.

Inkarnation bezeichnet die Verkörperung der Seele in Raum und Zeit, also die jeweilige konkrete Existenz.

Joshua Immanuel, der Christus, ist die einmalige, vollkommene, menschliche Erscheinungsform des LOGOS.
Ich verwende in diesem Buch die aramäische Form seines Namens – Joshua (sprich: Joschua) – statt der griechisch-lateinischen Übertragung »Jesus«.
Der zweite Name, Immanuel, bedeutet »Gott ist mit uns« (Mt 1:23). In diesem Text des Matthäus-Evangeliums kommt zum Ausdruck, dass in Joshua die Prophezeihung Jesajas in Erfüllung gegangen ist (Jes 7:14).
Der griechische Begriff Christus bedeutet »der Gesalbte« und entspricht dem hebräischen »Messias«. Dieser Titel begegnet uns zum ersten Mal im Bekenntnis des Petrus: Du bist Christus, der Sohn des lebendigen Gottes (Mt 16:16).

Im *Kosmischen Bewusstsein* wird gemäß Daskalos »alles vergangene und gegenwärtige Geschehen in allen Universen aufgezeichnet und bewahrt ... Im Kosmischen Bewusstsein ist das *Kosmische Gedächtnis* enthalten (Sanskrit: Akasha-Chronik), das 'himmlische Archiv', in dem alle Eindrücke, Taten, Gedanken, Gefühle und Wünsche aufgezeichnet sind«. (Daskalos, *Esoterische Praxis*, S. 179).

SEIN, GOTT meint die alles umfassende Wirklichkeit, die wir mit unsrer begrenzten Begrifflichkeit eigentlich nicht erfassen können. Es ist die Wirklichkeit, außerhalb deren es nichts gibt und die alles umfasst, was ist und existiert, also alle Ebenen aus Sich heraussetzt.

Selbst (mit großem Anfangsbuchstaben) bezeichnet das geistige Wesen, das ich in Wirklichkeit bin und bleibe, auch wenn die momentane Erscheinungsform beim physischen Tod wieder aufgelöst wird.

Theose ist das Heimfinden und Aufgehen im Absoluten SEIN, also das Einswerden der Seele mit dem göttlichen Geist-Ich.

Überbewusstsein – ich unterscheide vier Bewusstseinszustände:
unbewusst – bewusst – selbstbewusst – überbewusst.
Die meisten Menschen leben relativ unbewusst, sowohl was ihr Handeln, als auch was dessen Motivation betrifft. Durch ein intensives Training können wir lernen, bewusst zu reden und zu handeln sowie auch bewusst mit unsren Emotionen, Gefühlen und Gedanken umzugehen.
Es ist ein entscheidender Schritt, wenn wir Selbstbewusstsein entfalten, das heißt, uns unseres göttlichen Wesens bewusst werden. Das ist die Voraussetzung für die letzte Entwicklungsstufe, das Überbewusstsein,

welches Daskalos charakterisiert mit »völlige Bewusstheit im SEIN.« (Übers. des Verf. aus Daskalos, *Esoteric Teachings*, S. 197)

Mit *Urbild des Menschen* ist die Idee Mensch auf der göttlichen Ebene gemeint. Die Heilige Monade projiziert sich durch diesen Archetyp und bildet so die selbstbewusste Seele aus. Damit ist eine grundlegende Entscheidung gefallen: Das göttliche Wesen, das durch das Urbild des Menschen gegangen ist, kann nie mehr anders denn als Mensch inkarnieren.

Die *Welt der existenten Formen* ist die vorfindliche, physisch-materielle Welt im Unterschied zur geistigen Welt, die formlos ist. Zur Welt der existenten Formen gehören die mentale oder noetische, die psychische oder astrale und die physische Ebene. Die Welt der existenten Formen ist vergänglich, die Welt des SEINS ist ewig.

Wunsch-Gedanken – Daskalos unterscheidet zwei Arten von Gedankenformen (Elementalen): »Wenn eine Emotion einen Gedanken beherrscht, haben wir emotionale Gedankenformen oder Wunsch-Gedanken erschaffen. Wenn unsre Ideen, Wünsche und Emotionen von Vernunft und Liebe durchdrungen sind, erschaffen wir vernünftige Gedankenformen, oder Gedanken-Wünsche«. (Übers. des Verf. aus Daskalos, *Esoteric Teachings*, S. 189)

Bei *Bibelzitaten* habe ich jeweils diejenige Bibelausgabe verwendet, die mir sinngemäss am zutreffendsten erschien.
Neutestamentliche Texte habe ich teilweise selber aus dem griechischen Urtext übersetzt.
Die verwendeten *Abkürzungen* der biblischen Bücher bedeuten:

Gen	=	Genesis, 1. Buch Mose
Dtn	=	Deuteronomium, 5. Buch Mose
2. Kön	=	Das zweite Buch der Könige
Ps	=	Die Psalmen
Jes	=	Der Prophet Jesaja
Dan	=	Der Prophet Daniel
Hos	=	Der Prophet Hosea
Jona	=	Der Prophet Jona
Mt	=	Matthäus-Evangelium
Mk	=	Markus-Evangelium
Lk	=	Lukas-Evangelium
Joh	=	Johannes-Evangelium
Apg	=	Apostelgeschichte
Röm	=	Brief des Paulus an die Römer
1. Kor	=	Erster Brief des Paulus an die Korinther
2. Kor	=	Zweiter Brief des Paulus an die Korinther
Gal	=	Brief des Paulus an die Galater
Phil	=	Brief des Paulus an die Philipper
Kol	=	Brief des Paulus an die Kolosser
Hebr	=	Brief des Paulus an die Hebräer
1. Joh	=	Erster Brief des Johannes

Literaturverzeichnis

Angelus Silesius, *Cherubinischer Wandersmann*, Einsiedeln, 1980
Karl Barth, *Kirchliche Dogmatik*, Zollikon 1955 ff
Anselm von Canterbury, *Cur Deus Homo*, Darmstadt 1960
Dr. Stylianos Atteshlis, *Esoteric Teachings*, Nicosia 1992
Daskalos, *Esoterische Lehren*, München 1991
Dr. Stylianos Atteshlis, *Esoteric Practice*, Nicosia 1994
Daskalos, *Esoterische Praxis*, Duisburg 1996
Daskalos, *Parabeln*, München 1992
Karlfried Graf Dürckheim, *Vom doppelten Ursprung des Menschen*, Freiburg 1973
Gebrüder Grimm, *Kinder- und Hausmärchen*, Marburg 1974
Jolande Jacobi, *Die Psychologie von C. G. Jung*, Olten 1972
Pir Vilayat Khan, *Der Ruf des Derwisch*, Essen 1982
Gerhard von Rad, *Theologie des Alten Testaments*, München 1962
Seattle, *Wir sind ein Teil der Erde*, Olten 1983